政策分析视野下的
地方政府教育改革

A Study of Local Government Education
Reform from the Perspective of Policy Analysis

朱利霞 著

科学出版社
北京

内 容 简 介

改革开放以来，由于中央政府与地方政府之间的教育关系和教育职能发生了转变，地方政府成为中国教育转型的重要推动力和地方教育改革的主体。因此，地方政府层面的基础教育改革就显得异彩纷呈。

本书以中国社会转型作为大背景，以政策分析作为基本框架，梳理地方教育改革的背景、现状、特征、问题及其关系结构中的矛盾，进而从合法性与有效性的角度讨论地方政府教育改革何以成功，并在中西方地方政府教育改革案例分析的基础上讨论地方政府教育改革的前提和方法论。

本书适合教育基本理论研究工作者、教育行政人员、中小学教育工作者阅读，同时对感兴趣于基础教育的普通大众也有参考价值。

图书在版编目（CIP）数据

政策分析视野下的地方政府教育改革 / 朱利霞著. —北京：科学出版社，2018.4
ISBN 978-7-03-054296-0

I. ①政⋯ II. ①朱⋯ III. ①地方教育-教育改革-研究-中国 IV. ①G527

中国版本图书馆 CIP 数据核字（2017）第 213388 号

责任编辑：孙文影 王 丽 / 责任校对：何艳萍
责任印制：张欣秀 / 封面设计：铭轩堂
联系电话：010-64033934
E-mail：edu_psy@mail.sciencep.com

科学出版社 出版
北京东黄城根北街 16 号
邮政编码：100717
http://www.sciencep.com

北京建宏印刷有限公司 印刷
科学出版社发行 各地新华书店经销
*

2018 年 4 月第 一 版 开本：720×1000 B5
2018 年 4 月第一次印刷 印张：13
字数：234 000
定价：82.00 元
（如有印装质量问题，我社负责调换）

作者简介

　　朱利霞，女，1974年出生，重庆永川人。教育学博士，深圳市宝安区教育科学研究院副研究员。主要从事教育基本理论研究，涉及西方公共教育改革、基础教育改革、中国教育改革比较。先后主持广东省教育科学"十一五"规划课题和"十二五"规划课题，参与研究多项国家级课题，在《中国教育学刊》《教师教育学报》《基础教育》等学术期刊发表论文20余篇，出版学术专著一部、译著一部，主编图书一部。

目　录

政 策 分 析 视 野 下 的 地 方 政 府 教 育 改 革

第一章　绪论 / 1

第二章　地方试验：中国教育改革的新时代 / 13

第一节　变革中的地方政府 / 14

第二节　地方政府教育改革的兴起 / 33

第三节　地方政府教育改革的背景 / 45

第四节　地方政府教育改革的历程 / 54

第三章　地方政府教育改革的基本图景分析 / 66

第一节　基于《人民教育》的多样本分析 / 66

第二节　地方政府教育改革的当代表征 / 74

第三节　地方政府教育改革的主要矛盾分析 / 87

第四章　地方政府教育改革的合法性与有效性分析 / 98

第一节　地方政府教育改革的合法性分析 / 98

第二节　地方政府教育改革的有效性分析 / 110

第三节　个案研究：一项地方教育改革何以终止 / 118

第五章　地方政府教育改革的经验与启示：以西方教育行政改革为例 / 125

第一节　西方国家地方教育行政改革的背景与基础 / 125

第二节　西方国家地方教育行政改革的实践及特征 / 136

第三节　西方国家地方教育行政改革的借鉴与启示 / 145

第六章　地方政府教育改革的挑战与展望 / 150

第一节　当前地方政府教育改革面临的挑战与机遇/ 150

第二节　地方政府教育改革的前提和基础 / 157

第三节　地方政府教育改革的方法论 / 175

第一章 ▶ 绪 论

改革开放以来，由于中央政府与地方政府之间教育关系和教育职能发生转变，地方政府成为中国教育转型的重要推动力和地方教育改革的主体，地方政府教育改革显得异彩纷呈。

从下面这个案例来看，研究地方政府教育改革无疑是研究当代中国教育改革的一个重要视角。

2014 年初，F 片区所在的地方政府发现，他们不得不对 14 年前的一项教育实验进行重新审视。2000 年的时候，F 片区所在的地方政府与 J 公司签订办学协议书，同意 J 公司承办 F 学校 24 年。F 学校成为一所国有民办学校后，每年设立 2 个公办班，提供 F 片区的小学公办学位，其余学位属于民办性质。随着该片区外来人口激增，该学校的公办学位已无法满足就学需求。于是在 2014 年 F 片区居民推选代表向地方教育部门提出要求，并通过上访、网络等多种渠道向地方政府施加压力，要求解决孩子的公办学位问题。

基于居民的诉求，当地政府决定在 F 学校设立公办分校区，并派出管理班子和教师队伍进驻 F 学校，全面负责 1~6 年级公办班的教育教学和管理，并将公办班招生计划从原计划的 2 个班增加到 4 个班。但是居民对此并不满意，继续通过各种渠道表达该片区必须有公办学校的愿望。2014 年 4 月，考虑到 F 学校形成的历史背景和 F 片区属于建成区的特殊性，短时间内无法在该片区规划建设新的学校，当地政府最后与 J 公司办学董事会进行磋商并启动谈判，决定提前终止合同，将 F 学校在年内收回办成公办学校。事件最终得到了平复。①

---

① 叶志卫. 宝安翻身实验学校小学部年内有望成为公办学校[N]. 深圳特区报，2014-04-25，（A16）.

上述案例说明，地方政府教育治理在社会转型时期面临巨大的挑战。F 学校转制为国有民办学校，是地方政府基于对中央政府鼓励教育体制改革和多元化办学精神的理解而做出一种探索。然而，改革同时也改变了国家全面控制社会领域的状况，公民被允许有更多的空间表达想法、参与社会公共事务。由于本地居民的反对，F 学校最终转制为国有公办学校。

这个案例也体现了中国改革的一个新特征，即改革开放以后，地方政府在国家结构中获得了相当大的权力，并成为中国经济社会改革与发展的主要推动力。1978 年以来的改革开放政策极大地释放了市场的力量，使民营企业得到快速的发展，国家结构也日渐呈现分权化的趋势。国家允许地方政府进行试验，这为地方政府实施不同的改革方案创造了空间。事实上，经济与社会领域的重要改革很多是由地方政府发起的。例如，家庭联产承包责任制首先在安徽、四川等地试验；乡镇企业最早在苏南地区的社队企业中产生；社会主义市场经济首先在深圳特区试验；非公有制经济成为社会主义市场经济的重要组成部分的制度创新，温州做出了很大贡献。作为社会事业的教育也是如此，由地方政府发起的教育改革层出不穷。尽管宏观的教育政策和教育目标仍然由中央政府制定，但中央政府也允许地方政府自主探索具体、可操作的实施方法和手段，地方政府在教育体制、教育规划、学校管理、课程与教学等方面享有越来越多的决策权。地方政府开展教育试验已经成为 20 世纪 70 年代末以来中国教育改革的主要标志。这个案例为探究中国教育改革的复杂性打开了一扇窗，这种复杂性体现为，上述现象处在社会发生大变革、大转型的环境之中，并且出现在地方这一层级。

一、地方政府教育改革研究：一种趋势

改革开放近 40 年来，中国的教育发生了翻天覆地的变化：教育思想理论得到空前发展，计划经济体制下的教育转型为市场经济体制下的教育，基本扫除了青壮年文盲、基本普及九年义务教育，高等教育实现跨越式发展，素质教育取得了重大进展，创办了世界上规模最大的教育体系。事实证明，这些成就的取得与地方政府教育角色的转变和教育行为的变化不无关系。

实际上，国家层面的制度设计与地方层面的自主创新相结合，是当代中国经济社会改革的鲜明特征。在地方政府成为经济社会改革主要动力的背景下，研究地方政府的基础教育改革具有重要的实践价值与理论价值。从实践价值来看，梳理我国地方政府教育改革的基本历程，总结概括我国地方政府教育改革的历史经验，是回应改革开放近 40 年我国教育领域所取得的重大历史性成就的应有之义。

从中国的现实来看，体制改革仍然是中国经济前行的动力，而体制改革的核心是如何处理政府与市场的关系，即价值规律发挥什么作用、政府发挥什么作用。这其中就包含地方政府发挥什么作用的问题。地方政府改革行为成为研究改革的重要内容和亮点。在理论价值上，挖掘、深化教育改革的地方模式，展望我国地方政府教育改革的未来之路，对现实具有非常重要的理论指导意义。

同时，之所以以地方政府为主体来研究教育改革，是因为我们知道很多的教育问题并不仅仅是教育自身的问题，特别是教育经费投入、教育用地规划、教师编制需求等制约教育发展的重要因素，都不是教育部门可以解决的，需要地方政府调动和整合全社会的资源来提供支持。而且随着我国教育规模的扩大和城镇化进程的加速，教育公平和质量、教育结构和布局、教育人口迁移等一系列问题受到各方人士的高度关注。怎么解决这些问题呢？这就需要我们跳出教育看教育，从更为广阔的视野进行审视。

从世界范围来看，地方政府教育改革已成为一种全球性的发展趋势。第二次世界大战以后，各国决策权的重心下移，权力下放或分权化使大量决策权和公共财政开支从中央政府转移到地方政府，以致地方政府在发达国家中的地位越来越重要。一是中央政府与地方政府的相互依赖性增强，地方政府成为公众关注的焦点；二是随着福利国家政策的实施，地方政府承担的公共服务职能越来越多，公共开支不断增加；三是从政府职能与角色的变迁来看，地方政府创新愈来愈成为现代政府的核心价值之一。从亚当·斯密时代的"守夜人"到凯恩斯时代的"政府干预"，从 20 世纪 80 年代以来的新公共管理到 21 世纪初的新公共治理，地方政府改革浪潮席卷全球，地方政府教育改革也成为一种全球性的现象和行为。中国正处于经济转轨、政治改革和经济全球化的洪流之中，这几股洪流正深刻地影响和制约着地方政府的教育职能范围和教育行为边界，也影响着地方政府教育职能和行为方式的未来走向。严格来讲，中国社会转型在 100 多年前就开始了，这是一个漫长而复杂的过程，但此处我们关注的是 20 世纪 70 年代以来中国社会转型的情况。

关于地方政府改革的研究文献非常丰富，足以说明学术界对地方政府改革的关注度很高。根据梳理的结果，相关研究主要围绕以下四点展开：①中央政府与地方政府关系问题的研究。这主要集中在如何评价分权让利之后的中央政府与地方政府的关系、对中央与地方分权的探讨、如何规范中央与地方的关系等方面。②市场化过程中地方政府的角色问题研究。这主要是对企业家型、掠夺型、庇护型等三种类型的地方政府进行讨论。③地方政府在制度变迁中的功能问题研究。主要讨论强制性与诱致性制度变迁模式，以及相关的制度变迁模型的构建等。④地方政府间的竞争问题研究。主要是围绕地方政府间的竞争关系、影响因素、竞争形式、竞争对地方经济社会的影响等进行讨论。①在实践层面，影响较大的还有俞可平主持的中国地方政府创新奖②研究。该研究通过地方政府创新的案例分析，对地方政府创新的价值、动力、内容、特点和发展趋势等进行了阐述，呈现了国内地方政府创新的基本情况，展示了中国的改革发展历程。

地方政府教育改革研究多以区域教育研究的形式呈现。20世纪90年代以来，学者们从宏观上、整体上对中国教育改革的成功经验进行探索时，发现了区域教育改革的独特重要性，区域教育研究由此兴起。这类研究包括两大类：①区域教育理论研究。主要从区域教育研究的价值、区域教育构成要素及发展要素、区域教育发展不平衡等角度进行探讨。例如，彭世华著的《发展区域教育学》、杜育红著的《教育发展不平衡研究》、刘惠林主编的《中国区域教育投资研究》。②区域教育实践研究和个案研究。这类研究与自上而下、宏大叙事的整体研究视角不同，主要采取的是自下而上、实证性的研究方式，为整体性的研究提供了生动、丰富的侧面。例如，杨小微主编的《中国基础教育改革报告：区域研究》系列丛书，谈松华主编的《中国教育现代化的区域发展》，伍挺、马健生著的《区域教育改革与发展的新探索——鹿城模式研究》，李炳亭、褚清源、张志博著的《课改立场——一个区域教育实践样本》等。区域教育研究侧重从地理空间范围来探讨教育问题，尚未触及区域教育与地方政府的关系。进入21世纪以来，由杨东平等主持的地方教育制度创新奖③研究也取得了较大的进展。该研究通过对地方教育制度创新的案例分析，对不同层级地方政府的教育行为、地方教育公共治理改革、地方教育创新的路径与机制、地方义务教育均衡发展等进行了探索，进一步拓展和深化了区域教育研究，也丰富了地方政府改革研究的内涵。

从政策科学的角度来说，地方政府教育改革研究也是政策研究的重要内容。本书以政策分析作为基本的研究框架，对近年来的地方政府教育改革实践进行了全面、系统的梳理和分析，以期进一步丰富中国教育改革研究和地方政府改革研究的理论与实践。

---

① 沈荣华，钟伟军. 中国地方政府体制创新路径研究[M]. 北京：中国社会科学出版社，2009：12-23.

② 中国地方政府创新奖由中共中央编译局比较政治与经济研究中心、中共中央党校世界政党比较研究中心和北京大学中国政府创新研究中心于2000年联合创办，每两年举行一届，至今已举办八届。自2015年起，名称变更为"中国政府创新最佳实践"。根据创新程度、参与程度、效益程度、重要程度、节约程度和推广程度六项标准，每次评选十名优胜奖和十名提名奖。目前，已有1000多个改革创新项目申报评选，成为诸多人士观察地方政府改革创新的样本。第八届"中国地方政府创新奖"评选活动启动[EB/OL].http:// www.chinanews.com/sh/2015/04-15/7210100.shtml[2015-04-15].

③ 地方教育制度创新奖由21世纪教育研究院联合多家社会机构于2008年发起，每两年一次，至今已举办五届。评奖对象为所有省（自治区、直辖市）、市、县（区）地方政府或地方教育部门开展的制度性变革和政策调整。该奖主要是通过专家评选、媒体记者评选和网络评选，从全国各地汇集的案例中，精选出一定数量的入围案例，并通过调研，从中选出获奖案例。地方教育制度创新奖[EB/OL].http://www.21cedu.org/?y/id/333.html [2017-08-16].

二、政策分析：一种研究框架

政策分析源于政策科学。第二次世界大战以后，美国的一些学者因为社会科学进步的"内力"和当代社会发展需要的"外力"的推动，开创了一个以人类社会的基本问题尤其是公共政策问题为对象的新学科——政策科学的研究。这种新研究在 20 世纪 60 年代末 70 年代初得到了快速发展，并最终形成了一个相对独立的社会科学研究领域。此后，一些政治学家把微观经济学多年来对效率问题进行分析的方法运用到社会政治领域，从而建立了政策分析的基本框架。也就是说，政策分析最初是一种最优对策的研究，最后普及到社会一般决策领域。政策分析对各国政府的政策制定和社会发展都产生了积极意义，因而成为当代社会科学中一种重要的研究领域和研究范式。

（一）政策分析的相关概念

1. 政策的界定

"政策"是现代社会生活中使用非常广泛的一个概念，但是人们对其含义并没有达成一致，歧义颇多。以下为几种代表性的定义。①

威尔逊（Woodrow Wilson）认为，政策是由政治家即具有立法权者制定而由行政人员执行的法律和法规。这个定义界定了政策的基本形式，但对政策制定主体规定比较窄。

拉斯韦尔（Harold D. Lasswell）和卡普兰（A. Kaplan）认为，政策是一种含有目标、价值与策略的大型计划。这个定义强调了政策与一般计划的区别，但内涵过于笼统、宽泛。

戴伊（Thomas R. Dye）认为，凡是政府决定做的或不决定做的事情就是公共政策。这个定义说明了政策的表现形式，但其界定同样过于笼统、宽泛。

我国学者陈振明认为，政策是国家机关、政党及其他政治团体在特定时期为实现或服务于一定社会政治、经济、文化目标所采取的政治行为或规定的行为准则，是一系列谋略、法令、措施、办法、方法、条例等的总称。这个定义对政策制定主体作了比较宽泛的界定，突出的地方是将政治行为和行为准则都界定为政策。

《辞海》将政策定义为国家、政党为实现一定历史时期的路线和任务而规定的行动准则②。这个定义也将政策制定主体限定为国家和政党。

---

① 陈振明. 政策科学——公共政策分析导论[M]. 2 版. 北京：中国人民大学出版社，2003：48-50.
② 辞海编辑委员会. 辞海[M]. 上海：上海辞书出版社，1979：14.

综合而言，政策包含以下几个要素：①政策主体。任何政策都有主体，它可以包含政府、政党、非政府公共组织及其他政治团体。政策与个人、企业所做出的决定不同，具有法定的权威性。②表现形式。政策的基本形式是行为准则或行为规范，它规定作用对象应该做什么或不应该做什么，具有一定的强制性。③目标取向。一定的政策总是服务于一定的目标，其指向性非常明确，同时，这个目标具有一定的时效性，只在特定的历史时期发挥作用。

2. 政策分析的界定

正如对政策的理解一样，国内外的学者对政策分析的理解也千差万别。以下是几种代表性的看法。[①]

奎德（Edward S. Quade）认为，政策分析是应用研究的一种形式，旨在获得对社会技术问题更深刻的了解，并提出更好的解决办法。政策分析试图利用现代科学技术来解决社会问题，寻求可行的行动过程，产生信息，排列有利证据，并推导出这些行动过程的可能结果，以便帮助决策者选择最优的行动方案。

邓恩（William N. Dunn）认为，政策分析是一种应用性的社会科学学科。它使用各种研究和论证方法，产生并转变相关信息，以便政治组织解决政策问题。

小麦克雷（Ducan Macrae, Jr.）认为，政策分析可以定义为，凭借推理和证据的运用，在一组备选方案中选择出最好的政策。

威廉（Walter William）认为，政策分析是一种综合有关政策决策研究结果的信息和决定未来有关政策信息的工具。

巴顿（Carl V. Patton）认为，政策分析是关于备选政策方案（计划或项目）的技术和经济的可行性、政治的可接受性、执行战略和政策选择结果的系统评估。

韦默尔（David L. Weimer）认为，政策分析是面向当事人提建议，这些建议与公共决策相关，并反映社会的价值观。

陈庆云认为，政策分析是对政府为解决各类公共政策问题所采取的对政策的本质、产生原因及实施效果的研究。[②]

综合而言，他们都是将政策分析看作一门应用性的社会科学领域来定义，这与拉斯韦尔-德洛尔（Lasswell and Dror）的政策科学范式有本质的区别。拉斯韦尔和德洛尔是现代政策科学发展史上的关键人物，拉斯韦尔更是被誉为"现代政策科学的创立者"。拉斯韦尔认为，政策科学关心的是"社会中人的基本问题"，政策科学是一门跨学科的、综合性的全新研究领域，其目标是端正人类社会发展方向，改进公共政策制定系统，提高公共政策质量。德洛尔继承和发展了拉斯韦

---

① 陈振明. 是政策科学，还是政策分析——政策研究领域的两种基本范式[J]. 政治学研究，1996，（4）：85.

② 陈庆云. 公共政策分析[M]. 2版. 北京：北京大学出版社，2011：18.

尔的政策科学理论，对政策科学的对象、性质、理论和方法作了进一步具体而详尽的论证，从而形成了政策科学的拉斯韦尔-德洛尔传统。就研究对象及范围来看，政策分析不再将人类社会的基本方向问题或一般的政策系统及过程作为主要研究对象，而关注现实具体的政策问题，因而政策研究或分析方法及技术在其中处于核心地位。目前，政策研究领域的名称五花八门，不少学者还将政策科学和政策分析作为同义词使用。因此，陈振明提出，将"政策科学"作为政策研究领域的总名称，并在拉斯韦尔-德洛尔所规定的方向上来理解其对象及学科性质；将"政策分析"作为政策科学或政策研究领域的一个重要组成部分，以政策研究方法论或分析方法及技术作为对象。①本书也在这个意义上来使用"政策分析"一词。

（二）政策分析的基本框架

从系统论的角度来看，政策分析有行为、价值和规范等三个相互关联的维度，以及可行性分析②。行为研究是对客观存在的事实、事件的分析，主要回答"是什么"的问题；价值研究是对优先考虑什么的一种价值判断，主要回答"期望什么"的问题；规范研究是对应该如何行动及行动结果评断的分析，主要回答"应该是什么""应该怎样做"的问题；可行性分析是对政策是否具备了相关的基础和条件的分析，主要回答"这样做是否行得通"的问题。上述每一种分析在政策分析中都不是孤立的，而是相互制约、相互联系的，缺少任何一种分析都不是全面的分析。

1. 政策行为研究

政策行为研究是对政策内容及其实施过程的客观描述、观察、计数、度量与推理。政策内容包括"政策将要影响的特定目标或目标集合，期望的特定事件过程，选择的特定行动路线，提出的说明意图的特定陈述，以及采取的特定行动"③。简言之，政策内容涉及政策主体、目标、手段、对象等。对于政策内容的事实分析可以从纵向和横向两个维度展开。在纵向上，分析不同层级的政策主体、目标、手段、对象之间的一致性程度，防止"上有政策，下有对策"的情况发生；在横向上，分析某项政策的主体、目标、手段、对象之间的一致性，以及与其他政策的衔接程度。

政策过程则包括政策发生、形成、执行及实施效果等各个阶段。对政策过程的事实分析主要描述政策在事实上是如何制定的，以及应该如何制定。被国外广为接受的阶段理论是由琼斯（Harles O. Jones）和安德森（James Anderson）提出

---

① 陈振明. 是政策科学，还是政策分析——政策研究领域的两种基本范式[J]. 政治学研究，1996，（4）：86.

② R. M. 克朗. 系统分析和政策科学[M]. 陈东威，译. 北京：商务印书馆，1985：47-59.

③ 转引自：陈庆云. 公共政策分析[M]. 2版. 北京：北京大学出版社，2011：18.

的。琼斯把政策过程概括为如下阶段：问题确认、形成建议、决策过程、选定政策、政策执行、政策评估。安德森将政策过程划分为如下阶段：问题的形成、政策方案的制定、政策方案的通过、政策的实施、政策的评价。不管怎样划分，政策过程研究都包含问题的确定、启动方案、实施方案及效果评价等阶段。其重要性在于，它将复杂的、抽象的政策过程分解为若干简单具体的阶段，为开展大量的比较研究、经验研究提供了可能性。由于其高度的抽象性、概括性，研究者认为这种分析适用于不同的政策领域和不同的文化。[①]

政策行为研究最重要的是能够尊重客观事实，排除主观干扰。从研究角度来说，那就是必须搞清楚事实与价值的关系。赫伯特·西蒙（Herbert A. Simon）认为："一项决策都包含两类要素，分别称为事实要素和价值要素。对管理来说，这些要素的区别具有根本意义。"[②]但在描述事实时，观察、计数、度量、推理都离不开价值取向的引导。同样一个事实，在不同人的描述里会有不同的价值呈现。因此，更准确地讲，政策行为研究的一个基本点其实是选择特定价值的事实。

2. 政策价值研究

政策价值研究的假定为，一项政策，无论是面向社会还是面向团体，都包含一系列价值分配的决定和行动。袁振国认为，政策是关于权力的分配与再分配，不论在不同地区、民族还是在不同阶层，政策实施结果的不同反映了不同团体、不同人、不同社会力量的利益[③]。在一个完整的政策过程中，从政策问题的构建，到政策方案的制定与出台，再到政策的实施与效果评价，其自始至终都贯穿着价值的调节作用。

政策价值研究的核心内容是以价值目标为标准对事实进行评判，最终确立价值规范的过程。一般来说，价值目标越大，同活动主体的需求越一致，所激发的潜能也就越大。因此，政策的价值取向对人们的活动具有决定性的导向作用。政策价值分析包括政策的价值取向、政策主体的价值倡导、利益群体的价值协调三个方面。首先，政策价值研究要确立政策的公共价值追求。教育政策是一个公共议题，其价值取向主要涉及的是公平与效率的博弈。由于教育尤其是义务教育的公共性质，教育政策的基本价值取向应该是公平优先，在有利于实现公平的前提下，可以将效率、竞争等价值植入教育政策中。其次，政策价值研究要探讨政策主体的价值追求。政策所提供的价值标准不可能对全社会每一个成员都产生相等的意义。政策不仅要把每个成员的积极性、主动性、创造性发挥出来，而且要把

---

① 魏姝. 政策过程阶段论[J]. 南京社会科学, 2002, （3）: 64-69.

② 赫伯特·西蒙. 管理行为[M]. 杨砾, 译. 北京: 北京经济学院出版社, 1988: 44.

③ 袁振国. 中国教育政策评论[M]. 北京: 教育科学出版社, 2000: 5.

他们集中到政策主体所追求的目标上来。最后，政策价值研究要探讨政策对象之间的价值冲突与取舍。在面对各种利益需求冲突时，拥有权威性的政策主体需要在比较、鉴别、平衡的基础上寻找到一个平衡点，使教育利益分配达到帕累托最优。①

政策价值研究对于发挥政策的导向和调控功能，以及正确评价政策效果，都是必不可少的。价值研究能够帮助人们树立正确的价值观，有效解决政策中的价值冲突，使得政策能够为其对象所认同。

3. 政策规范研究

政策规范研究是以一定的价值判断为基础，提出某些分析处理公共问题的标准，将其作为制定政策的依据，并分析如何才能符合这些标准的研究。在哈贝马斯（Jurgen Habermas）的语境中，"规范"是与"事实"相对立的词汇，"规范的'应当性'具有一种无条件的、普遍的、义务的绝对意义；'应做之事'所要求的……不同的规范如果它们所主张的有效性覆盖相同范围的承受者就不可以是相互矛盾的；它们必须处于一个融贯的整体之中，也就是形成一个体系"②。

规范研究的前提是价值研究，规范要有效，必须以相关的价值为基础。价值的变化必然带来规范的变化。但规范与价值又有本质的区别，规范意味着"应当"，这种义务性规定要求人们对于行为的选择要么是"是"，要么是"否"，而不是程度上的差别；价值则不然，对于不同的"价值"，人们可以对之做出程度不同的权衡和取舍。一般而言，政策规范分析主要回答以下三个问题：一是政策行为"应该是什么"或一个政策问题应该怎样解决；二是什么政策方案是好的，什么是政策方案是不好的；三是某种政策方案是否应该，是否合理，为什么要做出这样的选择。

政策规范研究的价值在于，政策本身虽然不是法律，但与法律一样，具有很强的规范性，也是维护社会基本秩序的重要机制，因此，对于政策的规范性要求就更具有特殊意义。从政治的角度来说，政策规范所具有的社会教化作用是极其强大的。

4. 政策可行性研究

政策可行性研究是对规范研究中所提出的方案进行政治、经济、技术上的考证，论述其是否具备了实施的条件与能力。政策规范研究属于认识的范畴，主要是应用演绎推理的方法，即从抽象的各种普遍原则得出有关特定行动或事件的结

---

① 孟卫青. 教育政策分析：价值、内容与过程[J]. 现代教育论丛，2008，（5）：39.
② 哈贝马斯. 在事实与规范之间[M]. 童世骏，译. 北京：生活·读书·新知三联书店，2003：315.

论，但它归根结底离不开实践。因此，政策可行性研究就是从政治、经济、技术等实践层面来分析政策是否行得通。

政治可行性，指政策被决策者或公众接受的可能性。指导社会成员行为的一项政策，必须能够反映和代表那些具有共同经济地位的人们的共同要求和愿望，否则，该项政策就失去了它的政治意义。同时，一些即使代表了广大人民利益的政策，在实际执行中由于人们的认同度、理解度等问题，也不一定能够得到顺利推进。这是我们进行政治可行性研究时必须考虑到的。经济可行性，主要研究一项政策的经济效益，能够使用的资源的可能性。制定与实施政策的过程都需要消耗人力、物力和财力等各种资源，很多政策无法顺利实施与推进与资源限制有很大的关系。因此，经济可行性研究的就是一项政策的投入与产出的效益。技术可行性，就是对实施一项政策的操作程序、技术手段是否可行的分析。这几个方面的可行性研究相互联系、相互作用、相互制约，只有综合考虑各个方面的可行性，并寻找到一个最佳结合点，才有助于政策的成功实施。

从时间上讲，行为研究涉及的是过去和现在"发生了什么"的问题；价值研究既涉及过去和现在，也涉及将来；而规范研究则涉及未来的期望。当政策的实际状态不同于期望的状态时，就产生问题。因此，政策分析必须把所有这些方面综合起来进行评价、判断和分析。

综上所述，本书政策分析的基本框架如图 1-1 所示[①]。

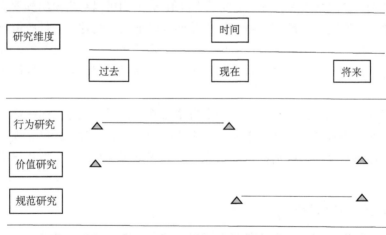

图 1-1　本书政策分析的基本框架

① R. M. 克朗. 系统分析和政策科学[M]. 陈东威，译. 北京：商务印书馆，1985：52.

三、本书的基本思路与观点

本书以中国社会转型作为大背景，以政策分析作为基本分析框架，梳理地方政府教育改革之背景、现状、特征、问题及其关系结构中的矛盾，进而从合法性与有效性的角度讨论地方政府教育改革何以成功，从宏观层面分析地方政府教育改革的前提和方法论。上述研究从两条线索展开，第一条线索是关于地方政府教育改革本身，笔者分析其涉及的构成要素，如改革背景认知、改革动因、改革主体、改革内容、改革路径、改革影响等，呈现何种状态和特征，并提出将公共利益分析作为地方政府教育改革的一个基本的方法论框架。第二条线索是关于地方政府教育改革涉及的关系结构，笔者主要介绍了地方政府与中央政府、地方政府与地方政府、地方官僚系统与地方教育系统、地方教育系统内部之间的对立统一状态，提出明晰中央政府与地方政府、政府与社会的关系是地方政府教育改革的前提和基础。

面对如此复杂的问题与现实，本书的立论前提及对于未来地方教育改革展望有如下几点。

第一，理解和领悟地方政府教育改革必须把其置在现实背景当中。改革是从政策调整和制度创新开始的，"制度的性质不过是在特定时代，以特定形态出现的存在；时代和形态是什么样的，存在于其中的制度就是什么样的"[①]。特定时代造就特定的改革行为，特定时代也催生特定的改革行为。为何此时要改革？为何是这样改而不是那样改？这些都需要放置在现实的背景中进行考量。

第二，地方政府教育改革的历程，其实是中央政府权力下移的过程，也是中央与地方关系日趋法定化的过程。中国是单一制国家，1949 年中华人民共和国成立以后，为了集中、动员有限的资源搞建设，建立了高度集中的体制，这种体制在当时发挥了重要的作用。改革开放以后，将中央集中调控与发挥地方的主动性、积极性有效结合起来是主要的改革方向和思路。为了避免中央与地方之间收放循环，中央政府与地方政府的关系需要以法定化的形式确立，否则权限的随意变动较大，地方政府可能以经济发展推卸或逃避教育发展责任。

第三，在权力下移过程中，地方政府的权力扩大以后，并不意味着地方政府的权限可以无限延伸，而是意味着必须扩大公众的参与和发展非政府公共组织。在现代国家治理转变的背景下，我们一方面要借鉴国外经验，不能简单地拿当代西方国家的制度安排与中国的进行同时比较，另一方面要在中国独特历史文化传统及基本国情的基础上，通过完善市场机制，推进行政体制改革，培育社会体系，

---

① J. M. 凯利. 西方法律思想简史[M]. 王笑红，译. 北京：法律出版社，2002：261.

进而构建一个强政府主导下政府、市场和社会三元并存与互补的地方教育治理格局。强政府，指的是在矛盾极为尖锐复杂的社会转型期能够有效维持社会秩序、应对国内外各种挑战、动员组织社会资源、促进社会转型和社会发展的和有较高治理能力的政府。①

第四，教育改革的本质是利益格局的重新调整和分配。人与人之间的社会关系归根到底是生产关系，生产关系的本质则是利益关系。利益关系决定着其他一切社会关系。我国的教育改革正逐步由观念变革转向利益关系的调整，这是一个循序渐进、由浅入深的过程。地方政府的教育改革基本方向，需在利益分析的框架下，以公共利益优先为核心理念，在尊重传统、坚守本土的基础上达成价值共识，在坚持社会尺度和教育尺度比较整合的基础上达成需求共识，在坚持共同治理的基础上达成社会共识。

---

① 马德普. 渐进性、自主性与强政府——分析中国改革模式的政治视角[J]. 当代世界与社会主义，2005，（5）：22.

第二章 ▶ 地方试验：中国教育改革的新时代

　　地方试验是中国 20 世纪 70 年代末以来改革开放最显著的特征。在确立"摸着石头过河"的基本改革精神之后，中央政府鼓励地方政府以"做中学"的方式进行各种改革试验。其基本策略是，首先中央设定目标，其次地方通过试验检验中央的思路，最后中央获得地方经验并在全国推广。这种"做中学"的方式，在改革初期优势非常明显：对于中国这样一个地域广阔、人口规模巨大的国家来说，社会经济的发展需要的是灵活的做法，而不是一刀切的做法。

　　"教育改革是一种复杂的现象，是理念、政策和体制结构、历史和文化的大杂烩。"[①]这个"大杂烩"构成教育改革的前提和基础，阐明了教育改革的必要性和可能性，也为教育改革指明了原则和方向。联合国教育、科学及文化组织（简称联合国教科文组织）在 1972 年出版的《学会生存——教育世界的今天和明天》一书中就认同这样一种观点，"巨大的经济运动总是伴随着教育上的扩展的。今天的许多事实证明，经济发展的要求和新的就业机会的出现强烈地激起了教育上的扩张"[②]。该书同时指出，目前的教育体系正经受着来自内部和外部两个方面的压力，内部压力本身还不足以引起教育结构的变化，而"外部压力在我们这个时代特别坚强有力。这种压力正在采取新的形式，开始无规则地向前演进，时而又回过来重新安排基本情况。现在看来很明显，我们不能再继续沿着过去的这条老路前进。但人们对于他们将选择哪条道路仍在犹豫不决。未来行动的方向主要将从外在因素中推演出来"[③]。地方政府教育改革也不例外，受到特定社会

---

① 莱文. 教育改革——从启动到成果[M]. 项贤明，洪成文，译. 北京：教育科学出版社，2004：186.

② 联合国教科文组织国际教育发展委员会. 学会生存——教育世界的今天和明天 [M]. 华东师范大学比较教育研究所，译. 北京：教育科学出版社，1996：53-54.

③ 联合国教科文组织国际教育发展委员会. 学会生存——教育世界的今天和明天 [M]. 华东师范大学比较教育研究所，译. 北京：教育科学出版社，1996：117.

和时代的政治、经济、文化变革的制约，是特定社会和时代的政治、经济、文化发展状况的一种反映。

第一节　变革中的地方政府

一、地方政府是一种必不可少的制度安排

地方政府是人类社会发展到一定阶段，伴随着国家的产生而出现的事物。自国家产生以来，除了极少数地域狭小、人口较少的城市型国家以外，其他国家都设置了地方政府。设置地方政府的一个根本理由是，地方政府具有中央政府所不可替代的管理地方经济和地方公共服务的功能。因此，地方政府一般是在经历了一个权力逐渐集中的过程，形成中央集权的体制以后，由中央政府根据需要而设置的。

（一）地方政府是中央政府的对应物

一般而言，地方政府是由中央政府为治理国家一部分地域或部分地域某些社会事务而设置的政府单位[①]。在单一制国家里，全国只有一个立法机关和一个中央政府，一部宪法和统一的国籍，在国家内部按地域划分行政区域，各行政区域的地方政府均受中央政府的统一领导。在这种政治体制下，地方政府主要指除中央政府以外的各个层级的政府。

关于联邦制国家的地方政府如何界定，仍存在一定的争议。西方学者认为，地方政府是位于中央政府与中间政府（州政府、省政府）之下的最低一级的政府或中间政府的分支机构，而中间政府是联邦制国家的组成单位，并非地方政府。例如，《国际社会科学百科全书》指出："地方政府在政府体系中是最低一级，中央政府为最高一级，中间部分就是中间政府（如州、地区、省政府等）。"《美国百科全书》指出："地方政府，在单一制度国家，是中央政府的分支机构；在联邦制国家，是成员政府的分支机构。"[②]在我国，也有部分学者认为地方政府是中央政府的对应物，除中央政府以外的各个层级的政府都是地方政府。薄贵利认为，联

---

① 徐勇，高秉雄. 地方政府学[M]. 北京：高等教育出版社，2005：4.
② 转引自：易重华. 中国地方政府转型[M]. 北京：中国社会科学出版社，2008：13.

邦制国家和单一制度国家的实质性差别正在失去意义，法律对"成员政府不是地方政府"所做的规定只是形式上的，一个不具备主权性质的政府实质上就是地方政府。因此，他指出："所谓地方政府，在单一制国家里，是指中央政府以下的省、市、县、乡镇等各级政府；在联邦制度国家里，则是指州或加盟共和国及其以上的各级政府。"[①]易重华也认为，自治的程度不是判断一个政府是否地方政府的标准。我国的香港特别行政区政府、澳门特别行政区政府在自治权上都大过美国的州政府，如香港特别行政区政府、澳门特别行政区政府拥有发行货币的权力，而美国的州政府则没有这个权力。但我国基本法规定香港特别行政区、澳门特别行政区是"享有高度自治权的地方行政区域"，也就明确界定了它们作为一种特殊型地方政府的地位。[②]

本书认可地方政府是中央政府的对应物这一观点。事实上，无论给地方政府下何种定义，有一点是公认的，即中央政府是全国性政府，地方政府是地域性政府。无论单一制国家还是联邦制国家，都是一个统一的作为整体的国家，都有一个代表整个国家的政府——全国性政府（国家政府）。在这一国家内治理国家一部分地域的政府，则是地域性政府（地方政府）。[③]

（二）地方政府通常是指地方各级行政机关

对于"政府"一词，学界一般有广义和狭义两种不同的解释[④]。广义的政府是指各国家机构组成的整体。从国家层面看，广义的政府是国家元首、国家立法机关、国家行政机关、国家司法机关、国家军事机关等公共机关的总和，代表着社会公共权力。从地方层面看，地方政府中的"政府"，在广义上不同于国家层面的政府。首先，地方不存在代表地方的"元首"；其次，地方也不存在属于自己的军事机关；最后，在"三权分立"的体制下，司法自成体系，不属于地方。因而，地方政府中的"政府"在广义层面使用时，仅包括地方立法机关和地方行政机关。

狭义的政府仅指承担社会公共管理职责的行政机关。在我国，地方政府也往往被理解为地方各级行政机关。本书也把研究对象定位于狭义的地方政府，这主要是因为无论是从行政权力自身的性质来看，还是从我国的现实国情来看，行政权力及其机关都是影响我国经济社会改革和发展的关键因素。

第一，行政机关是贯彻执行国家的法律和政策、管理国家的内政和外交等行

---

① 薄贵利. 近现代地方政府比较[M]. 北京：光明日报出版社，1988：9-10.
② 易重华. 中国地方政府转型[M]. 北京：中国社会科学出版社，2008：16-17.
③ 周平. 当代中国地方政府[M]. 北京：人民出版社，2007：4.
④ 赵宝煦. 政治学概论[M]. 北京：北京大学出版社，1982：103.

政事务的机关，是立法机关所确立的国家意志的执行者。因此，行政权力比其他公共权力更经常、更直接、更广泛地与公民的生活发生联系，而且随着社会公共事务的日益增多，行政权力扩张的速度和规模都远远超过其他公共权力。英国行政学家韦德（William Wade）认为："如果国家对公民从婴儿照管到死，保护他们的生存环境，在不同时期教育他们，为他们提供就业、培训、住房、医疗机构、养老金，也就是提供衣食住行，这需要大量的行政机构。相对来说，仅仅依靠议会通过法律，然后交法院实施，那只能做微不足道的事。"[①]在西方国家，随着行政权力的不断扩张，行政机关在政策制定过程中的地位和作用越来越突出，出现了"行政国家"。以美国为例，在美国三大权力体系中，总统居于主导地位。这主要表现在，总统可以更多地倡议立法，更多地使用否决权；不再满足于仅行使宪法赋予的单方面的权力，而是从法律、法院裁决和先例中得到更多的机会以行政命令和其他方式直接决策。国会还常常将一些非常重大的决策权授予总统，特别是在外交和军事领域，总统所拥有的合法权力和行动自由比其在内政方面所拥有的权力和自由要大得多。[②]

第二，从我国特殊的国情来看，我国的市场经济是以地方政府为经济增长主体的市场经济，国内外不少学者将中国经济高速增长的奥秘归为"地方政府主导型市场经济"。我国由中央高度集中的计划经济体制向市场经济体制转换的改革，首先是从中央政府大幅度放权开始的。微观经济主体和社会还远未发育完善，使得中央政府下放的行政权、经济权、立法权大部分转移到地方政府手中，地方政府由过去单纯执行上级命令的行政主体演变成具有独立经济利益的行政主体和决策主体，地方政府成为改革开放以来经济社会发展的基本动力。

在地方政府干预地方经济社会发展的范围和内容大大扩展之后，地方政府行政权力的约束问题受到人们的关注。改革虽然把中央的权力下放到地方，但建立在受市场约束的微观经济主体基础上的市场经济体制远未建成，地方行政权力"一枝独大"，缺乏相应的监督制约机制。当前我国经济社会中的诸多矛盾，如结构问题、机制问题、增长方式问题等都与地方政府僭越市场、缺乏约束有密切关系。因此，地方政府如何转换职能、正确行使行政权力，是我国经济社会深化改革、加快发展的关键环节。

（三）地方政府有不同的层级和类型

每一个国家的地方政府都是按照其特定的层级结构和类型结构组合而成的。

---

① 威廉·韦德. 行政法[M]. 徐炳，译. 北京：中国大百科全书出版社，1997：4.
② 陈庆云. 公共政策分析[M]. 2版. 北京：北京大学出版社，2011：70.

地方政府不仅具有多层级性，而且每一个层级又分为许多类型，构成了错综复杂的体系结构。世界上除极少数国家外，其他国家的地方层级结构都不止有一级，而是有两级、三级、四级，乃至更多层级。

一般而言，地方政府的层级结构有如下特点：①层级结构的形成与国家规模（面积与人口）、国家结构形式相关。通常，国家规模较大，其地方政府的层级就多；国家规模较小，其地方政府的层级就少。在实行联邦制的国家，其地方政府的层级少；在实行单一制的国家，其地方政府的层级相对多。目前，世界上联邦制国家有 19 个，两级制国家有 12 个，其中有些国家是两级制和三级制并存。②地方政府在层级结构中的位置，对于地方政府的行为及职能定位有深刻的影响。地方政府在层级结构中离中央政府越近，拥有的权限越大，受中央政府的控制也越严，所承担的国家职能也越具有政治性；反之，地方政府在层级结构中离地方居民的距离越近，则承担的国家职能越能显示社会公共管理的性质，管理方式也越直接，居民对政府行为也越关注，受到来自民众的压力也越大。[1]

在我国，地方政府不仅有多个层级，而且数目庞大。《中华人民共和国宪法》第三十条规定：中华人民共和国的行政区域划分如下：①全国分为省、自治区、直辖市；②省、自治区分为自治州、县、自治县、市；③县、自治县分为乡、民族乡、镇。直辖市和较大的市分为区、县。自治州分为县、自治县、市。自治区、自治州、自治县都是民族自治地方。从实际情况来看，我国的行政区划分有五级：①中央政府；②省、自治区、直辖市、特别行政区；②地级市、地区、自治州、盟；④县、区、自治县、市、旗；⑤乡、民族乡、镇、街道办。根据 2015 年中华人民共和国行政区划统计，我国有 34 个省级行政单位，334 个地级行政单位，2850 个县级行政单位，39 787 个乡级行政单位，99 226 个居委会、580 211 个村委会。

根据地方政府与中央政府和当地居民的关系，可以将地方政府大致划分为三类：第一类，直接与当地居民发生关系，承担直接治理职责的地方政府，通常称为基层地方政府。基层地方政府的管理权限、种类较少，内容大都与当地居民的日常生活密切相关，较多呈现社会公共管理的特性。第二类，直接与中央政府发生关系，受中央政府直接监督指挥的地方政府，称为最高层级地方政府。最高层级地方政府管理的地域范围较大，承担了除外交、国防等少数几项职能以外的几乎所有国家职能，其行政部门的设置与中央政府的也大致相近。第三类，介于前述两者之间的地方政府，称为中间层级地方政府。中间层级地方政府的职责和权限介于上一级地方政府和下一级地方政府之间，较多地承担了上一级地方政府委托的职责和对下一级地方政府的监督和控制职能。

---

① 李四林，曾伟. 地方政府管理学[M]. 2 版. 北京：北京大学出版社，2010：45.

根据行政功能，地方政府可以划分为一般型地方政府和特殊型地方政府。一般型地方政府是国家单纯出于地域管理的需要而设置的政府，是一切国家自古以来普遍采用的一种管理方式，没有人口数量限制、民族构成比例或经济发展水平的特别要求。特殊型政府是指国家为满足某些特殊的政治需要、经济社会发展需要而专门设置的地方政府。比如，美国在首都地区设立哥伦比亚特区，直辖于联邦政府，以及我国设立的民族区域政府、经济特区、林区、特别行政区等。

根据政治法律地位划分，地方政府还可以划分为行政体地方政府、自治体地方政府、混合体地方政府。行政体地方政府一般存在于中央集权制下的传统国家，这类政府没有独立的法人资格，在该地域不存在代表当地居民利益和意愿的代议机构，其权力只能来自中央政府，并隶属于中央政府。中国古代封建帝制时期的地方政府就是典型的行政体地方政府。自治体地方政府由当地居民依法选举产生，对当地居民负责，其权力主要来自当地居民代表组成的代议机构，是一个拥有较大责权空间的公法人。地方政府与中央政府或上级政府之间不存在隶属关系和服从关系，但地方政府必须接受中央政府或上级政府的法律监督，中央政府也可以通过立法来规定或修改地方政府治理权限的范围和程度。大多数西方国家的基层政府和部分较高层级的地方政府都属于这一类型。混合体政府又称为民主集中体政府，兼具行政体地方政府和自治体地方政府的特点，该地域也具有当地居民选举产生的、代表当地居民利益和意愿的代议机构。从产生方式看，混合体地方政府与自治体地方政府相同，都是由代议机构选举产生的；从行政机关与其他政府的关系看，混合体地方政府与行政体地方政府相同，地方各级行政机构之间存在隶属关系，都是中央政府在当地的代表。在社会主义国家出现以后，这种地方政府体制得以产生。

不同的层次和类型的地方政府构成一个完整的政府结构体系，并为政府实现各项职能提供组织和技术保障。中国作为一个地域辽阔、人口众多、民族构成复杂、社会发展不平衡的大国，政府统治必然会面临诸多的政治需求和管理需求，国家通过地方政府体系的功能结构做出相应的安排是十分必要的。当前，中国地方政府功能结构安排对教育的影响主要体现在城镇区域型地方政府单位的设置上。城镇是地方经济社会发展的产物，城镇物质水平高，城镇居民生活社会化程度高，政治参与意见强，就必然导致城镇教育与乡村教育的显著差别。在这样的显著差别下，仍由一个地方政府同时治理城镇和乡村的教育，实际上是难以兼顾的。不只是教育，经济社会发展的其他方面都是如此。因此，"市县并立、城乡分治"是当前我国政府功能结构改革的重要发展趋势。

（四）地方政府的基本特征

地方政府是中央政府设置的治理国家部分地域的政府单位，同全国性的政府（中央政府、联邦政府）相比，其所拥有权力的性质、权限行使的范围、承担的职责等都大不相同。

1. 地方政府的权力具有非主权性

所谓主权，是一个国家对其管辖区域所拥有的最高的、最后的政治权力。主权对内是立法、司法、行政的权力来源，对外是保持独立自主的力量和意志。主权的法律形式对内常规定于宪法或基本法中，对外则是国际的相互承认。所谓非主权性，是指地方政府的权力无论大小、来源，在对内对外关系中都不具有最高性、最后性。现代国家的主权属于该国人民。在单一制国家，国家主权由人民选举产生的中央政府代表全体人民行使；在联邦制国家，国家主权则由选举产生的联邦政府和联邦成员单位政府，依据联邦宪法所划定的权限范围，在各自的权限范围内代表人民行使。

现代地方政府是由中央政府代表国家依法设置的。为确保地方政府的有效运作，中央政府必须通过相应的法律，授予地方政府完成其职能所需的权力。在现代民主国家，地方政府由当地居民选举产生，这意味着地方只拥有治理本域的权力而不是拥有国家主权。即使是在实行高度自治的地方，地方政府的权力也不具有主权性。例如，香港特别行政区和澳门特别行政区都是中国实行"一国两制"的高度自治区，拥有包括司法权、发行货币等高度的自主权，但这两个特别行政区政府行使权力的依据是基本法，而基本法是由全国人民代表大会制定的。基本法的制定权、修改权与解释权都属于全国人民代表大会，而无须特别行政区的同意或认可。

2. 地方政府的职权具有局部性

所谓职权的局部性，是指地方政府治理的职责有限。这主要表现在两个方面：一是其治理的地域范围有限。地方政府是治理国家部分地域的政府，因而其治理权力仅限于所管辖的地域范围及其居民。拥有地方立法权的地方政府，其制定的地方法规，只对该地区的居民有法律效力，对其他地区则不产生效力。二是其管辖事务的范围只是国家事务的一部分。这既出于公共管理的需要，也出于政治统治的考虑。[①]从公共管理的角度看，在国家承担的社会公共事务管理职责中，有些必须因地制宜或分地域进行治理，而有一些则需要由国家统一实施管理，而且在

---

① 方雷. 地方政府学概论[M]. 2 版. 北京：中国人民大学出版社，2015：5.

地方辖区内还存在管辖本地域某些社会事务的其他政府（中央政府或上级政府）的机构，或本地域的某些社会事务不属该地方政府而属另一地方政府管辖。例如，美国的地方政府一般不承担辖域内的教育事务，而另由作为地方政府的学区政府承担。从政治统治的角度看，中央政府通常都不会将涉及国家整体与政治稳定的事务，如国防、外交等，交由地方政府管辖。

3. 地方政府的主要职能是社会管理

在一个面积、人口具有一定规模的国家里，要求一个政府（全国性政府）直接完成对全部社会事务的公共治理是不可能的。正是基于这一现实需求，国家才分地域设置地方政府，通过地方政府的活动来完成国家所承担的社会职能，从而达到维护政治统治的根本目的。基于国家本质（政治统治）只能通过国家形式（社会组织）的存在才能实现，因而国家职能必然包括实施政治统治和完成社会管理两个方面。[①]一切国家行为都是为了实现这两大职能，但两者的实施主体各有侧重。中央政府一般较多地承担政治职能，地方政府则较多地承担社会职能。地方政府是国家出于地域面积、人口数量考虑而设置的，其职责是直接向民众提供公共产品，因而地方政府的主要职能是实施国家的社会职能，特别是那些必须分地域实施管理和服务，但又不致影响整个国家或危及国家统一的社会事务，更是地方政府的职责重点。地方政府的政治职能主要体现在执行中央政府的决策上。

二、政府职能转变与地方政府角色的重新定位

（一）改革开放以来的政府治理结构改革

改革开放以来，中国政府的治理发生了一次较大的转型，这次转型基本上是围绕着政府、市场和社会的关系调整而展开的。政府主动转变职能，改革治理结构，给市场和社会创造更多的作用空间。其调整的前提，即一个最明显的变化是，在众多的公共政策领域，权力得到较为充分的下放。在 20 世纪 70 年代末以前，政府几乎管理着社会生活中的每一个领域，人们的生、老、病、死及生活中的方方面面都由政府负责。然而，从 20 世纪 70 年代末的改革开始，政府在很大程度上已经不再干预和控制经济活动，公民的个人权利也逐渐得到尊重和释放。

从政府与市场的关系来看，政府改变了自己在经济活动中的角色，不再直接

---

① 李四林，曾伟. 地方政府管理学[M]. 2 版. 北京：北京大学出版社，2010：4.

干预经济活动。首先，在 20 世纪 80 年代，政府实施了一系列放开价格管制的措施，引入价格双轨制，允许计划外的商品进行自由交易，并由市场决定商品的价格。发展至今，除石油、电力、铁路运输等领域以外，大多数领域对商品价格均已放开管制，实现市场定价。在 20 世纪 90 年代，政府取消了产品计划，计划经济模式一去不复返。其次，政府开始允许并鼓励私营企业、外资企业、合资企业的发展，国有企业不再"一枝独大"，非公有制经济发展比重不断增长。同时，国有企业也实现了商业化运营，采取和借鉴了国际通用的公司管理模式。

从政府与社会的关系来看，随着计划经济的取消，政府对公民生活的干预和控制也随之减弱。首先，单位制度逐步瓦解。改革开放以前，单位对社会成员来说，几乎意味着社会生活的一切，全面控制社会成员的发展机会和工作机会，同时提供"从摇篮到坟墓"的差不多所有生活需求。随着市场经济的推进，许多单位解散了，"下海""下岗"浪潮使得成千上万的单位人转变为社会人，社会成员开始自由选择职业和工作，并自由流动。同时，原有单位所提供的诸多社会功能也被一些制度所取代。其次，社会团体和非政府组织迅速发展，这也体现了社会的发展壮大。1998 年，国务院颁布《社会团体登记管理条例》①，明确了社会组织的双重分层管理体制，社会组织的合法身份得到确认。虽然从总体上来讲，中国的社会组织和非政府组织力量还较为单薄，但已经有越来越多的社会组织参与到教育、医疗、环保、权利维护、关注弱势群体、民间艺术传承等各种社会活动之中。根据民政部 2016 年第一季度的统计，经民政部门依法登记的社会组织的数量达到 66.48 万个。有关学者则估计，中国的非政府组织的数量已达 300 万个。最后，随着互联网等通信技术的发展，公民参与地区事务、国际事务的途径也越来越多，也可以有更多的机会了解和接触外界信息。中国互联网络信息中心（China Internet Network Information Center，CNNIC）2016 年 6 月发布的第 38 次《中国互联网络发展状况统计报告》显示，中国网民规模由 2012 年的约 5.38 亿人增加至 2016 年的约 7.10 亿人，互联网普及率由 39.9%上升至 51.7%（图 2-1）。根据报告中的数据，中国网民人均周上网时长为 26.5 小时，每天平均上网接近 3.8 小时。②

随着政府、市场和社会关系的深入调整，政府权力的制衡机制也逐步发展起来。安·弗洛里妮（Ann Florini）等研究认为，从历史上看，中国的政治体制一直以来似乎都被认为缺少相应的制衡机制，然而历经 30 年的改革之后，权力制衡和权力转移机制已经逐渐建立起来。首先是人民代表大会对政府权力的制衡。20 世纪 90 年代以来，人民代表大会在对几乎所有重要议案进行投票时，都出现了弃权票和反

---

① 社会团体登记管理条例[EB/OL]. http://mjzx.mca.gov.cn/article/zcfg/201304/20130400437175.shtml [2013-04-01].

② CNNIC. 2016 年第 38 次中国互联网络发展状况统计报告[EB/OL]. http://www.199it.com/archives/502874.html[2016-08-03].

对票。其次，司法的专业性日渐增强。法官和检察官都逐渐要求由受过专业教育的技术精英担任，律师也成自由职业的专业人士，可以为客户利益进行独立自由的辩护。再次，公民拥有更多的权利来制衡政府权力。1990 年，行政诉讼法的实施赋予了公民起诉政府组织的权利，而在这之前，公民在面对政府的不当行为时，几乎没有法律手段可用。1994 年，《中华人民共和国国家赔偿法》①规定，政府应对在行政诉讼中胜诉的公民预防补偿和赔偿，这进一步约束了政府部门，使得它们在处理与公民权益有关的事情时更加谨慎。最后，乡镇一级的选举也同样可以约束政府行为，这种选举意味着地方官员在决策时，不得不更多地考虑本地居民的需要。②

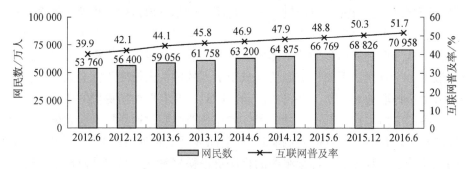

图 2-1 中国网民和互联网普及率统计

资料来源：CNNIC. 2016 年第 38 次中国互联网络发展状况统计报告.

（二）我国政府职能转变的趋势与问题

政府职能转变是指政府在一定时期内，根据经济和社会发展的需要，对其职责范围、内容、方式和关系等进行的调整和转移。改革开放以来，我国先后通过几次较大规模的政府机构改革，不断调整和完善政府管理经济社会的职能，宏观调控和公共服务能力逐步提高。③一般认为，中国行政管理体制改革的历程可以分

---

① 中华人民共和国国家赔偿法[EB/OL]. http：//www.people.com.cn/electric/flfg/d1/940512 html[2017-06-01].

② 安·弗洛里妮，赖海榕，陈业灵. 中国试验：从地方创新到全国改革[M]. 冯谨，张志超，译. 北京：中央编译出版社，2013：20-22.

③ 1982 年至今，中国先后进行过七次大的政府机构改革，都是随着经济体制改革的深化，围绕政府职能转变精简机构。1982 年，国务院 100 个部门裁掉了 39 个，人员编制从 5.1 万人减少到 3 万人；1988 年，国务院部门、直属机构由 67 个减为 60 个，国务院人员编制减少 9700 多人；1993 年，国务院部门、直属机构从 86 个减少到 59 个，人员减少 20%；1998 年，国务院组成部门由 40 个减少到 29 个；2003 年，国务院组成部门由 29 个减少到 28 个，设立国务院国有资产监督管理委员会、中国银行监督管理委员会，组建商务部、国家食品药品监督管理局；2008 年，国务院组成部门设置为 27 个，组建人力资源和社会保障部、住房和城乡建设部、工业和信息化部、交通运输部和环境保护部等 5 个大部；2013 年，国务院设置组成部门 25 个，组建国家食品药品监督管理总局、国家新闻出版广电总局、国家铁路局、国家卫生和计划生育委员会，重新组建国家海洋局、国家能源局。周子勋. 从历次政府机构改革看政府职能转变历程[N]. 中国经济时报，2014-11-03，（A6）.

为四个阶段：第一阶段为 20 世纪 80 年代，主要任务是精简机构；第二阶段是 20 世纪 90 年代，主要任务是为市场经济奠定基础；第三阶段是 2002—2007 年，将宏观调控、市场监管、社会管理、公共服务和环境保护等五项内容确定为政府职能；第四阶段是 2008 年以来的"大部制"改革的阶段。

政府职能转变的过程是一个漫长而艰难的过程。从目前来看，政府与市场、政府与社会、政府与公民等关系还没有完全理顺，如何进一步规范权力运行，减少对微观经济活动的直接干预，着力提高宏观调控能力、公共服务能力和维护社会公平正义的能力，使政府真正成为经济社会运行规则的制定者、经济社会生活秩序的维护者和社会公平正义的守望者，是当前深化改革最迫切需要解决的问题。

1. 政府职能转变的主要趋势

2013 年 11 月，《中共中央关于全面深化改革若干重大问题的决定》[1]明确提出，全面深化改革的目标是完善和发展中国特色社会主义制度，推进国家治理体系和治理能力现代化。国家治理是现代国家所特有的一个概念，是在扬弃国家统治和国家管理的基础上形成的。衡量国家治理体系和治理能力现代化的标准至少有四条：民主化、法治化、文明化和科学化。[2]当代西方国家的治理理论兴起于 20 世纪 90 年代，经过不断发展，目前已形成了民主治理、多中心治理、合作式治理、数字治理等多种治理模式，其核心是强调政府放权和向社会授权，实现社会自我治理及社会组织与政府的平等共治等。地方政府职能的转变无疑应该被放置于国家治理现代化的整体制度建构中来考量，并以政府职能转变为切入点，推动经济社会各领域治理结构的变迁。

（1）从全能政策转向有限政府

1949—1957 年，我国逐步建立起高度集中的中央集权的计划体制，实行资源的中央计划配置，中央垄断资源并对社会进行严密控制。全能政府是我国计划经济时期政府的重要特征，地方政府虽然只是中央政府的代理人，但仍然是一个无所不包、无所不管的全能政府。经过 30 多年的政治体制改革，目前我国政府仍然带有浓厚的"全能"色彩，具体表现为政府介入经济生活过多、权力过大。因此，不少地方政府存在机构臃肿、人员和财政负担沉重、效能低下等问题。

在市场经济条件下人们已经取得共识，一个政府过度干预经济和社会事务，或者社会、经济的发展过度依赖一个政府的作用，这都不是好现象。政府自身在

---

① 中共中央关于全面深化改革若干重大问题的决定[EB/OL]. http://www.gov.cn/jrzg/2013-11/15/content_2528179. htm[2013-11-15].

② 何增科. 怎么理解国家治理及其现代化[J]. 理论参考，2014，（2）：9-10.

规模、职能、权力和行为方式上必须受到法律和社会的严格限制和有效制约。因此，有限政府是对政府应该要管什么样的事情或不要管理什么样的事情进行合理限定的政府，其职能范围取决于市场和社会的需要，市场的需要来自矫正政府失灵的需要，而社会的需要则来自对于公平的需要。有限政府并不是简单地弱化、淡化政府治理，而是精化、强化政府治理，让政府作用的定位和范围更为合理、科学。在现代市场经济条件下，有限政府的作用主要包括两个方面：其一，提供经济社会发展所需的软件和硬件基础设施，为作为微观经济主体的企业的运行创造良好的经济社会环境。其二，通过转移支付和财政手段，支持教育、科技、社会保障、公共医疗、环境保护等社会公共项目，弥补市场机制的失灵。

在教育领域内，有限政府的作用有非常明确的边界，政府不再既是教育的管理者、评价者，又是办学者、所有者，而是资金提供者、社会管理者、教育服务者。有限政府的作用为：①提供主要的教育经费，同时通过财政转移支付，帮助落后地区和弱势群体，使其享有平等的接受教育的机会。②制定政策。利用教育政策、法规、规划对教育发展的规模、速度、水平进行宏观调控；制定市场法则，规范教育运行的方式；对教育进行监督性管理。③提供教育服务和教育产品，管理公有教育产权。[①]

（2）从管制型政府转向服务型政府

计划经济的实质是一种管制经济，指令性计划贯彻和实施的过程就是政府对整个经济社会进行管制的过程。在计划经济体制下，地方政府扮演的角色主要是管制型政府，其主要职责是执行中央政策，是中央政策的传声筒。到改革开放初期，中央与地方关系开始了制度性调整，地方获得了一定的自主权。一方面，它依然是中央政府在一个地区的代理人，是中央政府政策的执行者；另一方面，它又是地方利益的代表者，要维护地方利益、促进地方发展。在这一历史时期，地方政府主要扮演了发展型政府的角色。

以发展型政府为主导的经济社会发展模式，从本质上说，是在高度集权的管制型政府遭遇合法性危机的情况下，不得已试图通过经济绩效来补偿民主赤字的方式缓解政府压力，并且在一定程度上确定能够取得积极成效[②]。但是随着经济快速发展，发展型政府也遇到一系列社会和经济发展问题，如社会的公平正义的问题、环境污染问题、"三农"问题等，政府必须实现新的转型和定位。服务型政府是对发展型政府的扬弃，且并不否定经济建设，而是将更多的职能放在提供公共产品和公共服务上。也就是说，政府要彻底从直接生产者这个身份中解放出来，以地区社会发展为目标，更多地保障民生事业，保障公民的合法权益，保护环境、

① 朱利霞. 国家观念、市场与公共教育——西方公共教育改革研究[M]. 济南：山东教育出版社，2010：233.
② 何华玲，张晨. 现代国家构建视域下的中国地方政府治理转型[J]. 领导科学，2013，（4）：4-7.

治理污染，维护社会公平正义。

（3）从人治政府转向法治政府

我国是一个有着长期人治传统的国家。伴随着向市场方向转型的改革开放，我国这种人治型治国理政方式，从 20 世纪 70 年代末开始发生深刻转变。然而，尽管这些年来中国在依法治国方面取得了长足进步，但仍然存在一些影响和阻碍法治建设的因素。我们还远远没有把权力关进法律制度的笼子里，这是当前法治中国建设的关键所在。法治政府建设需要在如下几个方面继续推进：其一，进一步建立健全民主制度。虽然我国已经出台了一系列重在制约政府权力的制度和法规，但这种权力制约制度尚不健全，也未充分发挥作用。民主制度是实现权力制约的基础，可以为法治提供保障。要在保障民主选举、民主监督、民主管理和民主决策等权利的基础上，继续扩大民主权利，落实参与权、表达权、知情权和程序权等，通过立法将各种民主权利制度化。其二，进一步完善分权制度。建设有限政府除需要向市场、社会分权外，还要进一步提高司法的独立性，强化司法对行政的监督；要完善税收制度在缩小收入差距、财富差距上的功能，避免财富集中在少数人手中。其三，进一步完善法律体系。目前，我国法律体系虽已经形成，但仍然不健全，这当中既有现行法律需要修改的问题，也有部分配套法规急需制定的问题，还有个别法律尚未出台的问题，比如，应当尽快制定行政组织法和行政程序法。

我国家长本位和权力本位的思想相当严重。孟德斯鸠认为："一切有权力的人都容易滥用权力，这是万古不易的一条经验。有权力的人们使用权力一直到遇有界限的地方才休止。"[1]这是因为权力作为一种强制性的力量具有人格化的特点，常常会因权力行使者的能力、情感因素和利益取向等而趋于滥用和腐败。即使排除了这一点，政府行政也会因为自由裁量的空间过大而有随意性和多变性，极不利于建立稳定的行政秩序。党的十五大报告在论述机构改革时，就明确提出要深化行政体制改革，实现国家机构组织、职能、编制、工作程序的法定化，并把依法治国提到了党领导人民治理国家的基本方略的高度，强调一切政府机关都必须依法行政。2004 年，国务院正式颁布的《全面推进依法行政实施纲要》[2]明确提出："经过十年左右坚持不懈的努力，基本实现建设法治政府的目标。"根据中共中央、国务院印发的《法治政府建设实施纲要（2015—2020 年）》[3]，衡量法治政

① 孟德斯鸠. 论法的精神[M]. 张雁深，译. 北京：商务印书馆，1961：154.

② 全面推进依法行政实施纲要[EB/OL]. http://www.gov.cn/ztzl/yfxz/content_374160.htm[2017-06-01].

③ 法治政府建设实施纲要（2015—2020 年）[EB/OL]. http://news.xinhuanet.com/politics/2015/12/27/c_1117591748. htm[2015-12-27].

府的标准是：政府职能依法全面履行，依法行政制度体系完备，行政决策科学民主合法，宪法法律严格公正实施，行政权力规范透明运行，人民权益切实有效保障，依法行政能力普遍提高。

在教育领域，法治政府包含以下含义：①教育组织及其职权是通过立法设定的。目前我国对教育行政机关的设立和职能界定主要见于一些行政组织法和教育法律中，有些内容尚需充实，有些规定过于笼统。我国迫切需要制定一部专门的教育行政组织法，为各种行政行为提供最基本的权力边界和程序规则。②政府教育职能运作要符合法律规定，在教育行政活动中坚持法律保留和法律优先的原则，法律规定的效力要优于其他规定。

2. 政府职能转变中存在的问题

在市场经济条件下，政府具有双重身份，既是市场主体，又是行政主体。政府作为市场主体主要表现在：政府是一个组织机构，其运行需要成本；政府也是劳动力的吸纳者；政府还是企业经营者或所有者。政府作为行政主体主要表现在：政府征税，提供公共产品，形成政府与公民之间、政府与企业、政府与非政府组织之间的交易；政府是制度的供给者；政府是微观规制者和宏观调控者。①

作为行政主体的政府，其作用存在本质上的两难困境：政府需要足够强大，才能具有足够的强制力去做它该做的事；政府又不能过分强大，以至于它可以不受约束，滥用自己的强制力。这里就存在对权力如何进行约束的问题。公共选择学派和制度经济学认为，政府是由活生生的政治家和工作人员构成的，他们都有自身利益及目标，不能天真地假定政府的目标是使社会福利最大化。对于作为市场主体的政府，如何处理好政府与市场的关系也是关键点。当政府拥有大批国有企业时，政府将不仅扮演通常的市场经济主体角色，还将以国有企业的所有者和经营者身份出现在市场中。国有经济总量过大，甚至占主体地位，往往会阻碍市场经济的持续健康发展。

政府的双重身份对我国政府职能转变和机构改革有着重要的影响。当前，我国需要着力解决的是政府职能越位、缺位和错位问题。

（1）政府职能越位

所谓越位，就是政府超越自己的职权范围，管了不该管的事情。这主要表现在政府介入经济活动和社会活动过多，部分地方、部门设置审批、许可的随意性大，程序不规范，暗箱操作及公务员的审批自由裁量权过大，存在着权力寻租，

---

① 时家贤. 新政治经济学视野下的地方政府：职能定位、行为边界与目标选择[M]. 北京：经济科学出版社，2013：26.

甚至设租问题。目前，政府通过控制国企、垄断土地供给、价格管制、项目审批、行政垄断、地区保护等仍掌握着非常多的资源配置权，直接影响了市场配置资源的基础性地位，也影响了社会作用的发挥。

以行政审批为例，行政审批本来是一项国家管理行政事务中不可缺少的重要制度，对保障、促进经济和社会发展发挥了重要作用。但是，在计划经济体制下形成的行政审批制度缺乏有效的法律规范，有些已成为生产力发展的体制性障碍。在一些地方，行政项目的设定不是为了满足公共利益的需要，而是为了满足部门的需要，满足部门人员的福利或好处，更有甚者是为了满足个人的私欲。为此，我国在 2001—2012 年，先后进行了五轮行政审批清理，取消调整审批项目 2183项，占原有审批项目总数的 60.6%。各省（自治区、直辖市）本级共取消调整审批项目 3.6 万余项，占原有审批项目总数的 68.2%。[①]

（2）政府职能缺位

所谓政府职能缺位，就是政府没有履行好自己的职责，没有管理好属于本部门的事务。在当前以国内生产总值（gross domestic product，GDP）增长为核心的地方官员政绩考核机制和财政分权体制下，一个地方的 GDP 增长对官员的升迁有较大影响，导致不少地方政府将大量精力和资源投入到经济建设中，经济事务支出比例偏高，而公共服务则被忽视，财政支出比例偏低。中国社会科学院陈佳贵等研究发现，无论与发达经济体还是与新兴和发展中的经济体相比，无论是与转轨经济体还是与具有政府主导传统的东亚经济体相比，我国政府在经济事务方面的支出比例均显著偏高，而公共服务方面的支出比例均显著偏低。[②]政府公共服务职能仍然偏少、偏弱的局面，迫使居民用自己的收入来支付快速增长的教育、医疗、养老等费用，这不仅挤压了居民的其他消费增长，而且强化了居民的谨慎预期，降低了居民的消费倾向，影响了经济转型。

以教育经费支出为例，据联合国教育、科学及文化组织 1993 年的统计，1991年世界平均公共教育经费占国民生产总值的百分比为 5.1%，其中发达国家的比例为 5.3%，发展中国家的比例为 4.1%，最不发达国家的比例为 3.3%，中国仅为 2.3%，属于世界最低水平[③]。20 世纪 90 年代，我国公共教育经费占世界公共教育经费总额的 1%，却承担着世界教育人口的 22%。[④] 一直到 2012 年，我国公共教育支出占 GDP 的比重才首次超过 4%。这仍然低于世界平均水平（2008 年世界平均水平已为 4.6%），甚至不及不发达国家的水平（2010 年低收入国家的已达到 4.5%）。

---

① 我国十年行政审批制度改革成效明显[EB/OL]. http：//news.xinhuanet.com/politics/2012-01/06/c_111387108. htm[2012-1-6].

② 转引自：蔡继明，熊柴. 政府的双重身份与职能转变[J]. 中国党政干部论坛，2013，（6）：10-14.

③ 联合国教科文组织. 世界教育报告 1993[M]. 北京：中国对外翻译出版公司，1993：94.

④ 柳斌. 创造民办教育和公办教育共同发展的新局面[J]. 求是，2003，（10）：15-17.

近年全国教育经费支出情况如表 2-1 所示。

表 2-1　1992—2015 年全国教育经费支出情况

年份	全国教育经费/亿元	国家财政性教育经费支出/亿元	国家财政性教育经费支出占 GDP 百分比/%
1992	867.06	728.75	2.99
1993	1 059.94	867.76	2.76
1994	1 488.78	1 174.74	2.52
1995	1 877.95	1 411.52	2.41
1996	2 262.34	1 671.70	2.44
1997	2 531.73	1 862.54	2.49
1998	2 949.06	2 032.45	2.55
1999	3 349.04	2 287.18	2.79
2000	3 849.08	2 562.61	2.87
2001	4 637.66	3 057.01	3.19
2002	5 480.03	3 491.40	3.32
2003	6 208.27	3 850.62	3.28
2004	7 242.60	4 465.86	2.79
2005	8 418.84	5 161.08	2.82
2006	9 815.31	6 348.36	3.00
2007	12 148.07	8 280.21	3.22
2008	14 500.74	10 449.63	3.33
2009	16 502.71	12 231.09	3.59
2010	19 651.85	14 670.07	3.65
2011	23 869.29	18 586.70	3.93
2012	27 695.97	22 236.23	4.28
2013	30 364.72	24 488.22	4.16
2014	32 806.46	26 420.58	4.10
2015	36 219.19	29 221.45	4.26

资料来源：《全国教育经费执行情况统计公告》（1992—2015）。

注：①由于统计原因，部分年份（1994 年、2002 年、2005—2008 年、2010 年、2013—2014 年）当年公布的 GDP 略有调整，同时也影响国家财政性教育经费所占百分比。本数据是调整后的数据，非当年公布数据。②上述统计数据均不包括台湾省和香港、澳门地区。

（3）政府职能错位

所谓错位，就是政府对于自己应该管理的事情而没有管好或管理方式不当。一般来说，政府对市场的干预可以大致分为宏观调控和微观规制两类。对市场而言，政府干预有其合理性和必要性，可以克服市场失灵问题，但应以宏观调控为主，而不是以微观规制为主。在我国经济发展过程中，人们常常把宏观调控与微观规制混为一谈，政府常常在加强宏观调控的名义下不断扩大、强化微观规制，对微观经济活动直接干预过多，导致市场传递信息、提供激励和决定收入分配等基本功能扭曲，破坏了市场规则和市场秩序，加剧了经济运行中的矛盾和混乱。

随着我国政府体制改革的深入，对于政府职能的界定也越来越清晰。2002年，党的十六大提出，将经济调节、市场监管、社会管理和公共服务作为政府职能的四项内容。经济调节，是指政府要按照市场经济规律履行好经济调节的职能，对经济运行实施宏观调控。市场监管，是指政府要加大力度整顿和规范市场经济秩序。社会管理，是指政府要充分发挥公民自我管理和社区自治的作用，促进和谐社会的构建和社会全面发展。公共服务，是指政府要提供公共产品，如基础教育、公共卫生、公共文化、社会保障、科学技术、体育休闲、基础设施等，既为市场创造一个良好的外部环境，又使人民群众共享发展成果，实现人的全面发展。上述职能明确了政府宏观调控的主要目标，即用经济手段调节市场，而不是对市场主体的直接干预。2013年，《中共中央关于全面深化改革若干重大问题的决定》强化了政府对于环境保护的职责，政府主要职能由四项增加到五项。从总体来说，如何实现更好的社会管理、如何提供更好的公共产品和公共服务、如何面对更为直接的公众需求，成为政府职能改革的核心问题。

（三）我国地方政府角色定位的重大变化

改革开放以来，我国地方政府不仅在职能上发生了较大转变，而且在与中央政府之间的关系定位上也有重大变化。地方政府所扮演的角色，不再是过去单纯的中央政府决策的执行者，而是通过授权与中央政府形成了一种职能分工明确、财政收入分享、以法律为保障的不定期的契约合作关系，从而成为地方事务的决策者。[①]

其一，全国人大及其常委会、地方各级人大及其常委会的立法授权。1982年《中华人民共和国宪法》第一百零七条规定，县级以上地方各级人民政府依照法律规定的权限，管理本行政区域内的经济、教育、科学、文化、卫生、体育事业、城乡建设事业和财政、民政、公安、民族事务、司法行政、监察、计划生育等行政工作，发布决定和命令，任免、培训、考核和奖惩行政工作人员。乡、民族乡、镇的人民政府执行本级人民代表大会的决议和上级国家行政机关的决定和命令，管理本行政区域内的行政工作。省、直辖市的人民政府决定乡、民族乡、镇的建置和区域划分。

《中华人民共和国地方各级人民代表大会和地方各级人民政府组织法》（1979年修正）第三十五条规定，县级以上的地方各级人民政府行使职权有十条：①执行本级人民代表大会和它的常务委员会的决议，以及上级国家行政机关的决议和命令，规定行政措施，发布决议和命令；②领导所属各工作部门和下级人民政府

---

① 易重华. 中国地方政府转型[M]. 北京：中国社会科学出版社，2008：44.

的工作；③改变或者撤销所属各工作部门的不适当的命令、指示和下级人民政府的不适当的决议、命令；④依照法律的规定任免和奖惩国家机关工作人员；⑤执行经济计划和预算，管理本行政区域内经济、文化建设和民政、公安等工作；⑥保护社会主义的全民所有的财产和劳动群众集体所有的财产，保护公民私人所有的合法财产，维护社会秩序，保障公民的人身权利、民主权利和其他权利；⑦保障人民公社基本核算单位应有的自主权；⑧保障少数民族的权利和尊重少数民族的风俗习惯，省人民政府并且帮助本省各少数民族聚居的地方实行区域自治，帮助各少数民族发展政治、经济和文化的建设事业；⑨保障妇女同男子有平等的政治权利、劳动权利、同工同酬和其他权利；⑩办理上级国家行政机关交办的其他事项。

其二，中央人民政府（国务院）和上级政府根据立法和有关决定所做的授权。这种授权与立法授权不同的是，它属于政府系统内部的依法再授权或转授权。通过这种授权，中央政府与地方政府之间开始出现职能上的分工。中央政府逐渐改变了国家管理的手段，由微观管理转变为宏观管理，由直接管理转变为间接调控，由指令性计划转变为经济杠杆调节。中央政府通过计划、财政、税收、投资、外贸、价格、人事等体制改革，扩大各级地方政府的管理权限，将直接组织和管理地方经济社会的责任转移给了地方政府。特别是 1994 年的分税制改革，在划分中央政府和地方政府事权的基础上，划分两者各自的税基，又通过税基的划分确立中央政府和地方政府之间的分权关系。分税制改革为中央政府和地方政府之间的分权关系提供了稳定和牢固的经济基础，地方政府获得了管理地方经济的自主权，从而由过去单纯的行政主体演变成具有独立经济利益的经济主体。

三、地方政府在当代社会中的作用更加突出

政治职能和社会职能是政府的两个重要职能。近代以前，政府承担的政治职能和社会职能较少。近代以后，产业革命大大提高了生产和生活的社会化水平，扩大了人与人之间的交往，社会公共生活需求不断增加，政府的各种职能都得到强化。尤其是第三次科技革命以来，人类生产和生活呈现出高度社会化的趋势，地方政府在当今时代具有更加重要的地位。这主要体现在以下四个方面。

（一）地方政府是经济社会改革的第一行动集团

所谓第一行动集团，在新制度经济学里，它是制度创新的决策者和指挥者，

决定着制度创新的方向和进程,在制度创新中起着举足轻重的作用。陈天祥认为[①],制度创新一般分为五个步骤:①由于相对产品及要素价格变化、市场规模变动、技术进步等,若干个人或团体预见到潜在的制度净收益,形成制度创新的第一行动集团;②第一行动集团提出制度创新方案;③第一行动集团按照最大化利益原则理性地比较和选择他们认为最能实现自身利益的制度创新方案并实施之;④形成第二行动集团,如国家权力机关通过立法防止"搭便车"行为,助第一行动集团一臂之力;⑤两个集团共同努力实现制度创新。

改革开放以来,中国的制度变迁是一个由计划转向市场的过程。在市场未完全建立起来的过程中,为了保证资源的有效配置,政府主导了市场化改革,要不要改、改什么、怎么样改,都是由政府做决定。政府是制度变迁的第一行动集团。同时,由于中央政府的放权让利和"分灶吃饭"财政政策的实施,地方政府不再仅仅是传统统支财政体制下那样一个纵向依赖的行政组织,而逐渐成为一个具有独立经济利益目标的经济组织,具有了强烈的追求本地经济发展的意识和直接从事使地方利益最大化的制度创新行为。"中央政府主导型"的制度变迁正逐步向"地方政府主导型"转变,地方政府取代中央政府成为制度变迁中的"第一行动集团"。中央政府的角色,逐渐从对改革内容和改革路径的"事先安排"转变为对地方政府进行自主创新和进行"事后追认"。在中国,由于中央政府的放权让利并没有为地方提供充足的发展经济所必需的资源保证,也推动了地方政府从原有体制外谋求突破,进行增量改革。

（二）地方政府能够更有效地提供地方性公共产品

从层级性来看,地方政府是介于中央政府和当地个人、团体之间的中间层级,发挥着不可替代的上情下达、下情上传的作用。其一,地方政府更直接地接触地方个人和团体,能够非常直接地感受上述微观主体的利益需求和创新要求,因而,地方政府提供的公共产品和公共服务,从内容到形式都更能与本地实际情况结合起来,从而更能反映民众的需求偏好。如果由一个遥远的中央政府来进行公共产品的提供,不仅成本很高,还会导致信息不对称。托克维尔指出:"一个中央政府,不管它如何精明强干,也不能明察秋毫,不能依靠自己去了解一个大国生活的一切细节。它办不到这一点,因为这样的工作超过了人力之所及。当它要独力创造那么多发条并使它们发动的时候,其结果不是很不完美,就是徒劳无益地消耗自己的精力。"[②]

---

① 陈天祥. 中国地方政府制度创新的利弊分析[J]. 天津社会科学, 2002, (2): 75-76.
② 托克维尔. 论美国的民主[M]. 董国良, 译. 北京: 商务印书馆, 1998: 100-101.

其二，地方政府也可以使地方个人或团体自发倡导、组织和实行的制度安排在局部范围内取得合法性。新制度经济学认为，制度安排可以分为两类，一类是民间组织自愿达成的协议、契约，即诱致性制度安排，另一类是政府作为主体供给的一种强制性的制度安排。诱致性制度安排具有动力水平高、执行效果好的优点，但也有自发性和不规范性的特点。地方政府作为联系中央政府和地方个人、团体的中介，可以起到提高诱致性制度安排的规范化、制度化水平的作用。中国实行改革开放以来，不少全国性的制度安排的形成是这样的，首先是一些个人或团体的自发安排，其次是地方政府的默认或部分的肯定，最后是中央政府的局部和全面的肯定。比如，中国的家庭联产承包责任制，最初是农民自发促成的、不规范的制度创新，如果没有地方政府的默认和保护，让实践来证明其效果是好的，那么这项土地承包制度创新可能在其刚一出现时就被扼杀了。

（三）地方政府推动的制度创新具有收益大、风险小的优点

从理论上讲，一项新制度的安排和实施，肯定是要考虑收益是否大于成本。但收益的大小往往是一种理性的预期分析，这种预期分析准确性受制于分析者的知识和能力结构，任何制度变迁的收益如何最终都要通过实践来检验。换言之，任何制度变迁在未经实践检验之前都是带有一定风险的。特别是对中国这样的一个幅员辽阔、人口众多、地区差异极大的国家来说，在一个地区有效的制度安排在另一个地区未必有效，如果"一刀切"地推进制度变迁必然带来较大风险。比如，20 世纪 90 年代末期，我国进行了师范院校布局结构调整，推动"三级师范"（大学、专科、中等师范）教育体系向"二级师范"（大学、专科）教育体系转型，这对于提高小学师资水平本来是一件好事。但是不少地区操之过急，形成了县取消中等师范学校的热潮，没有考虑到农村地区的实际情况，造成目前农村教师师资匮乏的窘境。要降低制度变迁的风险，最好的方法就是在局部地区进行试验，待时机成熟和实践证明该制度安排优于旧制度安排后，中央政府才借助行政强制力使其获得合法性，在全国推广。

从制度创新的成本来看，地方政府需要投入的人力资源成本更小。信息是决策的基础，而信息的获得又依赖于信息传递的有效性。由于与地方政府存在信息不对称的情况，中央政府要获得足够准确的信息，不得不耗费大量的人力、物力和财力，大大增加了制度设计的成本。特别对于中国这样一个经济社会发展不均衡的国家，中央政府统一设计制度创新，成本无疑巨大，而地方政府推行的制度则可以弥补这方面的不足。

（四）地方政府间的竞争有利于促进国家发展

所谓地方政府竞争，是指两个以上的行政区域政府竞争性地提供公共产品，以便吸引投资与发展本行政区域经济的政府间竞争[①]。一般来说，一国内同一个层级的地方政府都有若干个，同一层级在职能、构成方面大致相同，且不具有行政隶属关系，因此其政绩具有可比性，会形成一种竞争关系。为了吸引资本、人才和技术，各个地方政府会主动改善投资环境，制定保护产权的各种法律制度和政策规章，提高政府效率。美国经济学家蒂布特（Charles Tiebout）在《地方支出的纯粹理论》中建立了"以足投票"模型，指出地方政府间的竞争有利于公共产品的供给。他认为，人们之所以选择在某一区域工作和居住，接受当地政府的管辖，是因为政府的服务与税收符合自己效用最大化的原则；而人们的这种选择会对地方政府产生压力，推动地方政府积极地作为，成为有效率的组织。

我国改革开放以后，一些地方政府在自己的职权范围内大胆地进行制度创新，培养新市场因素，极大地满足了社会的制度需求，不仅优化了本地的资源配置，而且吸引了大量外部资源，使本地的经济快速发展。同时，这些地区的制度创新效益很好，就会被别的地区学习、模仿，一个有效的制度就迅速推广开来。因此，可以说地方政府竞争提供了地方政府制度创新的动力和环境，有力地推进了制度创新。

第二节　地方政府教育改革的兴起

地方政府的转型推进了地方政府教育改革的勃兴，地方政府教育改革风起云涌，改革范围涉及地方教育行政改革、促进教育公平和义务教育均衡发展、推进农村教育改革、推进民办教育改革、推进职业教育改革、加强进城务工人员子女教育等。地方政府的改革创新取得重大实效，进而在较大范围或全国做经验推广，甚至上升为国家性的改革行为，这是 20 世纪 70 年代末以来中国改革的一个重要特征和规律。例如，在民办教育领域，各地在《中华人民共和国民办教育促进法》颁布前，就通过制度安排等各种形式创新民办教育管理，并获得中央政府认可，使其上升到了国家法律层面。

---

① 李军鹏. 论新制度经济学的政区竞争理论[J]. 中国行政管理，2001，（5）：52.

一、地方政府教育改革的界定

地方政府教育改革，是由地方政府所发起并运用新观念、新技术、新方法解决基础教育问题、促进基础教育发展，从而不断提升教育公共服务水平、增进教育公共利益的创造性活动。在本书中，创造性活动并不意味着一定是原创性的活动，凡是对过去工作的一种革新或相比其他地区来说实施较早的，即可认为是创造性活动。制度经济学认为，教育改革之所以发生，是因为在教育资源稀缺的条件下，教育外部的社会、经济、文化等环境的变化及教育自身内部的演进，打破了既有教育资源上利益或价值分配的平衡格局，原有的制度安排失效，导致具有不同利益偏好的人或集团不得不反复协调、斗争或妥协，重新制定或安排教育制度或规则，直到教育资源分配出现与其权力或需求相应的新的平衡局面。从这一点来看，不管是全局性还是地方性的教育改革，其本质都是教育利益或价值的重新分配。

地方政府教育改革在近年逐渐成为一个热点事件。这主要源于以下三个方面的原因：一是国家层面的推动。从 2003 年起，教育部与各地共建国家教育综合改革试验区，鼓励地方政府创新。2010 年国务院审议通过的《国家中长期教育改革和发展规划纲要（2010—2020 年）》[①]也提出，要使改革真正成为推动教育事业科学发展的强大现实力量，发挥地方改革的主动性、积极性和创造性是关键环节。二是地方政府自觉地总结与反思。例如，在纪念改革开放 30 年活动中，在课程改革推进十年之后，各地都加强了对自身教育改革经验的总结、反思、提升。素质教育的"汨罗模式""山东模式"等就是在这种背景下形成的。三是教育自身发展的推动。促进义务教育均衡发展、推进教育公平公正是教育发展的一个重要方向。聚焦区域教育改革研究，推进区域教育均衡发展成为学界关注的重点。

二、地方政府教育改革的基本特征

（一）改革范围的地域指向性

作为治理国家部分地域的地方政治实体，任何地方政府对其教育改革都具有

---

① 国家中长期教育改革和发展规划纲要（2010—2020 年）[EB/OL]. http：//www.moe.edu.cn/publicfiles/business/htmlfiles/moe/moe_838/201008/93704. html[2015-06-13].

一定的地域指向性，这是地方政府教育改革的首要特征。各国地方政府管辖的地域大小不一，高层级地方政府管辖的面积比低层级地方政府管辖的面积要大；同一层级的地方政府之间，其管辖面积也大小不一。因此，地方政府作为特定区域内教育管理的主体，其改革的权力仅限于它所管辖的地域范围内的教育主体及其活动。拥有地方教育立法权的地方政府，可以制定地方教育法规，但该法规对国家的其他地区不产生效力。

（二）改革角色的双重性

地方政府的教育角色具有双重性的特点，它既是中央政府教育政策的执行者，又是地方教育活动的管理者。一方面，地方政府作为区域性政府，必须接受中央政府的领导，必须服务和执行国家的法律，维护国家的利益；另一方面，地方政府是辖区的领导者和决策者，它必须代表辖区内民众的利益，为辖区内的民众提供教育服务，对辖区内的学校进行管理。尽管不同的国家地方政府的教育权力配置存在差异，中央政府与地方政府之间的关系也存在不同的类型，但地方政府教育角色的双重性基本上都是存在的。

（三）改革利益的综合代表性

中央政府通常不直接面对地方民众，因而地方政府在事实上是联系中央政府和民众的桥梁和磨合剂。一方面，中央政府的教育政策和教育行为需要通过地方政府的宣传与解释，才能获得民众的理解、支持和响应；另一方面，地方政府在与民众的广泛接触中，能够了解到民众最迫切的教育诉求和教育意愿，从而及时准确地将民众的现实境况和教育利益反映给中央政府，帮助中央政府做出正确的教育改革决策。从这一点来看，地方政府是中央政府、地方民众及自身教育利益的综合代表者。

（四）改革效果的直接作用性

一般而言，中央政府或上一级政府制定的教育政策更多的是一种顶层设计和宏观规划，而地方政府直接面对民众分配教育资源，因而其制定的教育政策也更具体、灵活，更与民众息息相关，改革效果也就更直接作用于民众。在通常情况下，人们对中央政府教育改革的反应，远不如对地方政府的行为反应来得迅速和直接。以下是一个地方教育行政部门学区划分方面的案例。

"就近入学"不等于最近入学 南京家长状告教育局再次败诉①

"为何距离家门口 300 多米的学校不能上，必须去 2000 米外的学校上学？"南京一位想让女儿"就近入学"不成的家长顾某，一怒之下将教育部门告上法庭。在一审判决驳回其诉讼之后，顾某在三个月后再次上诉，坚持要求教育部门"给个说法"，不过，二审结果依旧维持了一审原判。

这起针对教育资源分配问题的"民告官"案，引起社会各界广泛关注和争议。针对上述诸多的争议，2016 年 1 月教育部在其发布的《2016 年教育部办公厅关于做好 2016 年城市义务教育招生入学工作的通知》中，对"就近入学"的概念进行了明确解读："就近入学并不意味着直线距离最近入学。"

该案例中，当地教育行政部门如何划分学区、划分学区的结果，显然对家长产生了更为直接的作用效应，而非国家规定的"就近入学"政策本身。正是因为地方政府特别是基层政府的活动与民众的日常生活直接相关，地方政府工作成效、工作方式，都会对辖区民众的切身利益产生影响，进而影响到他们对国家的态度。

三、改革开放以后地方政府发展教育的自主性增强

所谓地方政府的自主性，是指拥有相对独立利益结构的地方政府，超越上级政府和地方各种具有行政影响力的社会力量，按照自己的意志实现其行政目标的可能性，以及由此表现出来的区别于上级政府和地方公共意愿的行为逻辑②。地方政府发展教育的自主性增强，由此，政府教育角色发生变迁。

（一）地方政府成为教育制度创新的主体

随着中央与地方的权力结构的变化，地方政府获得了地方教育资源和教育决策的控制权及财政支配权，因而也就获得了地方教育制度创新的主导权。各个地方政府根据本地的教育资源禀赋和要素价格，做出切合实际的教育改革行为，从而使中国进入了教育制度创新的繁荣时期，出现了各具特色的教育改革模式，如"铜陵模式""鹿城模式"等。

地方政府的教育改革行为，为全国性教育改革提供丰富的实践经验和案例。有效的改革方案一定是从基层的实践中产生的，整体性的改革必须建立在地方实

---

① 申冉. "就近入学"不等于最近入学 南京家长状告教育局再次败诉[EB/OL]. http：//www.chinanews.com/sh/2016/03-21/7805880.shtml[2016-03-21].

② 何显明. 市场化进程中的地方政府角色及其行为逻辑[J]. 浙江大学学报（人文社会科学版），2007，（6）：26.

践和实验的扎实基础之上。通过地方政府的自主实践和探索，探索解决问题的路径和方法，从而为整体性的教育改革提供必要的经验和支撑，这也是地方教育改革的重要价值。在一些制度难以整体改变的情况下，地方局部可以开展试点和实验，使之成为新的教育制度、教育模式的生长点，这也是教育改革成功的重要条件。我国近40年来改革开放的实践，正是通过自上而下的推动和自下而上的强大动力，形成了改革的有序性、渐进性、建设性。

例如，天津教育督导制度改革，就为全国性的督导制度改革提供了一个较好的实践案例。根据1991年《教育督导暂行规定》①要求，我国各级地方政府均成立了教育督导机构，负责对下级人民政府的教育工作、下级教育行政部门和学校的工作进行监督、检查、评估、指导，保证国家有关教育的方针、政策、法规的贯彻执行和教育目标的实现。但是，教育督导机构设置长期以来隶属教育行政部门，教育督导部门难以独立自主地行使其职能。要使教育督导真正发挥作用，就需要将教育督导的地位摆正，实现教育督导管理体制的转型。天津的实验，就是将教育督导机构独立出来，成为一个真正意义上的督政部门，这为国家建立教育"管办评"分离新机制，健全督政、督学和质量监测三大制度体系为重点的教育督导制度提供了实践基础。

天津教育督导制度改革②

根据党的十七大明确提出的"建立决策、执行、监督相互协调的行政管理体制"精神，以及《国家中长期教育改革和发展规划纲要(2010—2020年)》关于"探索建立相对独立的教育督导机构，独立行使督导职能"的政策，天津市探索了"1+2+4+4"的教育督导管理体制总体构架格局："1"是指成立教育督导委员会，主要负责统筹协调和推动全市教育督导工作，由分管教育工作的副市长任主任，由市政府协助分管教育工作副市长的副秘书长，以及市教育委员会、市发展和改革委员会、市城乡建设和交通委员会、市财政局、市人力资源和社会保障局、市规划局、市国土资源和房屋管理局等有关部门负责同志任副主任或委员。"2"是指教育督导委员会下的两个系统，一个是日常管理系统，市政府教育督导室作为教育督导委员会的办事机构，负责日常工作；另一个是评估专家系统，设总督学、副总督学。市教育督导委员会主任兼任总督学，副主任兼任副总督学，负责组织专职督学、兼职督学和有

---

① 教育督导暂行规定[EB/OL]. http：//www.moe.edu.cn/publicfiles/business/htmlfiles/moe/moe_621/201001/81931. html[2015-07-13].

② 天津推进教育督导全覆盖[EB/OL].http://old.moe.gov.cn//publicfiles/business/htmlfiles/moe/s6648/201207/139949. html[2015-08-16].

关专家开展教育督导工作。第一个"4"是指市教育督导室下设四个职能处室，具体负责组织协调对基础教育、职业教育、高等教育及区县政府和市政府相关职能部门的教育督导工作。第二个"4"是指总督学聘任 4 名首席督学，分别负责对上述四个方面的教育督导工作进行专业指导。

（二）地方政府发展教育的职能进一步强化

地方政府教育发展自主性增强的一个重要表现，就是地方政府发展教育的职能进一步强化。地方政府作为地方性公共产品的主要提供者，承担了民众越来越多的教育需求，教育职能日益扩张和强化。

通过对 1978 年以来各地的教育改革进行梳理，我们大致可以将教育改革的行为模式划分为三类。

第一类是"研究机构主导+项目合作"模式。研究机构中的研究人员基于某个研究项目进行理论设计以后，在实践中寻找适当的地方合作伙伴（地方教育行政部门或学校），通过项目合作推动了地方教育改革实践，如叶澜教授的新基础教育实验、朱永新教授的新教育实验等。

第二类是"地方政府主导+规划发展"模式。地方政府根据国家的宏观发展规划制定区域教育发展规划，推动地方教育的改革与发展。这种改革具有战略性、全局性、超前性、宏观性的特点，地方政府一般会通过寻求高校或研究机构的智力支持来完成这个任务。

第三类是"中央政府主导+地方实验推进"模式。中央政府做好教育改革的顶层设计以后，选择部分地方作为试验区，由地方政府和上级教育行政部门合作完成教育改革的试点和实验。例如，《国家中长期教育改革和发展规划纲要（2010—2020年）》颁布以后，国务院随即在 2011 年全面启动了国家教育体制改革试点工作，确定了 425 项改革试点项目，以培养模式、办学体制、管理体制和保障机制改革为重点，组织实施专项改革、重点领域综合改革和省级政府教育统筹综合改革，这显然是在强调通过发挥试点地区的实验、示范、辐射作用，由点及面，将中央政府预定的教育改革方案转化为具体的教育实践和教育行为。上海浦东教育综合改革试验区、广东教育现代化综合改革试验区、成都城乡教育一体化改革试验区、武汉教育综合改革试验区就属于这种形式。

以上三类教育改革行为模式，不管是由谁来主导，事实上都离不开地方政府的参与、合作与支持，地方政府的教育职能获得了实质性的强化。特别是地方政府作为统筹区域教育发展的主体，还具有承上启下的教育职能，它必须是贯彻中央教育方针政策、依法行政的主体。一般而言，中央政府制定的教育改革方案，多是教育发展的目标、方向、任务和内容的顶层设计。顶层设计要真正落地，需要各级地方政府根据自身实际，将其转化为一系列具体的措施、政策、方案，实事求是、因地制宜地加以贯彻。这个地方化和具体化的过程，同时也是一种创造性的过程，是地方教育改革的重要价值。

（三）地方政府教育资源配置权力进一步提高

地方政府是国家对地方社会进行统治的一种权力组织，这个权力组织凭借对绝大部分社会资源的所有权和强制性的管理权来实现对社会的统治。改革开放以来，随着地方政府自主性的增强和教育职能的强化，地方政府对教育资源的控制权和获益权也极大地得到了增强。一个地方的教育就是一个生态系统，这个生态系统要持续、健康地运转，就需要持续不断地与这个地方的社会生态系统进行物质、能量与信息的交换，从中提取必要的教育资源是教育生态系统得以运转的基本条件和重要保证。从这个意义上讲，地方政府掌握了教育资源配置的权力，也就掌握了教育改革与发展的关键。

目前，地方政府在教育资源配置方面主要存在以下问题：①教育经费短缺。由于基础教育经费主要由地方政府承担，地方经济发展水平是制约地方教育发展的根本性因素。②教育资源分布不均衡。首先是教育资源在地理空间上的分布不均衡，城乡之间、优势学校与薄弱学校之间的教育差距就是这个因素导致的；其次是分配方向的不均衡，如不少地方对义务教育不够重视，而将过多的财力投入到高等教育。③教育资源浪费。这主要表现在教育资金使用效益不高，教育人才资源使用效率低下，毕业生就业困难等。教育资源浪费的主要原因还是教育资源使用不当，没有实现教育的经济效益。

四、地方政府教育改革在当代社会的重要价值

国家教育改革是一项复杂的工程，地方教育改革作为其中的一个子系统，通过局部或者一个点的突破，由点及面，从而推动实现国家教育发展的整体性变革。评价地方政府教育改革的价值，至少可以从两个维度展开：第一个维度是教育内部发生了什么变化，即是否推进了教育公平，是否提升了教育质量。这是中国教育改革与发展的两大主题。根据 2014 年的数据，我国有 2.6 亿名学生、1600 万名教师、52 万所学校，是世界上教育规模最大的国家，随着教育规模的不断扩大，教育质量不断受到关注；而教育经费投入增多后，教育公平和效益问题也日益凸

显。第二个维度是教育外部发生了什么变化，即地方教育治理能力是否提高。随着经济全球化、信息技术的飞速发展及我国城镇化加速推进，教育结构呈现多样化、复杂化的发展态势，教育水平的差异化日渐明显，人民群众教育诉求的个性化不断增强。要适应教育形势的变化，破解教育的热点、难点问题，迫切需要提高教育治理能力和水平。

（一）促进教育公平

公平正义，是人类共同的追求，更是社会主义的本质要求。教育公平是促进社会公平"最伟大的工具"，教育公平的重要性不言而喻。比如，个人收入与受教育程度密切相关，教育公平有利于缩小收入差距，大大弥补不同社会阶层的贫富鸿沟。然而，教育公平的实现并非易事。这不仅在于公平感本身具有一定的主观性、相对性，更在于教育公平的复杂性。公平问题的实质，是资源、利益的分配与再分配。促进教育公平，必然牵涉利益格局的重新调整，牵涉既得利益者与弱势群体之间的博弈。而地方政府的教育改革，可以小步子迈进、小范围试验的渐进方式逐步打破教育不公背后的既得利益。

从我国各地的实践来看，各级地方政府主要是从以下三个方面着手，努力推动实现教育公平。其一，促进义务教育均衡发展。这主要包括加强义务教育基本公共服务，加快城乡义务教育公办学校标准化建设，全面改善薄弱学校办学条件，保障留守儿童和进城务工人员随迁子女同样受到良好教育等方面，如吉林省通榆县、安徽省铜陵市的义务教育均衡发展改革试点。其二，实现更高水平的普及教育。这主要是坚持教育的公益性和普惠性，发展普惠性幼儿园，普及高中阶段教育，办好特殊教育，保障公民依法享有接受良好教育的机会。其三，合理配置公共教育资源。这包括逐步分类推进中等职业教育免除学杂费；完善资助方式，实现家庭经济困难学生资助全覆盖；使农村和贫困地区学子纵向流动的渠道畅通，增加农村学生上重点高校的人数。

安徽铜陵着力解决义务教育"择校"问题①

铜陵市位于安徽省中南部、长江南岸，是一座新兴的工贸港口城市，全市面积 1113 平方千米，总人口 72.2 万。铜陵的学校主要有两类，一类是矿区企业所办的学校，其人财物由企业投入；另一类是市属公办学校，由市教育局直管。两类学校各占一半左右。从 20 世纪 90 年代中后期开始，矿区学

---

① 安徽省铜陵市义务教育均衡发展，成为"没有择校"的城市[EB/OL]. http://learning.sohu.com/20140828/n403865521.shtml[2014-08-28].

校随着厂矿企业的衰落而越来越差。为了给孩子找一个好学校，许多矿区家长将孩子送往市属学校，这使得市属学校的压力骤然加大，本已存在的择校风，也因此越演越烈，并成为社会关注的热点问题。为了缩小各学校之间的差距，解决择校问题，铜陵市采取了一些具体措施：一是加大对薄弱学校的扶持与投入。在资金投入、重点项目和教育设施阶段等方面按照基础办学标准，依照轻重缓急逐校安排，同时每年还从高中计划外收入中提取 20%用于薄弱学校发展，促进各学校办学条件的均衡。二是取消义务教育阶段的重点学校。实行示范高中切块指标分配制度。从 1997 年起，铜陵市就把辖区内省级示范高中的招生计划提取出来定向分配，每所学校按照初三毕业生人数的一定比例获得定向指标，指标比例逐年提升，从 10%一直到 65%。三是解决师资队伍不均衡的问题。出台一些具体措施，采取"名师迁移"等办法，在不影响其他学校教育教学的情况下，有意识地将一些传统老牌学校骨干调到新建薄弱学校去任教，并每月额外发给 300 元的工资津贴。

通过十余年来实施的一系列的无择校措施，铜陵市创造了一个义务教育均衡发展的范例。

铜陵的实践表明，促进教育公平是国家责任，但是地方政府的作用更为直接、有效。作为一个地区公共资源分配的主体，地方政府通过建立教育资源配置的平衡机制、弱势群体补偿的政策机制，对全区域内的教育资源进行合理配置，可以使区域内每一所学校拥有大致均衡的办学条件，从而确保实现教育公平。在实现义务教育的公平性、维护义务教育的稳定性和长期性上，地方政府的作用不可或缺，因此要进一步明确、强化地方政府的教育责任和投入责任，建立稳定的财政投入关系。

（二）提升教育质量

《国家中长期教育改革和发展规划纲要（2010—2020 年）》提出，"把提高质量作为教育改革发展的核心任务"。要树立以提高质量为核心的教育发展观，注重教育内涵发展，鼓励学校办出特色、办出水平。目前，我国教育总体发展水平跃居世界中上行列，与发达国家教育的差距进一步缩小。这与各地政府落实立德树人根本任务，深化教育领域综合改革，优化教育结构体系的努力密切相关。

从我国各地的实践来看，各地政府提升教育质量的举措主要有：其一，深化教育领域综合改革。推进考试招生制度改革和教育教学改革，创新教育方法，努力形成有利于创新人才成长的育人环境。加快教育信息基础设施建设，构建利用信息化手段扩大优质教育资源覆盖面的有效机制。深入推进教育"管办评"分离，构建政府、学校、社会之间的新型关系，健全国家教育督导制度，引导社会参与、监督学校管理和改革，提高教育治理体系和治理能力现代化水平。鼓励社会力量和民间资本提供多样化的教育服务，健全公共财政对民办教育的扶持政策，加强民办学校的内部制度建设，保障民办学校、学生、教师的合法权益。其二，优化教育结构体系。发展普惠性学前教育，普及高中阶段教育，建设"产教融合、校企合作"的现代职业教育体系，包括推进现代学徒制试点、集团化办学、校企一体化办学、"双师型"教师队伍建设等。其三，全面加强教师队伍建设。推进中小学教师职称制度改革，改善教师待遇，关心教师成长，维护教师权益，吸引、鼓励、支持优秀人才长期从教、终身从教。着力加强乡村教师队伍建设，大力宣传优秀教师先进典型，让尊师重教在全社会蔚然成风。

在基础教育领域，一切追求考试分数，把通过考试作为教育的唯一目的的现象还较为普遍。如何真正减轻中小学生课业负担，落实教育立德树人的根本任务，山东的探索和实践值得关注。山东的素质教育改革发端于招远市的中考改革和烟台市的初中分流改革，但这两个地方皆因地域局限性，无法突破高考的影响而遭遇政策梗阻。山东的创新之处在于：其一，从省域层面出发进行改革，可以较好地实现中考、高考改革一体化，突破高考改革政策瓶颈。其二，以高中规范化办学为突破口，采取一种"倒逼"的做法。没有全省的"高中突破"，小学、初中的问题就永远解决不了。这是山东实施素质教育的体制创新之处，为我国其他地方实施素质教育提供了经验。

山东以高中为突破口，全面推进素质教育的改革①

2007 年 1 月 26 日，山东省人民政府颁发了《关于深入贯彻〈中华人民共和国义务教育法〉大力推进素质教育的意见》，把全面实施素质教育作为山东教育工作的主题。改革的基本框架式是以高中为突破口，全面推进素质教育，同时围绕这一突破口，建立了一系列保障制度。以高中改革为突破口的素质教育改革，主要在以下方面推行：①规范高中招生；②高中招生考试评价进行改革；③完善高中学业水平考试制度；④制定并实施高中学校管理基本框架；⑤加强高中的教师和校长的队伍建设；⑥规范高考信息管理，规范高考改革；⑦推进高中课程改革，强化素质教育推进。

围绕这一突破口，山东省建立了一系列保障制度：①建立与学前教育、高中阶段教育相互衔接的全省义务教育阶段学生学籍电子管理系统，构建全面推进素质教育的保障制度；②制定并出台《山东省义务教育学校管理基本规范》

---

① 山东以高中为突破口，全面推进素质教育的改革[EB/OL]. http://learning.sohu.com/20140828/n403863872.shtml[2014-08-28].

和《山东省普通高中学校管理基本规范》，规范学校办学行为，加强对学校办学行为的纪律约束，引导教育行政部门和中小学校按照素质教育的要求办学施教；③建立合格学校；④强化义务教育阶段的课程改革，为高中素质教育奠定基础；⑤深化中考制度改革，建立以素质教育为核心的教学评价体系，建立素质教育素质评测制度和质量监控制度；⑥制定《山东省义务教育阶段学校和高中学校违反有关教育法律法规处理办法》；⑦强化问责机制。

（三）提高教育治理能力

改革开放近40年来，我国教育改革发展取得显著成绩，很重要的一个原因是，地方政府主动转变教育职能，并以教育体制机制改革为重点，正确处理政府、市场、学校之间的新型关系，较好地履行公共管理和公共服务的职能，维护义务教育的公益性、公平性，保持公办教育与民办教育公平竞争、协调发展的格局。

其一，改进教育管理方式。按照国务院的统一部署，取消和下放了一系列行政审批事项。对保留的项目，进一步清理审批流程，公开审批的标准、程序和结果。根据区域发展水平和城乡学龄人口的动态预测，制定学校建设、经费投入、教师编制、教育质量、仪器设施、专业教学等方面的标准，逐步改善农村义务教育学校办学条件、减小城乡差距。进一步完善督学、督政、监测三位一体的教育督导体系，推进各级人民政府教育督导机构和队伍建设。

其二，加快建设现代学校制度。发挥学校的主体作用，建立和发展自我约束、自我规范的内部管理体制和监督制约机制，保障校长、教职工特别是学生等相关主体的权利。在中小学，实行好校长负责制，加快推进教职工代表大会和家长委员会的建设。

其三，动员社会力量支持、监督、评价教育。充分发挥专业学会、行业协会、基金会等各类社会组织在教育公共治理中的作用，培育独立于教育部门的专业教育服务机构，不断提高其评估监测水平。引入竞争机制，推广政府购买服务，通过合同、委托等多种方式向专业组织购买高质量的服务。

上海浦东新区教育领域"管办评"分离改革[1]

2005年6月，上海市浦东新区与上海市成功教育管理咨询中心［简称教育管理中心（公司）］签订协议，将东沟中学委托给该机构管理，启动浦东新区教育领域"管办评"分离的改革。具体的改革措施是：①通过委托管理把

---

[1] 上海市浦东区公共教育服务"管办评联动"机制［EB/OL］. http://learning.sohu.com/20140828/n403865657.shtml ［2014-08-28］.

由政府承担的部分管理事务委托给相关中介组织；②通过培育和健全社会中介组织，使其成为承担政府管理社会服务的具体组织者和运行者；③加强对中介组织的管理和监督，促使它们规范运作，健康发展，维护公平的市场竞争秩序。教育委托管理机制厘清了教育三大主体——政府、学校与社会的基本职责与关系，即政府宏观管理，学校自主办学，社会提供专业服务。

具体做法如下：

一是教育管理中心（公司）对受委托管理的公办学校进行管理，教育行政部门对学校行政管理、教育教学组织、教学质量和教育科研等方面提出明确要求，并据此制定评估指标与评估方法，对委托教育管理中心（公司）管理的学校进行办学质量监控与评估。

第一，受委托管理的公办学校，其公办体制保持不变。具体包括：公办学校的产权隶属关系不变，政府拨款的责任不变，教师的编制不变，公办学校的收费方式和标准不变。

第二，校长的聘任。受委托管理的公办学校，其原有法人地位保持不变，但行政管理关系发生变化。校长的聘任由教育管理中心（公司）提出校长人选，报社工委审核后任命。社工委保留对人选的否决权。

第三，教师的聘任。受委托管理的公办学校对教师实行全员聘任制。

第四，经费投入。原则上按大生均的标准拨付给受委托的公办学校。政府不额外增加拨款数量，教育管理中心（公司）主要通过降低办学成本，提高办学效益，获得自我发展。教育管理中心（公司）可从拨付的经费中提取不超过 7%的管理费，但基建费、校舍大修费等专项经费必须专款专用。如果受委托的公办学校是新开办学校或薄弱学校，可采取购买优质教育资源的方式向教育管理中心（公司）支付一定的优质教育资源建设费。

二是教育行政部门与教育管理中心（公司）之间是平等的契约关系，前者对后者不实行行政指令性管理，而是通过相关的法规政策、政府信息、学术指导等方式进行间接的管理。

三是在对教育管理中心其他方面的支持中，在提供项目研究经费方面，教育管理中心（公司）要在加强对受委托管理学校的日常管理的同时，在现代学校制度建设方面进行积极探索。为支持现代学校制度建设项目的实验和探索，教育行政部门向教育管理中心（公司）拨付一定的实验经费。

四是教育管理中心（公司）法定代表人在登记注册后，原有的编制和身份保持不变，同时仍具有校长职级和专业技术职称的评定资格，法定代表人达到退休年龄，按照原单位的身份办理退休手续，享受相关待遇。

地方政府的教育委托管理机制第一次把传统的公共教育切分为管、办、评三大领域，这种切分使过去笼统的政府教育职能有了主题性分解（管、办、评）和主体性分担（政府、学校、社会）的基础，为明确参与主体的权责对应框架创造了可能。政府委托有资质的专业教育中介机构的管理，这就改变了以往单纯的政府行政手段管理学校的方式，其自主性、能动性更强，推进的面更广，示范辐射的力度更大，更富生命力。

第三节　地方政府教育改革的背景

一、中央政府与地方政府关系的重新界定

中央政府与地方政府的关系是一对历史范畴，它是国家发展到一定阶段的产物。中央政府与地方政府关系的出现和国家规模的扩大、人口的增加及国家所管理事务的增加密切相关。中央政府与地方政府的关系问题，归根到底是一个国家如何在纵向上配置公共政治权力的问题[①]，其核心是集分权，其实质是权力的分配。20 世纪 70 年代末以来，我国政治体制改革经历了一个由集权到分权的过程，地方政府在行政、财政、立法方面都获得了一定的"松绑"，获得了相当大的自主权，这为地方教育改革提供了可能性和必要条件。

从中华人民共和国成立到党的十一届三中全会召开，我国实行的是高度集中的计划经济体制，中央政府是地方政府的最高决定者，中央政府对地方政府的管理活动具有最高决定权；地方政府只是中央政府的委托和执行机关，地方政府无条件执行中央政府的决定和命令。在这样的权力结构下，地方政府自主进行教育改革的可能性几乎为零。由于这种权力结构不利于经济社会发展，中央政府也采取过几次放权的改革，但是政府行政权力和社会权力的边界一直比较模糊，导致"一放就乱，一收就死"的现象屡屡发生。因此，1978 年以来的改革思路，一是将中央分权与地方分权、政企分开结合起来。在计划经济体制下，中央与地方关系之所以陷入"收放"周期循环，根本原因在于政企不分，中央把权力下放时，只是将企业管理权转移给下一级政府，而没有转移给市场和企业，地方经济产生混乱和存在地方主义后，中央政府不得不收回权力。1984 年，党的十二届三中全会决定，实行政企分开，确认企业的独立法人地位。二是将中央分权与地方分权

---

① 温晋锋. 宏观政治学[M]. 南京：南京大学出版社，1998：240.

和政事分开结合起来。中央政府和地方政府的分权除了涉及经济层面，还涉及公民社会层面，政府从"管不好，管不了，不该管"的事务中解脱出来，尽可能减少政府干预，也为建立更为科学、合理的中央与地方关系奠定了基础。^①在政企分开、政事分开的基础上，政府职能定位更为准确，进而使中央与地方事权配置更加科学。

这次政治体制改革与改革开放前的权力下放的一个显著区别在于，中央政府与地方政府的行政隶属关系中还增添了很大的合作成分。在这次改革中，中央政府与地方政府的关系变化主要表现为以下几个方面。

（一）法理上明确了地方政府的主体地位^②

1982 年，我国重新修订《中华人民共和国宪法》，重申地方政府作为地方国家行政机关的主体地位，并且明确各级地方政府的职责和权力。1984 年，我国制定了《中华人民共和国民族区域自治法》。我国还几次修订《中华人民共和国地方各级人民代表大会和地方各级人民政府组织法》。上述法律的修订或制定，从法理上明确了中央政府和地方政府的权责关系，其主要内容有如下三点。

一是规定了中央政府与地方政府职权划分的原则，即遵循在中央的统一领导下，充分发挥地方的主动性、积极性的原则。

二是初步划分地方政府管理地方事务的权责范围。主要是在 1982 年《中华人民共和国宪法》第一百零七条和修订后的《中华人民共和国地方各级人民代表大会和地方各级人民政府组织法》第五十九条做了相应的规定。修订后的《中华人民共和国地方各级人民代表大会和地方各级人民政府组织法》还采用列举的方法，对地方各级政府的职权做了明确规定，使中央政府和地方政府的职能分工逐渐明确、优势互补，形成了各尽其职又无法相互替代的关系。

三是地方获得制定地方性法规的立法权。1982 年《中华人民共和国宪法》第一百条规定，省、直辖市的人民代表大会和它们的常务委员会，在不同宪法、法律、行政法规相抵触的前提下，可以制定地方性法规，报全国人民代表大会常务委员会备案。1995 年第三次修正的《中华人民共和国地方各级人民代表大会和地方各级人民政府组织法》也规定，省、自治区的人民政府所在地的市和经国务院批准的较大的市的人民代表大会根据本市的具体情况和实际需要，在不同宪法、法律、行政法规和本省、自治区的地方性法规相抵触的前提下，可以制定地方性法规，报省、自治区的人民代表大会常务委员会批准后施行，并由省、自治区的

---

① 杨小云. 新中国中央与地方关系沿革[M]. 北京：世界知识出版社，2011：142-145.

② 郭小聪. 中国地方政府制度创新的理论：作用与地位[J]. 政治学研究，2000，(1)：70.

人民代表大会常务委员会报全国人民代表大会常务委员会和国务院备案。2000年颁布的《中华人民共和国立法法》也有类似表述，而且第六十四条还规定："除本法第八条规定的事项外，其他事项国家尚未制定法律或者行政法规的，省、自治区、直辖市和较大的市根据本地方的具体情况和实际需要，可以先制定地方性法规。"这从法理上提供了地方教育改革的规范性依据。

（二）地方政府行政管理权扩大

在市场经济体制改革和政治体制改革过程中，中央政府的管理手段越来越呈现宏观性、战略性、指导性和预测性等特点，直接管理地方经济社会的责任在很大程度上则转移给了地方政府。

扩大地方政府行政管理权的具体措施有：①下放中央政府的部分事权和人事管理权。事权方面，下放中央政府对地方政府的一部分固定资产审批权、物价管理权、统配物资的品种和数量、对外贸易的外汇权、旅游事业的外联权和签证通知等。人事管理权方面，1984年中央决定将地（厅）级领导的管理权由中央政府下放到省（直辖市、自治区）政府，对县一级政府的管理权由省级政府下放到市地（厅）政府。②对某些地区切块下放中央经济特许权。其主要措施是，设立5个经济特区，开放14个沿海城市，建立经济技术开发区和保税区，实行某些特许政策。对16个中心城市实行计划单列，赋予相当于省一级的经济管理权限。地方政府在改革中获得发展所必需的经济管理权限，极大地促进了地方经济的发展。③扩大城市政府的行政管辖范围，实行地市合并，建立市领导县的体制，强化中心城市发展经济和管理社会公共事务的积极性和自主性。④原来下放给国有企业的权力实际上转移到了地方政府手中。电子、机械、纺织、冶金、化工等部门纷纷将部属企业下放给地方政府，极大增强了地方的经济实力，地方政府成为地方市场经济发展的主导力量。

（三）地方政府财政权扩大

地方分权改革首先是以财政管理体制改革为突破口的。中央政府下放了部分财权，扩大了地方政府的财政管理和财政支配的权限。1980年，在农村成功实行的承包制被引入到财政体制改革，国务院实施了"划分收支，分级包干"的财政政策；1983年，该政策改为"固定比例，总额分成"的包干制；1985年，该政策又改为"划分税种，核定收支，分级包干"的包干制；1988年，国务院则采取签订财政承包合同的方式来划分中央政府和省级政府之间的财政收入。总的来看，这种财政上"分灶吃饭"的改革给予了地方很大的财政自主权，增强了地方政府的财政能力，调动了地方各级政府发展经济的积极性。1993年，党的十四届三中全会通过的《中共中央关于建立社会主义市场经济体制若干问题的决定》①，提出将地方财政包干制改为"在合理划分中央与地方事权基础上的分税制"。分税制改革改变了财政包干制注重量上分割的做法，从税基上划分中央和地方的财政收入，但性质上仍然是"分灶吃饭"，地方政府在扣除上缴的部分之后是剩余财政收入的所有者。各级地方政府都拥有了各自独立的经济利益，因而更有积极性、主动性去发展地方经济。分税制是规范中央与地方经济关系的一项基本制度，它的实施使中央政府与地方政府的关系进入制度化轨道。

中央与地方关系的变革，是当代中国一个极其重要的实践问题，党的十二大报告将"统筹中央和地方"关系纳入科学发展观的内容进行阐述。这极大地推动了当代中国经济社会的发展，更书写了地方政府创新和地方政府教育改革的新篇章。首先，中央政府放权的利益导向激发了地方政府追求行政绩效的动力，调动了地方政府进行教育创新的积极性；其次，地方政府财政权限的扩大，使地方政府获得一定的财政支配权和经济发展的控制权，因而也就获得了教育创新的物质基础和条件；最后，地方政府政治功能和权力自主性的扩大，也使地方政府教育创新能力得到提高。

二、中国各区域经济社会的极大差异性

我国是一个幅员辽阔、人口众多、民族多样的国家，一个省或自治区就可能相当于欧洲的一个国家，是区域地理环境、文化传统、经济发展等差异较为明显的国家。首先，从文化传统差异来看，我国有一直占主导地位的中华传统文化，也有十分明显的地域文化，如齐鲁文化、吴越文化、荆楚文化、巴蜀文化等，还有各少数民族聚集区的民族文化，如5个民族自治区、30个少数民族自治州及众多民族自治县呈现的文化等。其次，从行政区划来看，我国现有34个一级行政区（23个省、5个自治区、4个直辖市、2个特别行政区），一级行政区下又有市、自治州、县、自治县；县、自治县下又有乡、民族乡、镇等。最后，从经济发展水平来看，我国存在东部、中部、西部经济发展差异，城乡经济发展差异，即"一个中国，四个世界"的差异。②有的地区资源丰富而尚未开发，有的地区资源贫乏而开发过度；有的地区已形成自动化、电子化、机械化的工农业基础，而有的地区还有大量的手工劳动，机械化水平还很低。在实行中央高度集权的计划管理体

---

① 中共中央关于建立社会主义市场经济体制若干问题的决定［EB/OL］. http：//cpc.people.com.cn/GB/64162/134902/8092314. html［2014-08-28］.

② 胡鞍钢. 地区与发展：西部开发新战略［M］. 北京：中国计划出版社，2001：6-7.

制之时，全国各地实行大一统，即统一的体制、政策和发展速度，地方基本没有发展区域内经济社会的权利，区域差距仍然较为明显。

由于区域经济社会发展差异长期存在，改革开放以后，我国没有采取均衡推进战略，而是实行区域推进原则和步骤。1985年10月23日，邓小平会见美国时代公司组织的美国高级企业家代表团时说："一部分地区、一部分人可以先富起来，带动和帮助其他地区、其他的人，逐步达到共同富裕。"1986年8月19—21日，在天津听取汇报和进行视察的过程中，他又说："我的一贯主张是，让一部分人、一部分地区先富起来，大原则是共同富裕。一部分地区发展快一点，带动大部分地区，这是加速发展、达到共同富裕的捷径。"[1]区域经济社会发展差异对教育有着强烈的联动效应。一个区域的教育作为所在区域经济社会中的一个子系统，其发展必然受到本区域政治、经济、文化发展状况的制约，受到地理环境、社会状况、历史文化传统、经济发展水平等诸多因素的影响，离不开区域经济社会发展所提供的基础和条件。教育虽然具有相对独立性，但同时对经济社会具有极大依附性。教育的复杂性在于，它在根本上不仅仅是教育问题，而是与整个社会经济制度相关的社会经济发展问题。由于我国东部、中部、西部地区经济社会发展速度存在差距，东部、中部、西部教育改革也有较为明显的地域差异。

以教育投入为例。进入20世纪90年代以后，我国基础教育的地区投入差距一直处于持续扩大的状态，个别地区的不平衡状态尤为明显。王善迈等在1998年采取聚类分析和判别分析的方法，将我国31个省、自治区、直辖市（未包含香港、澳门、台湾地区）分为四类地区，并对其1988—1994年的数据进行统计分析，结果发现，1988年，我国四类地区平均生均教育经费最高为102.99元，最低为38.59元；1994年，平均生均教育经费最高为276.88元，最低为104.30元，极差率从5.42上升到6.77[2]。翟博的实证研究也显示，1993—2002年，我国各地区初等教育生均经费和中等教育生均经费标准差随着时序变化都呈现不断拉大的趋势，反映出我国地区间初等教育生均经费和中等教育生均经费的绝对差异仍在拉大。初等教育生均经费的极差率从1993年的6.24上升到2002年的8.95，差异系数从1993年的0.45上升到2002年的0.71；中等教育生均经费的极差率从1993年的5.27上升到2002年的6.93，差异系数从1993年的0.5上升到2002年的0.64。[3] 2000年以后，我国义务教育财政制度先后经历了两次改革，分别是2001年"以县为主"的机制和2006年的农村义务教育投入"新机制"，其目的都在于提高义务教育财

---

① 邓小平是对的：理解中国经济发展的新阶段[EB/OL]. http://news.eastday.com/c/20140512/u1a8085168.html [2014-05-13].

② 王善迈，杜育红，刘远新. 我国教育发展不平衡的实证分析[J]. 教育研究，1998，(6)：21.

③ 翟博. 中国基础教育均衡发展实证分析[J]. 教育研究，2007，(7)：24.

政供给部分的政府层级。这极大地改善了义务教育省际的不均衡状态，但省际差异并未明显缩小，呈现相对稳定的状态。

再以办学体制改革为例。首先，在改革的进程上，东部地区较中西部地区先行一步。这些地区在公办学校转制、民办教育发展等方面走在全国前列，成为中西部地区积极跟进、模仿的对象。其次，从规模上看，中西部多为人口大省而教育资源不足，因此民办教育数量相对较多。据 2001 年统计，全国分地区民办普通中学共 1915 所，其中东部地区 766 所，中部地区 936 所，西部地区 213 所，中西部地区占总数的 60%；民办小学共 4846 所，东部地区 1283 所，中部地区 2728 所，西部地区 835 所，中西部地区占 73.5%。[①]最后，在办学类型上，由于东部地区政府财政力量相对充足，而老百姓对优质教育的需求也更加旺盛，所以东部沿海地区的民办学校多是办学质量优、社会声誉较好、面向富裕家庭的优质学校。西部地区的民办学校多是教学条件简陋、面向贫困家庭的学生、弥补农村义务教育不足的民办学校。中部地区的办学类型则介于东部与西部之间，既有高质量的民办学校，也有面向贫困家庭的民办学校。[②]

正是出于对区域间发展差距的积极应对，我国教育改革发展实施了区域分步推进的战略，允许一些地区先走一步，采取设立改革试验区的形式，率先突破，为其他后发展区域树立典范、积累经验。以"普九"为例，《中共中央关于教育体制改革的决定》[③]提出，"把发展基础教育的责任交给地方，有步骤地实行九年制义务教育"。全国大致可以分为三类地区：一类地区包括约占全国人口 1/4 的城市、沿海各省中的经济发达地区和内地少数发达地区。要求这类地区在 1990 年左右完成普通初中教育的任务。二类地区是约占全国人口一半的中等发展程度的镇和农村。对这类地区，首先抓紧按质、按量普及小学教育，同时积极准备条件，在 1995 年左右普及初中阶段的普通教育或职业、技术教育。三类地区是约占全国人口 1/4 的经济落后地区，对这类地区普及九年义务教育的期限没有做出明确的规定，仅提出该类地区要随着经济的发展，采取各种形式积极进行不同程度的普及基础教育的工作。对这类地区教育的发展，国家尽力给予支援。这之后的基础教育课程改革、《国家中长期教育改革和发展规划纲要（2010—2020 年）》中的改革规划，均在区域推进战略的总体框架下开展。时至今日，这种战略思路越来越清晰，在实践运行上也日趋成熟，各个地方的教育形成了自主发展、借鉴发展、竞争发展

---

① 教育部发展规划司、上海市教育科学研究院. 2002 年中国民办教育绿皮书[M]. 上海：上海教育出版社，2003：268.

② 胡卫，何金辉，朱利霞. 办学体制改革：多元化的教育诉求[M]. 北京：教育科学出版社，2010：18.

③ 中共中央关于教育体制改革的决定[EB/OL]. http://www.moe.edu.cn/publicfiles/business/htmlfiles/moe/moe_177/200407/2482. html[2014-08-28].

的良好态势。改革开放的各个历史阶段，都涌现出了不少教育区域改革的先进典型，包括湖南汨罗和山东区域整体推进素质教育、山东寿光和安徽铜陵的义务教育均衡发展等，这为其他地方教育改革提供了宝贵经验。

三、不同社会阶层教育需求多元化

随着经济体制的转轨和现代化进程的推进，我国的分配制度从平均主义和大锅饭模式转换到按劳分配和按生产要素分配相结合的模式，调动了生产经营者的积极性，使一切创造财富的源泉充分涌流。在各种生产经营的要素中，资金、土地等资源要素日益稀缺，而劳动力资源相对充盈，因此对收入和地位的决定因素不是劳动力，而是对资金、土地等稀缺资源的占有。由这种资源占有而产生的利益不断分化出来，形成了不同的利益阶层，构成了不同的职业。以职业为基础的新的社会阶层分化机制逐渐取代过去的以政治身份、户口身份和行政身份为依据的分化机制，并导致了一种新的社会阶层结构的出现，并且这种社会阶层结构趋于稳定。

根据陆学艺等的研究，当代中国社会已形成由国家与社会管理者（约占 2.1%）、经理人员（约占 1.5%）、私营企业主（约占 0.6%）、专业技术人员（约占 5.1%）、办事人员（约占 4.8%）、个体工商户（约占 4.2%）、商业服务业员工（约占 12%）、产业工人（约占 22.6%）、农业劳动者（约占 44%）和城乡无业失业半失业者（约占 3.1%）等十大阶层和五种社会经济地位等级（底层、中下层、中中层、中上层、上层）组成的社会阶层结构，各阶层之间的经济、生活方式及利益认同的差异日益明晰[①]。不同阶层、不同团体、不同经济文化水平的家庭、个人，对物质和精神的追求，也就必然产生极大的差别。这些阶层中的新兴阶层如经理人员阶层、私营企业主阶层、专业技术人员阶层、个体工商户阶层、商业服务业员工阶层的经济地位，相当于西方国家资本主义发展早期的中产阶级。为了寻求更多的利益，新兴阶层必然将其影响力从经济领域转向政治领域。同时，许多弱势阶层为了寻求自己的利益保障，要求扩大政治参与。这一差别毫无疑问也一定会反映在对教育的不同需求及其选择上。同时，我国城镇化进程中三个"一亿人"的职业教育需求巨大，一亿进城务工人员需要提升融入城镇的素质和能力，一亿城镇棚户区和城中村人口需要再就业培训，一亿中西部地区就近城镇化农民需要提升生产生活技能。[②]另外，城市中进城务工人员子女教育问题、教育个性化引发的小班教学问题等，都是新形势下产生的教育需求。

---

① 陆学艺. 当代中国社会阶层研究报告[M]. 北京：社会科学文献出版社，2002：3-23.
② 中国教育科学研究院课题组. 未来五年我国教育改革发展预测分析[J]. 教育研究，2015，(5)：25.

在社会对教育需求多样化的同时，教育和个人收益的关系越来越密切。一些实证研究结果表明，个人受教育水平与其就业、收入、社会地位密切相关，教育的个人收益率随时间的延长而不断提高。因此，接受高质量的教育已渐渐成为普通家庭的自主消费观念和行为。特别是我国进入全面建成小康社会的决定性阶段后，人均国内生产总值由 21 世纪初的 1000 美元上升到 6000 美元以上，社会开始由生存型消费逐渐进入发展型消费阶段，社会各阶层对通过接受良好教育提高自身素质、增强发展能力、改善生活质量的愿望愈加迫切，也更为多样化。

根据产业信息网（www.chyxx.com）发布的《2015—2020 年中国教育产品市场深度调查及前景趋势报告》[①]，我国教育消费占到中国社会中坚阶层家庭收入的 1/7，并且该比例预期还将持续增长。从图 2-2 可以看出，在 2004—2013 年，中国家庭教育支出复合增长率达到 10.7%。

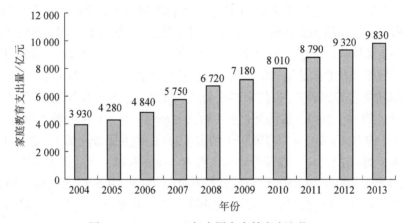

图 2-2　2004—2013 年中国家庭教育支出状况

教育需求的多样化，这种原动力必然催生出多元化的教育改革方案，这是各地政府在制定教育发展规划的一个重要背景因素。各级地方政府不得不思考和回应这个挑战：如何通过转变政府教育职能，推动办学体制改革，增加教育供给方式，扩大教育民主，提升教育服务质量。

四、意识形态环境的宽容化

意识形态是一种观念体系，包含了人们稳固的、长期的基本政治态度，它总

---

① 智研咨询集团. 2015—2020 年中国教育产品市场深度调查及前景趋势报告 [EB/OL]. http：//www.chyxx.com/industry/201507/328692. html[2015-07-13].

是以某种价值体系作为其核心组成部分[①]。新制度经济学认为，意识形态也是一种非正式的制度安排，它通过价值观、态度、观念、习惯等，影响人们对制度创新行为及正式制度安排的判断、理解和支持。林毅夫指出，"意识形态是减少提供其他制度安排的服务费用的最重要的制度安排"，"意识形态是人力资本，它帮助个人对他和其他人在劳动分工、收入分配和现行制度结构中的作用作出道德判断"[②]。改革开放以来，中国社会发生的一个根本变化是意识形态环境的宽容化，这也是影响地方政府教育改革的一个重要制度环境因素。

这种变化包括以下几个方面。

（一）从以阶级斗争为纲转变为以经济建设为中心

这种转变解除了长期阻滞国家重心转向现代化建设的思想桎梏，消解了人们对发展生产力、不断满足物质和精神生活需要的种种困惑、疑虑。这种转变引发制度重建，鼓励个人的经济首创精神，社会迸发出无限的活力和创造力，中国迈入社会主义现代化建设新的历史时期，近 40 年的现代化建设取得了中国漫长的历史上任何一个时期都不能比拟的巨大成就。

（二）从"两个凡是"到实践是检验真理的标准

"文化大革命"结束后，社会各领域都在进行着思想上、政治上、组织上的拨乱反正。但由于受"两个凡是"的束缚，拨乱反正的工作受到了严重的思想阻碍。1978 年 5 月，《光明日报》刊登了题为"实践是检验真理的唯一标准"的特约评论员文章。文章重申了马克思主义认识论的一个基本原理：社会实践不仅是检验真理的标准，而且是唯一的标准。这实际上是从思想路线方面批判"两个凡是"的观点，并且触及盛行多年的思想僵化和个人崇拜现象。文章很快在全国引发了关于真理标准问题的大讨论。这场讨论解决了判定真理是非的标准问题及如何对待毛泽东思想的问题，使得人们从教条主义的束缚中跳了出来，开放、自主、创新、务实、竞争、效率等观念逐渐取代封闭、依附、守旧、务虚、安分守己等观念。

（三）对地方政府的评价标准发生变化

在对待领导干部的态度上，人们推崇的是既脚踏实地又敢于开拓创新的领导

---

① 陈振明. 政策科学——公共政策分析导论[M]. 2 版. 北京：中国人民大学出版社，2003：578.

② R. 科斯，A. 阿尔钦，D. 诺斯等. 财产权利与制度变迁——产权学派与新制度学派译文集[M]. 刘守英，等译. 上海：格致出版社，1994：379，381.

干部，那种"不问政绩，只求与中央保持一致""无过就是功"的评价标准，被"既不与中央相抵触，又能开创地方新局面""无功就是过"的观念所取代，老百姓心目中的好政府，是务实创新、开拓进取、廉洁高效的政府。

意识形态环境的变化，为包括各级地方政府在内的整个社会进行经济社会改革扫清了思想障碍和理论障碍。由于中央政府不随意干预、禁止地方政府的各种改革创新，也不随便做出表态，而是让地方政府边实验边修改边完善，这极大地鼓励了地方政府开拓创新的勇气，增强了地方政府发展地方经济社会的信心。

第四节　地方政府教育改革的历程

历时性和共时性是索绪尔进行语言研究时提出的一对概念，也是他进行语言研究的主要方法，其核心是以时间为轴，分别从纵向的时间系统（历时性）和横向的时间切片（共时性）两个维度对系统内部和系统整体进行研究。观察地方政府教育改革也可以从这两个维度进行分析。其一，从历时性维度上，侧重于考察教育改革的历史性变化情况（过去—现在—未来）及变化过程中的发展规律。它是动态的、纵向的，即每一个阶段的教育改革既是上一个阶段教育改革的总结和展开，又是下一个阶段教育改革的积累和反思。其二，从共时性维度上，侧重于考察教育改革内部诸要素之间的关系及教育改革与社会改革的关系。它是静态的、横向的，一方面社会改革推动了教育改革，成为教育发展的巨大动力；另一方面教育改革又构成社会改革的内容和条件，影响着社会改革的预期效果。

我国地方政府教育改革的历程，从根本上说，也是我国办学体制改革的历程，其核心关涉的是公共教育权力的再分配和多元权利主体的利益制衡，即公共教育权及其带来的利益在各有关行为主体，包括中央政府、地方政府、学校、社会、家长之间进行的重新分配与平衡[①]。它包括了两个方面的内容：第一，公共教育体制内部的权力再分配和利益制衡。中央政府向地方政府、地方教育行政部门和学校下放权力，归还本应当由地方政府、地方教育行政部门和学校掌握的权力。这是一种行政性分权，主要涉及政府内部层级权责的重新划分和安排，包括行政权的非集中化或分散化、权力下放、委托和授权等形式。这需要理顺中央政府与地方政府、政府与学校的关系。第二，公共教育体制内部的权力和利益向体制外的

---

① 朱利霞. 我国办学体制改革中公共教育权的变迁及其表征[J]. 四川理工学院学报（社会科学版），2008，23（3）：134-135.

私人领域和社会领域分化。这是一种市场性分权，主要是通过政府保护产权、放松管制、赋予民营组织或社会组织自主经营权利等方式，鼓励其投资或参与学校管理。这主要处理的是政府与社会、个人的关系，如图 2-3 所示。

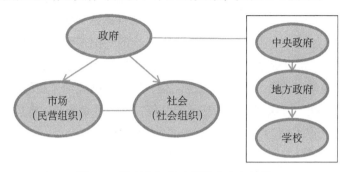

图 2-3　教育分权化改革的方向与结构

一、酝酿与肇始阶段（1978—1992 年）

1978 年以来，经过解放思想和拨乱反正，我国的各项事业开始得到恢复和发展。党的十一届三中全会，开创了我国社会主义现代化建设的历史新时期。

（一）经济社会体制方面的改革与探索

在经济体制改革方面，突破了把社会主义与商品经济对立的观念，商品经济进入社会主义经济领域之内；突破了把指令性计划当作社会主义计划经济根本特征的传统观念，肯定了指导性计划也是计划的一种形式，因而从根本上动摇了传统计划经济。[①] 1982 年党的十二大提出"计划经济为主，市场经济为辅"，1984年党的十二届三中全会提出"社会主义经济是公有制基础上有计划的商品经济"，1987 年党的十三大提出"我国有计划的商品经济是计划与市场内在统一的体制"。这一时期，是市场因素不断强化而计划因素不断弱化的阶段。在政治体制改革方面，1980 年 8 月 18 日，邓小平发表了《党和国家领导制度的改革》的重要讲话，这是关于进行政治体制改革的纲领性文件。他认为，要理顺中央与地方的关系，避免走上以前行政权力收放循环的怪圈，必须改革权力高度集中的政治体制。邓小平认为，"过去在中央和地方之间，分过几次权，但每次都没有涉及党同政府、经济

---

① 吴光炳. 中国转轨的经济学分析［M］. 北京：中国财政经济出版社，2004：49.

组织、群众团体等等之间如何划分职权范围的问题"①。之后，为革除权力过于集中这个弊端，采取了若干措施，首先是实行党政分权，还在基层试行党政分开和机构改革。党的十三大提出了政治体制改革的蓝图，即改革的对象主要是官僚主义、封建主义和权力过分集中的现象；改革的近期目标是实行党政分开、权力下放、改革政府机构、加强社会主义法制建设及改革干部人事制度，长期目标是建立高度民主、法制完备、富有效率和充满活力的社会主义政治体制；改革的核心是权力过分集中，特别是领导者个人高度集权的问题，这是我国政治体制的"总病根"。在政府机构改革方面，首次提出要转变政府职能，实行政企分开，构建经济建设、政治建设、文化建设"三位一体"的政府职能框架。

这一时期，中央与地方的关系发生战略性转变，中央启动经济性放权，扩大地方、基层和企事业单位的自主权，突破中央与地方关系调整的"收放循环"，地方政府由单纯的行政执行主体演变为具有独立经济利益的经济主体。以扩大中心城市和企事业单位的权力为改革重点，在维护中央权威的前提下，地方政府获得了相当的自主权。

（二）教育体制方面的改革与探索

中国进入改革开放的新时代，教育也进入全面改革和迅速发展的新阶段。1983年国庆节前夕，邓小平同志为景山学校题词，"教育要面向现代化、面向世界、面向未来"。"三个面向"成为 20 世纪 80 年代以后教育改革的指导方针。1985 年 5 月 27 日，《中共中央关于教育体制改革的决定》通过审议，该决定针对中央政府权力过分集中和管理过严，束缚地方政府主动性的弊病，提出了中央政府统一领导和地方政府分级管理相结合的管理体制。这是我国教育改革中具有里程碑意义的历史事件，标志着中华人民共和国成立以来形成的高度集中的公共教育权力开启了权力重新配置和运行机制变迁的进程。1986 年第六届全国人民代表大会第四次会议通过的《中华人民共和国义务教育法》第八条规定，"义务教育事业，在国务院领导下，实行地方负责，分级管理"，从法律上明确了基础教育领域内的新的行政管理体制。

这一时期的总体变化有以下几个方面。

1. 初步划分了中央政府和地方政府的教育事权

《中共中央关于教育体制改革的决定》明确规定，基础教育管理权属于地方。除大政方针和宏观规划由中央决策外，具体政策、制度、计划的制定和实施，以及对学校的领导、管理和检查，责任和权力都交给地方，并规定划分地方各级政

---

① 邓小平. 邓小平文选（第二卷）[M]. 2 版. 北京：北京人民出版社，1994：329.

府的职责权限由各省、自治区和直辖市负责。

中央政府宏观指导，负责制定有关基础教育的法规、方针、政策及总体发展规划、基本学制、课程设置和课程标准，制定学校人员编制标准、教师资格和教职员工基本工资标准等规定，设立用于贫困地区、民族地区、师范教育的专项补助基金，对省级教育工作进行监督、指导等。

省、自治区、直辖市政府有权确定本地区的学制、年度招生规模，确定教学计划，选用教材和审定省编教材，确定教师职务限额和工资水平等。

省以下各级政府的权限，由省、自治区、直辖市政府确定。

从各地实施的具体情况来看，大体上采取的是以县为主的统筹管理、乡镇也有一定管理权限的分权模式。同时，为了加强中央对教育工作的领导，中央还决定成立国家教育委员会，负责掌握教育的大政方针，统筹整个教育事业的发展，协调各部门有关教育工作，统一部署和指导教育体制改革。

2. 允许、鼓励非政府力量参与教育服务提供

1982 年，《中华人民共和国宪法》规定："国家鼓励集体经济组织、国家企事业单位和其他社会力量依照法律规定举办各种教育事业。"《中共中央关于教育体制改革的决定》也指出："地方要鼓励和指导国营企业、社会团体和个人办学，并在自愿的基础上，鼓励单位、集体和个人捐资助学，但不得强迫摊派。"1986 年，《中华人民共和国义务教育法》也明确规定："国家鼓励企业、事业单位和其他社会力量，在当地人民政府统一管理下，按照国家规定的基本要求，举办本法规定的各类学校。"这一阶段社会力量所发挥的办学积极性，大都限于向公办中小学捐资捐物，以减缓基础教育经费长期短缺的窘境。[1]

这一改革已经预示着中华人民共和国成立以来高度集中的公共教育权开始了结构性的变迁。在这一变迁过程中，政府体制以内的职责权限逐级下移，中央政府在继续担当教育服务主要提供者和决定教育发展的前提下，有意识地加大了地方政府对基础教育的决策统筹权，基础教育地方化基本实现。

二、稳固与展开阶段（1993—1998 年）

（一） 经济社会体制方面的改革与探索

这一阶段的经济体制改革的任务主要是建立社会主义市场经济体制。邓小平

---

[1] 钱源伟. 基础教育改革研究[M]. 2 版. 上海：上海科技教育出版社，2003：133.

在南方谈话中对于社会主义经济中计划和市场问题做了新的历史性概括，指出计划与市场都是经济手段，不是社会主义制度和资本主义制度的根本区别。之后，党的十四大明确提出了建立社会主义市场经济体制的目标。在处理中央政府与地方政府的关系上，提出要"合理划分中央与省、自治区、直辖市的经济管理权限，充分发挥中央和地方两个积极性"①，并且要注重地方经济的协调发展，"中国地域广阔，各地条件差异很大，经济发展不平衡。应当在国家统一规划指导下，按照因地制宜、合理分工、各展所长、优势互补、共同发展的原则，促进地区经济合理布局和健康发展"②。

在政治体制改革方面，党的十四大报告提出，政治体制改革的目标是以完善人民代表大会制度、共产党领导的多党合作和政治协商制度为主要内容，发展社会主义民主政治。为适应经济体制改革的要求和社会主义现代化建设的需要，党的十五大把政治体制改革再次提到重要位置，提出了建设中国特色社会主义民主法治国家的基本方略。政府机构改革有了实质性的进展和突破，政府职能得到进一步转变，社会管理和公共服务被政府的基础职能予以强调。1998 年，鉴于当时机构设置与社会主义市场经济发展的矛盾日益突出的现实，中央政府实施了改革开放以来涉及面最广、改革力度最大的一次政府机构改革，政府职能转变有了重大进展。其突出表现是撤销了几乎所有的工业专业经济部门，包括电力工业部、煤炭工业部、冶金工业部、机械工业部、电子工业部、化学工业部、地质矿产部、林业部、中国轻工业总会、中国纺织总会等十个部门。结束了专业经济部门直接管理企业的体制。这样，政企不分的组织基础在很大程度上得以消除。

这一时期，在对新形势下国内外环境进行准确判断的基础上，提出了处理中央与地方关系的总原则与方法，即既要有体现全局利益的统一性，又要有统一指导下兼顾局部利益的灵活性；既要有维护国家宏观调控权的集中，又要在集中指导下赋予地方必要的权力。

（二）教育体制方面的改革与探索

以建立社会主义市场经济体制为重要内容，我国改革开放的步伐进一步加大，以简政放权为重要内容的教育体制改革全面展开。1993 年 2 月 13 日，中共中央、国务院发布的《中国教育改革和发展纲要》③提出了到 20 世纪末我国教育改革与发展的总任务、总目标和重大政策举措，这个文件是 20 世纪 90 年代我国教育改

---

① 中共中央文献研究室. 中共十三届四中全会以来历次全国代表大会中央全会重要文献选编[M]. 北京：中央文献出版社，2002：293.

② 江泽民. 江泽民文选（1 卷）[M]. 北京：人民出版社，2006：234.

③ 中国教育改革和发展纲要[EB/OL]. http://www.edu.cn/zong_he_870/20100719/t20100719_497964.shtml[2015-07-13].

革与发展的纲领性文件。该文件就办学体制改革问题做出了系统规划，要求改变政府包揽办学的格局，逐步建立以政府办学为主体、社会各界共同办学的体制，并首次明确了国家对社会力量依法办学采取"积极鼓励、大力支持、正确引导、加强管理"的发展方针。1994 年，《关于〈中国教育改革和发展纲要〉的实施意见》①又进一步明确了地方各级政府的权责。1995 年《中华人民共和国教育法》在 1986 年《中华人民共和国义务教育法》"地方负责、分级管理"的基础上，全面确立了教育事务地方分权的法律架构，第十四条规定："国务院和地方各级人民政府根据分级管理、分工负责的原则，领导和管理教育工作。中等及中等以下教育在国务院领导下，由地方人民政府管理。高等教育由国务院和省、自治区、直辖市人民政府管理。"

这一时期的总体变化有以下几个方面。

1. 进一步明确了各级政府的职责

国家负责制定有关基础教育的法规、方针、政策及总体发展规划、基本学制、课程设置和课程标准；设立用于贫困地区、民族地区、师范教育的专项补助基金；对省级教育工作进行监督、指导等。

省级政府负责本地区基础教育的实施工作，包括制定本地区基础教育发展规划，确定教学计划、选用教材和审定省编教材；组织对本地区基础教育的评估、验收；建立用于补助贫困地区、少数民族地区的专项基金，对县级财政教育事业费有困难的地区给予补助等。地、市政府根据中央和省级政府制定的法规、方针、政策，对本地区实施义务教育进行统筹和指导。

县级政府在组织义务教育的实施方面负有主要责任，包括统筹管理教育经费，调配和管理中小学校长、教师，指导中小学教育教学工作等。

乡级政府负责落实义务教育的具体工作，包括保障适龄儿童、少年按时入学。有条件的经济发展程度较高的地区，义务教育经费可仍由县、乡共管，充分发挥乡财政的作用。

2. 建立以政府办学为主体，社会各界共同办学的体制

《中国教育改革和发展纲要》特别提出，教育体制改革要采取综合配套、分步推进的方针，加快步伐，改革国家包得过多、统得过死的体制，初步建立起与社会市场经济体制、政治体制和科技体制改革相适应的教育新体制。

3. 扩大公办学校办学自主权

在加强国家对教育事业的宏观管理的同时，实行简政放权，扩大学校办学自

---

① 关于中国教育改革和发展纲要的实施意见[EB/OL]. http://www.moe.edu.cn/publicfiles/business/htmlfiles/moe/moe_177/200407/2483.html[2015-07-13].

主权，使学校成为自我发展、自我约束、自我激励、自我完善的相对独立的办学主体。主要措施则是实行校长负责制，明确党政分工，让校长对学校工作全面负责，统一指挥；学校党组织发挥监督保证作用。校长负责制度在 1985 年《中共中央关于教育体制改革的决定》中就曾提及，但当时并没有全面铺开和统一要求。而《中国教育改革和发展纲要》则非常明确地提出，中等及中等以下各类学校实行校长负责制，校长要全面贯彻国家的教育方针和政策，依靠教职工办好学校。

4. 允许部分公办学校参与办学体制改革试点

1994 年，国务院颁布的《关于〈中国教育改革和发展纲要〉的实施意见》明确提出，有条件的地方，也可实行"民办公助""公办民助"等形式。企业举办的中小学应继续办好，有条件的地方在政府统筹下也可以逐步交给社会来办。随后的几年，在上海、北京、天津等地出现了一批公办学校实行办学体制改革的"转制"学校。

三、深化和活跃阶段（1999—2009 年）

（一） 经济社会体制方面的改革与探索

以 2002 年 11 月召开的党的十六大和 2003 年 10 月召开的党的十六届三中全会《关于完善社会主义市场经济体制若干问题的决定》[①]为标志，中国社会主义市场经济体制在经过十年的努力以后进入了完善阶段。这一时期，在中央和地方关系的处理上，明确提出要区域经济社会协调发展，主要包括：①实施东北地区等老工业基地振兴战略，支持东北地区等老工业基地加快调整和改造；②实施促进中部崛起战略，发挥中部地区的区位优势和综合优势；③东部地区率先提高自主创新能力，率先实现经济结构优化升级和增长方式转变，率先完善社会主义市场经济体制，在率先发展和改革中带动中西部地区发展。2005 年，启动以地方为主的综合配套改革试点，中央不再给予地方政府政策优惠，但赋予"试错权"，地方政府出具体思路，然后经中央批准实施，取得经验后推动全国其他地区的改革深化。

在政治体制改革方面，党的十六大首次提出借鉴人类政治文明的有益成果，建设社会主义政治文明，为推进我国的政治体制改革提供了新的思路。在政府机

---

① 关于完善社会主义市场经济体制若干问题的决定[EB/OL]. http://www.gov.cn/test/2008-08/13/content_1071062. htm[2015-07-13].

构改革方面，目标是逐步形成行为规范、运转协调、公正透明、廉洁高效的行政管理体制；改革的重点是深化国有资产管理体制改革，完善宏观调控体系，健全金融监管体制，推进流通体制改革，加强食品安全和安全生产监管体制建设。2006年，《政府工作报告》将政府职能框架由"三位一体"发展为经济建设、政治建设、文化建设和社会建设"四位一体"，开始通过社会建设来促进公共服务型政府建设。

这一时期，在科学发展观的指导下，提出了要依法规范中央与地方的职能和权限，正确处理中央垂直部门和地方政府的关系；协调好中央和地方的利益关系，营造好中央和地方关系的良好氛围，形成和谐的央地关系；对地方政府的政绩考核，由以单纯注重经济发展的 GDP 为导向逐渐转为以注重民生问题的基本公共服务均等化为导向。

（二）教育体制方面的改革与探索

1999 年，国务院批转教育部《面向 21 世纪教育振兴行动计划》[①]，该文件提出了我国跨世纪教育改革和发展的施工蓝图。同年，《中共中央国务院关于深化教育改革全面推进素质教育的决定》[②]，正式确定要"建立新的基础教育课程体系，试行国家课程、地方课程、学校课程"，基础教育课程改革由此开始在全国启动。

这一时期的总体变化有以下几个方面。

1. 明确县级政府对于基础教育的主要责任

随着教育管理权限的逐步下放，部分地区产生了基础教育投入与办学体制重心过低的问题，"以乡为主"的教育行政体制在一定程度上拉大了各个区域间教育发展差距，教育不公平现象进一步加剧，部分地区甚至出现了严重的教育质量下滑现象。《中共中央国务院关于深化教育改革全面推进素质教育的决定》要求，继续完善基础教育主要由地方负责、分级管理的体制。根据各地实际，加大县级人民政府的教育经费、教师管理和校长任免等方面的统筹权。文件要求加大县政府对基础教育的统筹与管理力度。2001 年，《国务院关于基础教育改革与发展的决定》[③]，在坚持已有的"地方负责，分级管理"原则的同时，更加突出了分级管理

---

① 面向 21 世纪教育振兴行动计划[EB/OL]. http://www.moe.edu.cn/publicfiles/business/htmlfiles/moe/s6986/200407/2487. html[2015-07-13].

② 关于深化教育改革，全面推进素质教育的决定[EB/OL]. http://www.moe.edu.cn/publicfiles/business/htmlfiles/moe/moe_177/200407/2478. html[2015-07-13].

③ 关于基础教育改革与发展的决定[EB/OL]. http://www.moe.edu.cn/publicfiles/business/htmlfiles/moe/moe_16/200105/132. html[2015-07-13].

中县级政府的作用，明确了县级政府对于基础教育的主要责任。

2. 突出省级政府对基础教育的统筹责任

2006 年 6 月 29 日颁布的《中华人民共和国义务教育法》对义务教育的管理体制和投入体制做出了新规定，首次确定了以省统筹、以县为主的义务教育体制，对"地方负责，分级管理"的基础教育体制做出了新的阐释和重大改革。第七条规定："义务教育实行国务院领导，省、自治区、直辖市人民政府统筹规划实施，县级人民政府为主管理的体制。县级以上人民政府教育行政部门具体负责义务教育实施工作；县级以上人民政府其他有关部门在各自的职责范围内负责义务教育实施工作。"第四十四条规定："义务教育经费投入实行国务院和地方各级人民政府根据职责共同负担，省、自治区、直辖市人民政府统筹落实的体制。农村义务教育所需经费，由各级人民政府根据国务院的规定分项目、按比例分担。"2006年《中华人民共和国义务教育法》在强调过去"以县为主"体制的基础上，突出了省级政府对义务教育进行统筹规划的责任，也强调了中央政府的责任问题。至此，1985 年以来逐步下放乃至一直下放到乡镇的基础教育管理和办学的权力与责任，又出现了逐步向县级政府乃至省级政府"回归"的趋势。

3. 首次肯定非政府组织和中介机构第三方面力量的作用

《中共中央国务院关于深化教育改革全面推进素质教育的决定》指出，在高中及其以上教育的办学水平评估、人力资源预测和毕业生就业指导等方面，进一步发挥非政府的行业协会组织和社会中介机构的作用，突破了以前关于公共教育权力仅仅在权力机关内部转移的局限性。这标志着我国教育权力制度变迁已经开始触及政府与具有自治性质的公民社会的关系层面。

总体来看，我国教育体制改革的权力主体问题得到解决，各级政府的教育责任日趋科学化、合理化，为教育改革的顺利推进提供了有力的制度安排和组织保障。

四、提升与转型阶段（2010 年至今）

（一）经济社会体制方面的改革与探索

党的十八大提出，我国经济体制改革是全面深化改革的重点，核心问题是处理好政府和市场的关系，必须更加尊重市场规律，更好地发挥政府作用。党的十八届三中全会进一步提出，紧紧围绕使市场在资源配置中起"决定性"作用和更好地发挥政府的作用深化经济体制改革。将市场在资源配置中的作用由过去的"基础性"提高到"决定性"的高度，充分显示出今后市场或市场主体主要充当"运动员"的角色，政府则主要充当"裁判员"的角色，从而厘清了政府与市场的行为边界。

在政治体制改革方面，特别提出推进国家治理体系和治理能力现代化，这是一个重大的创新和突破。党的十八大提出，推动政府职能向"创造良好发展环境、提供优质公共服务、维护社会公平正义"转变，建设"职能科学、结构优化、廉洁高效、人民满意"的服务型政府，党的十八届三中全会则在党的十八大的基础上进一步提出建设法治政府的目标。2010 年，《政府工作报告》[①]强调，全面推进社会主义经济建设、政治建设、文化建设、社会建设及生态文明建设，政府职能框架由"四位一体"发展成为"五位一体"。

党的十八大以后，中央和地方关系的改革进一步深化，地方治理体系发生了显著的变化。一是改革中央与地方在财权与事权方面的划分问题。自 1994 年实行分税制以来，中央与地方在财政与事权方面存在倒挂现象，即中央占有较多财权，而地方占有较多事权，两者不匹配导致了资源的极大浪费。2014 年 6 月的《深化财税体制改革总体方案》[②]和 2015 年 1 月施行的《中华人民共和国预算法》[③]，都旨在进一步理顺中央和地方收入的划分。同时，2013 年以来，国务院进行了多次简政放权，不仅将数百项行政审批权下放给基层政府，也将更多经济权力还给市场。二是推进省管县和市代县改革，强化县市级政府权力。2014 年，党的十八届四中全会通过《中共中央关于全面推进依法治国若干重大问题的决定》，分别对中央、省、市县三个层级的事权进行调整，明确将省级事权确定为"统筹协调"，并"依法赋予设区的市地方立法权"将立法权向市级层面下放，强化县政府的行政执法权。三是加强党内问责，破除某些地方的权力依附关系，强力反腐。

（二）教育体制方面的改革与探索

这一时期标志性的文件是 2010 年教育部颁布的《国家中长期教育改革和发展规划纲要（2010—2020 年）》。这是中国进入 21 世纪以后的第一个教育规划，是今后一个时期指导全国教育改革与发展的纲领性文件。该纲要在总结以往教育体制改革历史经验的基础上，把促进教育公平、提高教育质量作为今后一段时期教育改革和发展的核心目标，这将是我国今后教育改革与发展的主导价值理念。该

① 2010 年政府工作报告[EB/OL]. http：//www.china.com.cn/policy/txt/2010-03/15/content_19612372.htm [2015-07-13].

② 深化财税体制改革总体方案[EB/OL]. http：//www.gov.cn/xinwen/2014-07/03/content_2711811.htm[2015-07-13].

③ 中华人民共和国预算法[EB/OL]. http：//www.mof.gov.cn/mofhome/fujian/lanmudaohang/zhengcefagui/201501/t20150108_1177747.html[2015-07-13].

纲要从战略高度规划了到 2020 年我国教育体制改革和制度创新的总体部署，并从现代学校制度的创建、办学体制的改革、政府教育管理体制的变革等方面重点推进。2013 年，《中共中央关于全面深化改革若干重大问题的决定》第四十二条对教育改革的方向性和重点领域进行了非常明确的表述，突出了改革的民生导向，对新的历史时期教育改革与发展有决定性的指导意义。

这一阶段的总体变化有以下几个方面。

1. 进一步简政放权，继续解决好政府"包"和"统"的问题

主要推进教育行政审批制度改革，清理规范教育行政审批，先后取消下放了21 项教育行政审批事项；清理取消了一批评审评估评价事项，对确需保留的评审评估评价和检查事项编制目录清单，减少对学校办学的干预和干扰。加强省级政府教育统筹，明确省级政府在统筹区域教育现代化进程、城乡区域教育协调发展、保障教育投入等七个方面的统筹职责，赋予省级政府在高等学校设置审批、学校收费、学科专业建设、教育规模调控等方面更大的统筹权。

2. 推进教育公共服务体系和公共治理能力建设

建设教育基本公共服务体系，保障教育基本公共服务均等化；改善政府管理方式，完善决策、执行、监督机制，形成"管、办、评"分离的新型教育治理结构，逐步实现从直接管理向间接管理、从微观管理向宏观管理的转变；建立政府教育信息公开制度和听证制度，搭建教育信息公共服务平台，健全信息公布规则及协调机制；健全教育督导、评估和问责制度。

3. 推进现代学校制度建设，落实学校办学自主权

推进校内民主管理，进一步明确教职工代表大会的性质、功能和地位，切实保障教职工民主参与和监督的权利。加强高校理事会建设，发布普通高等学校理事会规程，完善多方参与学校治理平台，加强高校办学与社会的良性互动。加强中小学家长委员会建设，促进学校科学民主决策，加强家庭教育与学校教育的有效衔接，健全学校、家庭、社会三位一体的育人机制。

4. 深化以地方为主的教育领域综合改革

按照顶层设计、试点先行、有序推进的原则，围绕教育资源配置、教育考试招生、教育治理结构、培养模式、教育教学改革、教师管理、教育督导监测等重点领域和关键环节，从国家统一实施、地方承担试点和基层自主改革三个层面系统推进教育改革。

5. 鼓励社会力量兴办教育

坚持教育公益性原则，健全政府主导、社会参与、办学主体多元、办学形式多样、充满生机活力的办学体制，要求各级政府因地制宜采取多样化政策措施，引导社会资金以多种方式进入教育领域，支持民办教育事业发展，并积极鼓励行业企业等社会力量参与公办学校办学，形成以政府办学为主体、全社会积极参与、公办教育和民办教育共同发展的格局。

从目前来看，中央与地方、政府与学校、政府与公民社会之间的公共教育权力的重新分配与发展尚不均衡，中央与地方、政府与学校之间的权力重新配置较为广泛和深入，其他方面的权力重新分配则相对有限。尤其是在政府与市场的关系方面，教育体制改革有所涉及，只是并未取得与社会主义市场经济体制发展相适应的较大突破。但从整体上来看，教育体制的改革进程中纵向与横向两个方向上的公共教育权力重新配置和权力运行机制的变迁在事实上存在并在持续推进当中。

第三章 ▎地方政府教育改革的基本图景分析

从行为分析的角度来看，地方政府的教育改革在动因、主体、内容、方式及效果等方面，都呈现了百花齐放这样一种格局，而且这种差异在不同年代、不同区域，表现得更为明显。

通过对地方政府教育改革的行为研究，可以发现其特殊性所在：从地域层面看，它既具有国家教育改革的一般特点，又具有浓厚的地方经济社会色彩；从改革的角度看，它既体现了教育领域中改革活动的一般特点，又体现了改革活动中教育事业与生俱来的本质特点。这是地方政府教育改革区别于其他活动的重要标志和特征。正是地方政府教育改革的这种复杂性特征，使得这项活动本身具有了诸多关系的对立统一。

第一节 基于《人民教育》的多样本分析[①]

地方政府为什么进行教育改革？教育改革主要发生在哪一级的地方政府？地方政府教育改革的内容和方式有哪些？地方政府教育改革的效果如何？上述问题在近年的研究中已有初步回答，但是这类研究多以理论探讨为主，缺少对大量案例的实证分析，这在一定程度上限制了人们对地方教育改革发展状况的认识和判断。为此，我们收集和整理了 20 世纪 80 年代以来刊发在《人民教育》杂志上的地方政府教育改革案例，按照影响的关键和核心因素对地方政府教育改革实践状况进行实证描述和分析，以期揭示出地方政府教育改革的一般经验和特征。

---

① 主要内容发表在《基础教育》2013 年第 10 期。

一、研究方法与案例选取

本书将构成地方政府教育改革的基本要素确定为改革动因、改革主体、改革内容、改革方式、改革效果等五个要素，地方政府教育改革的图景分析也围绕上述五个要素而展开。

从案例收集的便利性来看，文本分析法是一种比较可行的方法。文本分析法是借助各种书面文本（政府文件、报刊、书籍）发现和分析问题，将零碎的、定性的资料通过审核、分类与编码转化为系统的、定量的信息。这种研究方法与真实的问卷调查尚有一定距离，但是一种"准调查研究"。[①]研究案例收集的主要渠道是《人民教育》，《人民教育》是一份主要面向基础教育、面向地方、影响力较大的全国性杂志，因此其提供的案例具有相当的代表性和典型性。

学界对于教育改革的分类与界定并无统一的标准，本书主要依据教育改革所产生的影响力来选择研究样本。因此，所有的案例符合以下一条及以上的标准：①在国家层面得到认可，如得到国家领导肯定、举办全国层面的经验交流会、得到教育部相关文件肯定等；②在其他区域得到认可，如其他地方曾来此参观考察、借鉴学习等；③受到学界关注和研究，如在学术刊物被作为研究对象和案例等。按照这个标准，对 1980—2010 年《人民教育》所刊文章进行筛选和审核，获取案例 101 个。

依据研究案例的基本情况（所属年代、所在区域[②]及改革涉及范围）和分析框架（改革动因、改革主体、改革内容、改革方式、改革效果）制作编码手册，按照编码手册对 101 个案例逐项编码，并运用 SPSS18.0 进行统计分析。

二、教育改革的基本图景

（一）研究案例的基本情况

从表 3-1 可以看出，101 个案例呈现出如下几个特点。

---

① 吴建南，马亮，杨宇谦. 中国地方政府创新的动因、特征与绩效 [A] // 俞可平. 政府创新的中国经验——基于"中国地方政府创新奖"的研究 [C]. 北京：中央编译出版社，2011：81-82.

② 所在区域按东部、中部、西部地区划分，主要参考国家统计局的标准。但因东部地区的广西和中部地区的内蒙古纳入了西部大开发的范围，故本书将这两个自治区作为西部地区统计。

表 3-1　研究案例的年代、区域和范围分布

基本情况	所属年代			所在区域			改革涉及范围	
	20世纪80年代	20世纪90年代	21世纪第一个十年	东部	中部	西部	整体性	单项性
数量/个	22	26	53	61	26	13	44	57
比例/%	21.8	25.7	52.5	61.4	25.7	12.9	43.6	56.4

注：其中有多个年代跨度的，以改革的起步期为准。

1. 地方政府教育改革随年代变化呈现逐步上升趋势

其原因主要有以下三个方面：一是国家层面的基础教育改革本身经历了从宏观到中观再到微观、从教育外部延伸到内部再到内部深化这样一个逐步全方位铺开的过程。对于地方政府而言，中央政府早期施行的宏观乃至中观的教育改革、教育外部的改革，与自身关系不大；而中后期施行的微观教育改革和教育内部改革，地方自主权较大。二是 21 世纪以后，新一轮中小学课程改革实验启动，使 20 世纪 90 年代提出的素质教育改革有了一个真正的载体。由于这次课程改革涉及范围广、影响面大、力度强，地方政府在课程设置、教材内容、教学方法和教学组织形式、考试评价等多个方面的改革中都获得了相当大的自主权。三是中国经济社会改革经过一段时间的积累，地方政府的财力和实力增强，改革意愿增大。而且随着物质文化水平的提高，社会对教育期望的不断高涨催生地方政府进行教育改革。与此同时，来自其他教育先进地区的比较，也使得教育改革的竞争性大大增强。

2. 地方政府教育改革大多发生在东部地区

61.4%的教育改革由东部地区发起，而中部和西部地区仅分别为 25.7%和 12.9%。由于改革大都需要一定的物质和环境基础，东部地区雄厚的经济实力和改革开放的社会风气成为当地实施改革的有力支撑。

3. 整体性和单项性教育改革的数量大致相当

从地方政府的角度而言，单项性改革有易于突破、便于操作的特点。但是，地方教育改革通常是在国家教育改革的大背景下发生的，从 20 世纪 80 年代的农村教育综合改革和城市教育综合改革到 21 世纪的国家教育综合改革，都推动了地方政府对于整体性改革的探索和实践。

（二）教育改革的动因

正如我们前面所分析的，行政性分权和财政性分权是地方政府创新行为得以发生的主要背景和前提条件。同时，对于地方政府创新行为的直接动因，学者们也进行了多角度的分析。陈天祥认为，宪法秩序的变化、制度创新成本和制度创

新的预期收益是决定地方政府创新的关键因素[1]。傅大友、芮国强则认为，由社会生产力发展所带来的社会变迁、制度及制度结构本身所具有的缺陷、对制度创新预期净收益的诉求等三种因素共同作用，推动了地方政府的制度创新行为[2]。周黎安指出，从20世纪80年代开始的地方官员之间围绕GDP增长而进行的"政治锦标赛模式"是理解地方政府创新的关键线索之一。当然，竞赛标准不局限于GDP增长，也可以是其他可度量的指标。他认为，在"政治锦标赛模式"及公务员考核机制的驱动下，地方政府有强烈的动机来推动地方制度创新。[3]

综上所述，我们将教育改革的直接动因大致分为三类：第一，危机驱动的改革。当地方产生教育问题之后，地方政府为解决问题而采取的改革行为。第二，发展驱动的改革。地方经济社会发展到一定阶段之后，地方政府自觉改善或提高教育服务水平。第三，危机与发展共同驱动。两种原因均存在的情况下产生的地方政府改革行为。

经卡方检验，$p<0.05$（表3-2），即在统计学意义上，发展驱动的改革有逐年上升的趋势。这说明，从长期来看，地方政府教育改革是经济社会发展到一定阶段的必然要求。一方面，地方要发展，教育必须跟上，教育为地方发展提供了充足的人力和智力支持；另一方面，地方发展也为教育改革提供必需的物质和人力资源，其中既有强有力的财政保障，也包括较高素质的政府官员和民众。

表3-2 所属年代与改革动因的分布 （单位：%）

所属年代	改革动因		
	危机驱动	发展驱动	危机与发展共同驱动
20世纪80年代	9.9	3.0	8.9
20世纪90年代	6.9	11.9	6.9
21世纪第一个十年	10.9	28.7	12.9
合计	27.7	43.6	28.7

经卡方检验，$p<0.05$（表3-3），不同的改革范围与改革动因有显著差异，发展驱动的改革多为单项性改革，危机与发展共同驱动的改革多为整体性改革。

表3-3 改革范围与改革动因的分布 （单位：%）

改革范围	改革动因		
	危机驱动	发展驱动	危机与发展共同驱动
整体	10.9	11.9	20.8
单项	16.8	31.7	7.9
合计	27.7	43.6	28.7

[1] 陈天祥. 中国地方政府制度创新的动因[J]. 管理世界，2000，（6）：202-203.

[2] 傅大友，芮国强. 地方政府制度创新的动因分析[J]. 江海学刊，2003，（4）：92-98.

[3] 周黎安. 转型中的地方政府：官员激励与治理[M]. 上海：格致出版社，上海人民出版社，2008：87-92.

（三）教育改革的主体

按照我国地方政府实际的层级分布，将教育改革主体分为省、地市、县区和乡镇四级。从表 3-4 可以看出，改革的主体主要集中于地市、县区两级，占比 86.1%。这与我国实行的以县为主的基础教育管理体制和市管县[①]的行政管理体制有关，地市、县区政府为基础教育的主要供给者。在我国，地市级政府领导县的体制之所以在近年来得到迅速发展，并逐渐取代地区成为省县之间的一个正式层级，在很大程度上与历史因素有关。中国自元代以来，省县之间长期存在一个中间层级的地方政府单位（府、州），这是中国地方行政管理经验的总结，同时也形成了一种传统的管理模式。[②]

表 3-4　地方政府教育改革主体的层级分布

改革主体	频数/次	频率/%	有效频率/%	累积频率/%
省级	13	12.9	12.9	12.9
地市级	41	40.6	40.6	53.5
县区级	46	45.5	45.5	99.0
乡镇级	1	1.0	1.0	100.0

（四）教育改革的内容

地方基础教育改革大体可以分为两类，一类是以管理为基点的制度改革和政策创新，包括办学体制、行政管理、学校内部管理、考试与评价制度、教育公平（区域、民族、性别）等方面的改革；另一类是以学校为基点的教育教学改革，包括课程、教学、德育、教师发展、学校特色等方面的改革。

从表 3-5 可以看出，在 101 个案例中，发生频率排前三位的改革依次为教师发展、教学改革、行政管理改革。这与我国 30 多年教育改革的着力点和突破点是基本一致的。

---

① "市管县"体制，是指以中心地级市对其周围县实施领导的体制。它以经济发达城市为核心，依据行政权力关系，带动周围农村地区的共同发展，形成城乡一体化的区域整体。从法律地位来看，我国宪法规定的地方行政层级仅仅为省、县、乡三级，直辖市和较大的市分为区、县。这里所指的"较大的市"，是由国务院认定，目前全国共有大连等 19 个城市获得了批准。那么，全国各地大量产生的地级市又是怎样发展起来的？为了加快城乡一体的建设步伐，中央于 1982 年决定在经济比较发达地区试行"市领导县"体制，即以经济比较发达的城市为核心，带动周围农村，统一组织生产和流通，逐步形成以城市为依托的各种规模、各种类型的经济区。此后，各地纷纷"撤地设市"，实行地市合并，升格城市，"市管县"体制成为行政改革的主要取向。

② 李四林，曾伟. 地方政府管理学[M]. 2 版. 北京：北京大学出版社，2010：47.

表 3-5　改革内容的发生频率

发生频次、频率	教师发展	教学	行政管理	学校管理	教育特色	考试评价	课程	德育	教育公平	教育结构	办学体制
频数/次	37	37	34	26	24	23	20	18	17	14	13
频率/%	36.6	36.6	33.7	25.7	23.8	22.8	19.8	17.8	16.8	13.9	12.9

（五）教育改革的方式

从宏观角度分析，地方教育改革的利益相关主体有地方行政力量、学术力量和社会力量（如学生家长、社区、大众传媒等）三类。一般而言，地方教育改革当然是由地方行政力量发起并推进的，但是这并不排斥其他利益相关主体的参与。不同力量的参与，构成了不同的改革方式。

从表 3-6、表 3-7 可以看出，不管是东部、中部还是西部，目前的地方政府教育改革还是以行政单方推进为主，社会力量参与的比重非常小。

表 3-6　所属年代与改革方式的分布　　　（单位：%）

所属年代	改革方式			
	行政单方推进	行政推进学术参与	行政推进社会参与	行政推进多方参与
20 世纪 80 年代	13.9	4.0	0	3.9
20 世纪 90 年代	10.9	9.9	2.0	3.0
21 世纪第一个十年	34.6	10.9	3.9	3.0
合计	59.4	24.8	5.9	9.9

表 3-7　所在区域与改革方式的分布　　　（单位：%）

所在区域	改革方式			
	行政单方推进	行政推进学术参与	行政推进社会参与	行政推进多方参与
东部	34.7	16.8	2.0	7.9
中部	17.8	4.0	3.0	1.0
西部	6.9	4.0	0.9	1.0
合计	59.4	24.8	5.9	9.9

（六）教育改革的影响

改革的影响有正负之分，但从文本内容来看，较难看到对负面影响的讨论和分析，论述较多的是改革之后对学生发展、教师发展和学校发展的正面影响。也就是通过改革，地方辖区内的公众、社会组织、企业组织均获得收益，解决了许多以前无法解决的问题。也有研究者指出，地方政府也在这种改革中获得好处。

通过改革，政府提高了工作效率，提升了工作成效，重树了政府威信和政府存在的合法性。政府官员也在改革过程中得到重用或升迁。[①]

三、相关的分析与思考

（一）加强对中西部地区地方政府教育改革的关注

从 30 多年教育改革的历程来看，地方政府教育改革的热情和意愿呈持续上升态势，这在东部地区表现尤为明显，在中西部地区则显得滞后，教育改革的地区差异明显。这可能与各地的教育承载力有关。所谓教育承载力，主要包括教育资源（投资、师资、设施等办学条件，以及生源质量和学术氛围等）供给能力和教育发展环境（政治、经济、文化和对区域教育的需求等）的支持能力。[②]教育承载力是一个综合性的概念，基本上涉及了教育发展所必需的充要条件。刘贵华和王小飞等认为，区域教育作为一个生态系统，其发展受到教育承载力的影响和限制。他们的实证研究也证实，区域义务教育和高中阶段教育的承载力呈现东部地区较强而中西部地区较弱的格局。具体来说，全国小学承载力排名前八位的分别为北京、上海、天津、江苏、浙江、福建、广东及辽宁，排名后八位的分别为贵州、云南、江西、青海、四川、甘肃、河南、广西。初中教育承载力排名前八位的分别为上海、北京、浙江、天津、江苏、辽宁、山东、河北，排名后八位的分别为贵州、云南、甘肃、广西、重庆、海南、四川、江西。普通高中教育承载力排名前八位的分别为上海、北京、天津、浙江、福建、江苏、广东、山东，排名后八位的分别为贵州、河南、甘肃、湖北、广西、安徽、四川、陕西。[③]这说明，教育的承载力水平，是地方政府教育改革的最基本动力源。

中西部地区的教育承载力中，两个关键因素影响了当地教育改革：一是教育的财政投入。在中西部地区，尤其是在西部贫困地区，经济发展水平低、财政收入少，难以支撑大规模的教育改革与试验。二是文化环境。一个地方教育发展的指向和发展程度必然与当地文化环境有密不可分的联系。中西部地区教育相对来说比较封闭，与地方的联系不够紧密，教育在地方文化与价值观念建设方面的作用没有充分体现出来，人们对教育在经济社会发展中的作用与认识还比较受局限。

---

① 吴建南，马亮，杨宇谦.中国地方政府创新的动因、特征与绩效[A]//俞可平. 政府创新的中国经验——基于"中国地方政府创新奖"的研究[C]. 北京：中央编译出版社，2011：92.

② 刘贵华，王小飞等. 区域综合改革：中国教育改革的转型与突破[M]. 北京：教育科学出版社，2015：32.

③ 刘贵华，王小飞等. 区域综合改革：中国教育改革的转型与突破[M]. 北京：教育科学出版社，2015：59-60.

因此，推动中西部地区的教育改革，首先，解决其教育财政投入问题。发展不平衡是经济发展过程中不可避免的问题。针对经济不发达地区的实际情况，实行中央对地方的教育转移支付制度是一项有效政策。从目前情况看，国家通过贫困地区义务教育工程已经有力地推动了贫困地区义务教育的发展。但从长期来看，还必须建立更为规范的、可以用于人员经费与公用经费的转移支付制度。其次，推动地方政府教育改革的关键除了经济发展水平，还体现中央政府与地方政府的互动关系。中央政府对地方政府改革行为的认可和制度支持，对地方政府改革风险的宽容，都将有助于中西部地区地方政府改革的动力提升。

（二）构建地方基础教育改革的共同体模式

从案例分析的结果来看，地方政府对教育改革的利益相关者关照不足。由地方政府发起的改革，缺少学术力量和社会力量的参与，因而还是一种自上而下推进的线性改革。这将导致两个方面受到局限：一是改革很容易沦为政治经济的附庸，教育本身的独立性不足；二是改革的科学性和合法性有待检验。而且这种改革往往受制于当地领导者的个人认识和改革意愿，有 49.5% 的案例都提及，当面对改革的阻力和困难时，地方"一把手"的决心和意志对改革产生了强力推动作用。

随着中央与地方关系的不断调整，客观上带来地方政府功能从"地方层级"到"地方国家"的全面转型，地方政府日益从中央政府在地方的代理者向地方公共物品供给者和服务者转变。地方政府权力不断强化，而市场和公民社会又尚未发展完善，使得改革俨然成了政府的"独角戏"，民众往往成为改革舞台上的列席者和观众。这种情形将随着改革的不断深入、民众利益诉求的发展和公民意识的觉醒而发生变化。

吴康宁认为，教育改革能否成功，从改革涉及的利益相关者来看，至少取决于三个条件：第一，是否有足够的利益相关者赞同改革；第二，是否有足够的利益相关者参与改革；第三，能否使大多数利益相关者从改革中受益。[1]要满足这三个条件，政府应该思考构建一种基于协作关系的改革共同体，这个改革共同体有共同的目标愿景、有核心领导者，以及成员之间能够平等交流、协商和互动，这样才能吸引更多的利益相关者赞同、参与到改革中来，并因此而受益。

（三）处理好地方改革意愿、改革行为与绩效评估之间的关系

20 世纪 90 年代中期以来，中央把推动创新作为一个战略要求提了出来，这为地

---

① 吴康宁. 赞同？反对？中立？——再论教育改革的社会基础[J]. 教育学报，2011，（4）：4-10.

方政府改革提供了意识形态的保障，也大大激发了地方政府的改革热情。但从本书研究来看，可以发现不管改革持续的时间长短，大部分的案例都缺少相应的改革绩效评估和后续跟踪研究。大部分的案例所能够呈现的，也只是对教育改革所产生的影响和后果的描述性评价，在评价方法上存在重定性、轻定量的问题，往往是凭感觉、印象，主观随意性大，缺少科学的数据分析，缺少严密、客观的论证。从大量的实践来看，如果没有对改革的行为及其后果进行科学的绩效考量和评估，并制定一系列激励保障措施，改革就很有可能流于形式，走向口号化、意识形态化和形式化。

（四）鼓励和引导以发展为主要驱动的地方基础教育改革

危机与发展是地方政府教育改革的直接动因。一般而言，"穷则思变""变则通"，危机发生会迫使地方政府做出主动或被动的调整、变动；而发展则是每个地方政府推进改革最持久的动力背景。对于地方政府而言，如果缺乏改革的主动性和前瞻性，就可能使一些发展机遇转化为发展危机。而在危机背景下进行的改革，其难度和失败的可能性都有可能增大。特别是在当教育危机特别严重、复杂，超过了地方官员的承受能力和判断能力，尤其是受到上级重视的时候，地方官员可能更多地考虑个人职位安全，这对危机的解决是非常不利的。这就要求地方政府不断提升自身改革创新的能力和水平，不断提升地方教育改革的规划性和科学性。

第二节　地方政府教育改革的当代表征

一、县、市两级地方政府的教育改革活跃度最高

从《人民教育》中提取的教育改革案例分析来看，县、市两级政府的教育改革活跃度最高。有研究者通过分析地方教育制度创新奖的案例之后，也发现县级政府的教育制度创新最为活跃，地市级政府其次，省级政府再次。[①]这种现象与我国教育事权与支出责任分工有密切关系。所谓事权，一般认为是行政机关按照相关法律法规进行行政事务管理的权力。支出责任，则是各级政府承担的运用财政资金履行其事权、满足公共服务需要的财政支出任务。支出责任以事权为基础，

---

① 王健. 中央——地方关系中不同层级政府的教育行为：基于对地方教育制度创新奖案例的分析[A]//杨东平，刘胡权. 激流勇进：地方教育制度变革的理论与实践——中国地方教育制度创新研究[C]. 北京：北京理工大学出版社，2014：8.

同时也需要财权和财力作为保障。

在中央与地方的事权与支出责任分工上各国有不少差异。从事权分工来看，中国采取的是逐级发包[1]的制度，中央先将事权全部发包给省一级政府，然后省政府再往下逐级发包，一直到县区和乡镇。事权的逐级转包过程就是政府职责和职权向下转移的过程，中央以下每一级承包方必须向作为发包方的上一级政府负责，而发包方则有义务监督承包方的责任。在基础教育的事权分工上，我国自改革开放以来逐渐明确了"以县为主"的教育管理体制[2]，县级政府贯彻中央的基础教育宏观决策，对区域内的基础教育供给起着决定性作用，因此教育改革的行为相对较频繁。市级政府教育改革的活跃度高，则与 20 世纪 80 年代初我国实行市管县，以市带县的行政管理体制有关。1982 年，中共中央发出《关于省、市、自治区党政机关机构改革的若干问题的通知》，提出在经济发达地区将省辖中等城市周围的地委、行署与市委、市政府合并，由市管县，并在江苏省首先试点。1983年，中共中央、国务院又发布了《关于地市州党政机关机构改革的若干问题的通知》，明确指出，以经济发达的城市为中心，以广大农村为基础，逐步实行市领导县的体制，使城市和农村紧密结合起来，充分发挥两方面的优势，互相依存，互相支援，统一领导，全面规划，促进城乡经济、文化事业的发展，这是改革的基本目的和要求。

教育改革需要足够的财力保障。不管是 1994 年之前的财政包干制，还是之后的分税制改革，我国中央政府和地方政府在财政关系上都形成了"分灶吃饭"模式，地方政府拥有了独立的经济利益及可自主支配的财力。财政分权理论认为，实行多级政府结构及财政分权有利于提供更多政策创新的机会，强化地方政府本身的激励机制，鼓励它们之间的竞争。越是基层的政府，离它们的服务对象越近，就越了解服务对象的需求，也就越容易有效提供那些层次较低、受益范围小的公共产品。县市级政府既面临上级的任务要求，又必须对辖区民众的需求和期望做出反应，还面临着地区间竞争的压力，这些都激励着县、市级政府在基础教育方面进行改革与创新。

地方政府可支配的财政资源决定推进教育改革的动力。目前，我国中央政府和地方政府本级财政和支出责任存在明显的不对称，在中央政府收入和地方本级政府收入占国家财政收入比例持平的情况下，地方政府承担了绝大部分的支出责任。虽然中央政府有财政转移制度提供间接教育支持，但教育公共服务主要还是

---

[1] 周黎安. 转型中的地方政府：官员激励与治理[M]. 上海：格致出版社，上海人民出版社，2008：59.

[2] 1986 年《中华人民共和国义务教育法》规定，义务教育事业，在国务院领导下，实行地方负责，分级管理，从法律上明确了基础教育的行政管理体制。2001 年，国务院《关于基础教育改革与发展的决定》明确规定，实行在国务院领导下，由地方政府负责、分级管理、以县为主的体制。

由地方出资。

从表 3-8 可以看出，地方政府在学前教育、义务教育、高中教育和高等教育中均承担了主要的支出责任。在这种情况下，容易出现的一个问题是，由于教育事权与财政不匹配，一些受财力所限的地方政府可能无力供给或无法有效供给教育产品和教育服务。因此，要尽快建立和完善各级政府教育事权和支出责任的制度框架，形成相关规范性文件或法律文件。同时，中央政府要承担更多的教育支出责任，加大对地方教育发展的转移支付力度，特别是要向经济欠发达地区倾斜，推动实现基本公共服务均等化。

表 3-8　各级政府公共教育支出中普通教育支出所占比重及其结构[①]（单位：%）

类别	2010 年		2011 年		2012 年	
	中央政府	地方政府	中央政府	地方政府	中央政府	地方政府
普通教育	6.43	93.57	7.29	92.71	6.00	94.00
（普通教育）*	22.40	77.60	22.75	77.25	21.25	78.75
学前教育	0.78	99.22	0.30	99.70	0.33	99.67
小学教育	0.11	99.89	0.13	99.87	0.12	99.88
初中教育	0.17	99.83	0.35	99.65	0.15	99.85
高中教育	0.52	99.48	0.52	99.48	0.86	99.14
高等教育	34.65	65.35	32.93	67.07	27.26	72.74

注：*是将中央对地方的义务教育转移支付和教育专项转移支付作为中央政府对教育的投入的计算结果。其他所有数据均为各级政府本级支出。

二、外部因素是地方教育改革的主导背景

从宏观的角度来分析，地方教育改革之所发生，原因有两个方面：一是政治、经济、文化等外部因素的推动；二是教育自我的发展和完善。从我国地方教育改革的实践来看，外部因素在推动教育改革方面居于主导地位。

第一，从教育改革的政策文本来看，解决政治、经济等问题是教育改革的主要任务。从国家层面来说，从我国改革开放后第一个重大教育改革政策文本《中共中央关于教育体制改革的决定》到 1993 年《中国教育改革和发展纲要》，再到 1999 年《中共中央国务院关于深化教育改革全面推进素质教育的决定》，一直到《国家中长期教育改革和发展规划纲要（2010—2020 年）》，其主线都是一条，即教育必须为社会主义建设服务，社会主义建设必须依靠教育。教育改革不单单是一项教育议题，也是一项政治议题、经济议题。

[①] 郭晟豪. 中央政府和地方政府的教育事权和支出责任[J]. 甘肃行政学院学报，2014，（3）：101.

在我国的教育改革政策文本中，在前言部分都有一段关于改革的目的与依据的表述，根据这部分表述可以较好地把握地方政府教育改革的背景动因。下面以不同时期广东省的教育改革政策文本为例来进行分析。[1][2]

《中共广东省委、广东省人民政府贯彻〈中共中央关于教育体制改革的决定〉的意见》：今后我省经济发展，后劲的大小，在一定意义上越来越取决于劳动者的素质，取决于知识分子的数量和质量。各级党委和政府一定要认真学习中央的决定，进一步提高对改革和发展教育的必要性、紧迫性的认识，不仅在口头上，而且在行动上同中央的要求相一致，真正把教育工作认真抓起来。（1985 年 10 月 9 日）

《中共广东省委、广东省人民政府贯彻〈中共中央国务院关于深化教育改革全面推进素质教育的决定〉的意见》：按照江泽民提出的"增创新优势，更上一层楼，率先基本实现社会主义现代化"的要求，全面实施"科教兴粤"战略，为我省率先基本实现社会主义现代化提供强有力的智力支持和人才保障，把教育摆到优先发展的战略地位，培养大批高素质的劳动者和创新人才。（2000 年 10 月 10 日）

《广东省教育现代化建设纲要（2004—2020 年）》：改革开放以来，我省教育事业取得了巨大成就，但总体上仍滞后于经济社会发展，与提高我省国际竞争力增强发展后劲的要求不适应，与广大人民对教育的迫切需求仍有较大差距。在新的形势下，我省的发展既面临更激烈的国际市场竞争的严峻挑战，也面临兄弟省区市你追我赶的挑战，要实现加快发展、率先发展、协调发展，在加快推进社会主义现代化进程中更好地发挥排头兵的作用，必须建设教育强省，加快教育现代化建设。（2004 年 8 月 9 日）

《广东省中长期教育改革和发展规划纲要（2010—2020 年）》：当今世界正处在大发展大变革大调整时期。世界多极化、经济全球化深入发展，科技进步日新月异，人才竞争日趋激烈。我省正处在改革发展的关键阶段，经济建设、政治建设、文化建设、社会建设以及生态文明建设全面推进，工业化、信息化、城镇化、市场化、国际化深入发展，人口、资源、环境压力日益加大，经济发展方式加快转变，都凸显了提高人民群众素质、培养创新人才的重要性和紧迫性。（2010 年 10 月 26 日）

从上述文本的表述来看，教育改革的外部因素主要包括以下几个方面：①经

---

① 罗伟其. 广东教育改革发展 30 年纪事[M]. 广州：广东高等教育出版社，2008：379-468.

② 广东省中长期教育改革和发展规划纲要（2010—2020）[EB/OL]. http://old.moe.edu.cn/publicfiles/business/htmlfiles/moe/s4604/201011/110935.htm/[2015-07-02].

济因素。这在改革开放初期，几乎是影响地方政府教育改革的最重要的因素。这与 20 世纪八九十年代以经济建设为中心的改革开放目标是一致的。其实在国外的教育改革中，经济因素也是非常重要的教育动因。通常，教育被描述为国家增进甚或是维持人们经济福利之能力的关键内容。"经济基础肯定不是如今唯一作为教育改革重要原因而受到强调的。教育公平的目标至今仍然作为个人社会流动性和公民责权的保障被引证，但天平明显向经济那边倾斜了。"[1][2]政治因素。我国的教育改革一开始就是作为社会领域改革的一部分展开的，教育改革的目标与社会改革的根本目标是一致的，具体目标是相互协调的。[2]在过去的 100 年里，西方公共教育大致经历了三次较大的改革。第一次是 19 世纪末 20 世纪初进步主义所发起的旨在改变传统教育的现代教育运动；第二次是 20 世纪 60 年代发起的公平教育改革；第三次是 20 世纪 80 年代以来进行的公立学校重建运动。应该说，这些教育改革都有非常明显的政治动因。[3]科技因素。科学技术的日新月异和劳动者素质的不断提升，也推动着教育领域内的技术革命，包括教育者观念的变革、受教育者的数量和教育质量、教育的内容和方法，等等。[4]国际环境因素。在经济全球化的推动下，教育的开放程度不断提升，国际理解教育逐渐推广，国际交流与往来日渐频繁。

第二，从各地的教育发展战略来看，为社会建设服务是教育的基本功能。从逐级提出的科教兴省（市、县）战略和人才强省（市、县）战略就可以看出这一点。以下呈现的是深圳市改革开放以来的教育发展战略。

深圳教育发展战略[3]

1983 年 2 月，深圳召开了特区第一次教育工作会议，明确提出："教育必须与特区经济同步发展。"深圳当时正全力探索市场经济和外向型经济，而教育却仍然以计划经济体制为主，具有明显的封闭性。"同步发展"要求深化教育体制改革，适应市场经济与外向型经济的发展需要。1984 年，深圳市教育局组织召开了特区教育理论研讨会。会议广泛探讨了深圳教育面临的一系列重大问题，包括：如何使教育跟上一日千里的经济形势，满足人民群众文化生活的需要；如何跟随经济体制的变革，改革教育管理体制以调动各方面办学的积极性；如何改革教育结构，满足现代企业对大量智能劳动者的需求；如何在经济特区的特殊环境下，树立一代新风，培养一代新人；如何把各类学校办成高质的有特色的学校等。

---

① 莱文. 教育改革——从启动到成果[M]. 项贤明，洪成文，译. 北京：教育科学出版社，2004：13.

② 石中英，张夏青. 30 年教育改革的中国经验[J]. 北京师范大学学报（社会科学版），2008，（5）：26.

③ 深圳市教育局. 教育的追求与跨越——深圳教育 30 年（1980—2010）[M]. 深圳：海天出版社，2010：9-18.

　　1988 年 11 月，深圳组织教育发展战略研究，由当时分管教育的副市长林祖基任组长，成立全市教育发展战略总课题组和 7 个分课题组。到 1990 年 10 月形成了《深圳市教育发展战略研究报告（1990—2000）》，提出"适度超前发展，加强社会参与，加速模式转换，以法治教促教，优化教师队伍，提高教育质量"的发展战略。1991 年 4 月，深圳市政府通过该报告，并强调教育发展目标与经济发展目标要衔接，教育发展规模与经济规模要相适应，教育应适度超前，应放在经济和社会发展战略的首位。

　　20 世纪 90 年代，深圳教育发展面临的形势和环境发生了深刻变化，深圳面临着第二次创业的重大任务。1995 年，深圳市委、市政府出台《关于加快深圳教育改革和发展的若干意见》，明确提出深圳在进入第二次创业期，"必须坚持'科教兴市'战略，增创人才新优势，努力建设教育强市"。2000 年，深圳市委、市政府颁布了《关于加快实施科教兴市战略，推进教育现代化的决定》，全面确立了"科教兴市"战略。

　　进入 21 世纪以后，深圳在成为广东省第一个教育强市并全面实现城镇化的基础上发展教育。这一时期，深圳发展已经明显受到土地、资源、人口、环境等"四个难以为继"的制约。2004 年 6 月，深圳市召开建市以来的第一次全市人才工作会议，确立"人才强市"战略，努力建设人力资源强市。

从教育与经济社会的"同步发展"到"适度超前发展"进而到"科教兴市""人才强市"战略的确立和全面实施，教育的发展与经济社会的发展紧紧联系在一起，教育的经济与社会服务功能得到极大强化，切实地体现了教育在现代社会发展中教育的全局性、基础性和先导性地位和作用，反映了深圳对教育现代化认识的深化和实践自觉。

外部社会力量推动地方政府教育改革，具有合理性和必然性。其一，从经济因素来看，经济社会状况是地方政府教育改革的出发点和物质保障。一个地区的经济社会发展现状如何，处在何种发展阶段，综合实力如何，这是在制定改革政策前必须首先考虑的。一般来说，教育改革必须在经济实力允许的范围内，这样才能获得贯彻实施所需要的财力、物力等各种经济资源的充分支持，经济实力决定了教育改革的可行性和有效性。其二，从政治因素来看，政治体制和政治文化是一个地方政府教育改革的组织环境保障。教育改革能不能改、怎么改，在很大程度上受制于现实体制。比如，一个下级政府制定的改革政策，是否可行，首要的制约因素就是上级政府所赋予的管理权限是否允许。一定的政治文化环境，如社会思潮、公众舆论等，往往是某种社会改革的前兆，显示出社会上一定的利益集团或政治集团的要求和倾向，因而也是教育改革的重要依据。美国的卡扎米亚斯和马西亚拉斯在研究了教育的传统与变革后指出，"所有社会，在民族危机和重大事变时期之后都有过重大教育改组的尝试"①。1958 年，美国《国防教育法》制定，这是苏联人造卫星上天之后，美国所做的一项重大的教育改革举措。其三，全球化和信息化的趋势是地方政府制定教育改革政策的一个重要变数。经济全球化和国际组织的存在，使得国家和地区在某些政策领域丧失了部分决策权，或者对各国和地区的政策制定产生明显的影响和效应。比如，联合国教育、科学及文化组织国际教育发展委员会在历经一年调研，考察了 23 个国家以后，于 1972 年 5 月编写出版了《学会生存——教育世界的今天和明天》一书。这本书对 20 世纪 70 年代以来世界各国的教育改革与发展产生了非常深刻和极其深远的影响，书中关于教育的四大支柱的建议、关于学习化社会阐述、关于终身教育体系的建构等，基本上都被世界各国所采纳和吸收。除了联合国教育、科学及文化组织外，1968 年，国家经济合作与发展组织建立了教育研究与革新中心。1972 年，17 个亚洲国家成立了亚洲教育革新促进发展中心。同年，阿拉伯国家教育部长会议决定设立阿拉伯国家教育革新战略起草委员会。这些国际机构提出了大量跨国性的改革主张，对各国地方政府教育改革都有重大影响。②

　　未来地方政府教育改革的社会性质更加突出，教育改革与社会改革的联系更加密切，一方面，经济社会改革决定了教育发展的目标、性质和方向，为教育发展提供了雄厚的经济基础；另一方面教育改革为经济社会发展提供了文化、智力和人才支持。同时，从历史的教训来看，教育改革过分强调外在因素，以至于忽视教育自身的发展规律，就容易导致教育活动的畸形发展和严重失调，甚至导致整个教育改革的失败。因此，教育改革不应该简单照搬经济社会领域改革的内容和模式，而应该在遵循人的发展规律和教育规律的指导思想下进行，并在一定社会发展条件下推动教育自我发展与完善。从现代社会的发展来看，在何种程度上重视人的问题，是衡量一个社会进步与否的尺度。同理，我们在何种程度上重视学生个体的发展问题，是衡量一项教育改革合法与否的尺度。因为教育的对象是人，教育的直接作用是影响人的身心发展，教育的价值和功能最终主要是通过受教育者的变化来实现的。教育改革只关注社会、服务社会还不足以认识教育的全部，也不足以把握教育活动的规律。

---

① 卡扎米亚斯，马西亚拉斯. 教育的传统与变革[M]. 福建师范大学教育系，等译. 北京：文化教育出版社，1981：231.
② 吴忠魁，张俊洪. 教育变革的理论模式[M]. 成都：四川教育出版社，1988：7.

三、中央统合主义是地方教育改革的核心原则

20 世纪 80 年代以来，从素质教育改革到基础教育课程改革，从农村教育综合改革到城市教育综合改革再到教育领域综合改革，地方政府教育改革的主题无不与中央政府推行的改革高度吻合，体现了中央统合主义的改革思路。所谓的中央统合主义改革，指的是地方政府的制度创新要么源于中央政府的指令，要么得到中央政府的许可和认同，中央政府是地方政府制度创新的最终权威。而中央政府通常会在地方政府改革开始之前，就制定出预定目标、改革规程、改革策略和组织，甚至一系列技术性的操作机制，并以标志性的统一标准和统一模式在全国范围内有计划地层层推进，最终在各级地方政府实现各项改革策略中落实①。

中央统合主义主要体现为两个方面：一是中央政府在地方试点，取得经验，然后在全国推行。这是中国特色的政策理论的一个基本内容。邓小平同志就指出，有些问题，中央在原则上决定以后，还要经过试点，取得经验，集中集体智慧，成熟一个，解决一个②。改革开放以来，我国地方政府进行的规模较大的教育改革，一般都是由中央政府首先整体规划，确定改革步骤，然后在地方政府试点，步步推进，之后，以中央的名义对试点模式进行规范性描述并在全国推行。2001 年，我国启动的义务教育阶段新课程实验就明显具有这种特征。

义务教育阶段新课程实验③

2001 年 6 月，国务院召开全国基础教育工作会议，印发了《国务院关于基础教育改革与发展的决定》，大力推进基础教育课程改革，同时决定启动义务教育阶段新课程实验。实验工作于 2001 年启动，2005 年完成。2001 年，在教育部确定的国家实验区开始新课程实验；2002 年，原则上各省在其所属的每个地级市确定一个省级实验区，全国实验规模达到同年级学生的 10%～15%；2003 年达到 35%左右。2003 年秋季，在两年实验的基础上，修订义务教育阶段课程设置方案、各学科课程标准、《地方课程管理指南》《学校课程管理指南》和中小学评价与考试的改革方案。2004 年，进入全面推广阶段，全国起始年级启用新课程的学生数达到同年级学生数的 65%～70%。2005 年秋季，中小学阶段各起始年级原则上都启用新课程。

---

① 沈祖华，钟伟军. 中国地方政府体制创新路径研究[M]. 北京：中国社会科学出版社，2009：35.

② 邓小平. 邓小平文选（第二卷）[M]. 2 版. 北京：人民出版社，1994：341.

③ 教育部关于印发《开展基础教育新课程实验推广工作的意见》的通知[EB/OL]. http://old.moe.gov.cn/publicfiles/business/htmlfiles/moe/s8001/201404/167350.html[2016-08-06].

二是默许地方政府创新，但事后必须得以中央确认。在全国统一方案拿出来以前，可以先从局部做起，从一个地区、一个行业做起，逐步推开。中央各部门要允许和鼓励它们进行这种试验。试验中间会出现各种矛盾，我们要及时发现和克服这些矛盾，这样才能进步得比较快。[①]1994 年，我国实施财税体制改革以后，地方政府经济利益日益独立化，中央政府开始有选择性地容许地方政府进行自主性制度创新，并且将越来越多的体制性创新空间下放给地方政府，地方政府教育改革的活力得到极大增强，地方教育制度创新奖所评选出来的教育改革案例便是很好的例证。这种改革方式虽然不是中央政府事先规划，但依然受到中央的"授权约束"，并在事后得到中央的权威认可。以基础教育集团化办学改革为例，最早是由杭州市求是小学进行了类似集团化办学的探索，然后在杭州市全面铺开，作为推进基础教育均衡发展的一个重大改革政策。2012 年，国务院颁布《关于深入推进义务教育均衡发展的意见》[②]，指出要发挥优质学校的辐射带动作用，鼓励建立学校联盟，探索集团化办学，提倡对口帮扶，实施学区化管理，整体提升学校办学水平。至此，中央政府对基础教育集团化办学改革进行了权威性的认可。

杭州市基础教育集团化办学探索[③][④]

20 世纪 90 年代以来，随着杭州市经济社会的发展和城市化进程的推进，人民群众对优质教育的需求不断增高，由于校际间办学水平的不均衡，择校风逐渐兴盛。特别是随着新兴住宅小区的大量兴建，其周边配套学校因为办学历史和办学质量等得不到家长的认可，更是使择校风愈演愈烈。如何扩大优质教育资源，使优质教育资源配置最大化，成为摆在地方政府面前的一道难题。

1999 年，杭州市西湖区求是小学试行连锁办学，接管竞舟小学。2001 年，求是小学创办求是星洲小学，新学校实行求是统一的办学标准。求是小学在全国最早开启了义务教育公办名校集团化办学的探索。经杭州市西湖区人民政府批准，求是教育集团于 2002 年 12 月 8 日正式挂牌成立，成为我国第一个以实现义务教育优质均衡化为目标的公办基础教育集团。

2002 年，杭州市政府在《关于深化改革加快发展率先实现基础教育现代

① 邓小平. 邓小平文选（第二卷）[M]. 2 版. 北京：人民出版社，1994：150.

② 关于深入推进义务教育均衡发展的意见[EB/OL]. http：//www.gov.cn/zwgk/2012-09/07/content_2218783.htm [2015-08-28].

③ 义务教育阶段择校的治理经验——以杭州市为例[EB/OL].http://learning.sohu.com/20140829/n403898208.shtml [2015-08-16].

④ 蒋亦丰，董少校，王强. 集团化办学，怎么"办"？[N]. 中国教育报，2017-4-18，（4）.

化的决定》中明确指出：可以优质学校为龙头，组建跨地区、跨类别学校的教育集团，通过资产和人员重组，改造薄弱学校，提高教育质量和办学效益。2004 年，杭州市召开基础教育工作会议，确立实施名校集团化战略，这是杭州市推进基础教育均衡发展的重大举措。

杭州市教育集团的具体运作方式为：以行政指令为主，兼顾学校共同意愿，将一所名校和若干所学校组成教育集团，以名校为龙头，在教育理念、学校管理、教育科研、信息技术、教育评价、校产等方面统一管理、资源共享。在内部结构组成方面，通过"名校+新校""名校+弱校""名校+农校（农村学校）""名校+名企"等多种形式，推动名校资源利用效益最大化，教育投资多元化，促进优质基础教育资源快速扩充，实现优质教育的均衡化、平民化、普及化，较好地破解了"上好学难"的问题。

这种改革策略在中国 30 多年教育改革进程中获得了很大的成功。这种改革成功的原因在于，地方政府的自主创新并未削弱权力内核的核心控制力，只是控制内容和方式有了很大的变化。[①]但是，其弊端在于，如果地方政府本身对某项改革并没有自身的认识和判断，包括对地方特定的制度环境的分析，对微观主体的特定需求的把握等，就有可能导致改革的失败。另外，如果地方政府在无法依照中央方案而又必须执行的情况下，可能产生"上有政策，下有对策"等政策变通行为。

对于中国这样的一个超大型国家来说，如何保持社会稳定性是中国在现代化转型中面临的严峻挑战。地方政府改革的重要前提，是必须维持政治体制的相对稳定性和继承性。因此，中央统合主义仍将是今后中国教育改革的主要策略，在中央统合主义的前提下，教育改革的主题会更加突出地方特质。从各地的教育发展"十三五"规划来看，教育的地方色彩非常鲜明。例如，深圳教育发展"十三五"规划中，教育开放体制改革被作为一项重大教育举措提出，这是深圳城市特质的体现。与国内其他城市相比，深圳的城市特质主要体现为：一是多元性和包容性。深圳是一个移民城市，外来人口远远超过本地人口。二是平等性、竞争性和法制化。这是一个成熟的市场经济社会的基本特征。三是开放性和国际化。这是深圳迈向国际化大城市的必由之路。深圳移民城市的特点、市场化发展历程和国际化定位，深刻影响深圳教育的发展和规划。这种影响，集中体现在深圳教育的开放性特点上。另一个重大改革举措是，针对长期以来高等教育发展的短板，深圳市委、市政府在教育发展"十三五"规划的基础上，于 2016 年出台了《关于加快高等教育发展的若干意见》，提出到 2025 年，深圳高校争取达到 20 所左右，

---

① 徐勇. 内核—边层：可控的放权式改革——对中国改革的政治学解读[J]. 开放时代，2005，（2）：98-111.

全日制在校生约 20 万人，3～5 所高校综合排名进入全国前 50 名。这是深圳市建市以来第一个专门针对高等教育发展的文件。深圳市教育决策者认为，与国内其他大城市相比，深圳高等教育整体规模偏小而且人才培养层次偏低，全日制在校生 9.05 万人，本科以上层次在校生仅占 52%，难以满足深圳经济社会发展对高层次人才的需求。对于高等教育发展的迫切需求，也颇具深圳地方色彩。

四、强政府决策是地方教育改革的第一动力

改革的核心就是要解决社会利益的分配问题，所有的改革政策最终都表现为对社会利益关系的处理。在西方社会，社会结构分化较为明显，各种政治力量往往作为特定利益群体的代表出现，其社会性利益表达现象比较普遍，因而西方教育改革的决策过程更多地表现为各种政治力量互动博弈的过程，政府在很多时候并不是地方教育改革的主要推动者。在中国，由于社会结构分化程度还不太高，社会利益的表达与综合并非由各种社会结构来承担，而是由政治系统内部权力精英，即党组织和政府内部的官员通过分析、研究和调查将他们所认定的社会利益输入到公共政策中去。①因此，从中国各地的教育改革实践来看，强有力的政府是教育改革决策的第一动力。一般而言，地方政府根据党和国家的经济社会发展任务确定改革目标以后，会制定相应的教育规划和方案作为具体实施的行动计划。虽然相应的教育规划或方案在确定之前也会征求不同部门、不同层面人群的意见，但改革的纲领和核心思路主要还是由政治权力精英制定的，来自第一线的校长和教师往往并不参与其中。例如，在深圳市教育局编著的《教育的追求与跨越：深圳教育 30 年（1980—2010）》一书中，就明确提及，规划引领深圳教育的科学发展。

> 深圳十分重视教育发展规划。1980 年，特区刚刚建立，就完成了《深圳市城市建设总体规划》，1983 年提出《深圳经济特区社会经济发展大纲》，1985 年提出《经济特区总体规划》。1991 年提出《深圳市教育发展战略研究（1990—2000）》，2001 年提出《深圳市教育发展十年规划（2001—2010）》，2006 年提出《深圳市教育发展"十一五"规划暨 2020 年远景目标》，当前正在着手编制《深圳市教育发展"十二五"规划》。由此可以看出，深圳教育发展的每一个阶段，都有相应的规划，可以说，深圳教育是在规划引领下发展的。②

就中国现实的国情来看，没有一个强有力的政府就无法应对转型期社会的各

---

① 陈振明. 政策科学——公共政策分析导论[M]. 北京：中国人民大学出版社：2003：242.
② 深圳市教育局. 教育的追求与跨越：深圳教育 30 年（1980—2010）[M]. 深圳：海天出版社，2010：348.

种尖锐矛盾和挑战，无法保证社会秩序和政治稳定。一些西方政治理论研究家也比较认可这一点。亨廷顿认为，转型期社会的政治稳定主要取决于政党的力量，而政党力量的强弱及其与政党数量的关系是随着现代化程度的不同而变化的。现代化水平高，那么不管政党的数目有多少，都可能是强大的；而现代化水平低，则一党制可能是强大的，也可能是弱小的，但多党制则无一例外是弱小的。他明确指出，处于现代化中的国家，一党制较之多元政党体制更趋于稳定。[①]

为了避免政府决策的误区，党和政府提出了"一切为了群众、一切依靠群众、从群众中来、到群众中去"的决策方法[②]，即通过走群众路线，全面了解客观情况，如实把握客观规律，并充分吸纳群众意见和建议，将群体的根本利益纳入到政策制定中去。"一切为了群众"，是从绝大多数人的利益出发，提出决策必须满足的条件，确保了决策的合法性与合理性；"一切依靠群众"，是将群众作为监督、制约政府的重要外部力量，减少或避免政府因自身利益而出现的权力寻租现象；"从群众中来、到群众中去"，是通过这样一种途径，为政府决策提供可靠的信息来源。由此，我国政府政策的形成实际上是由政府自身对各方利益进行综合考量、判断之后的表述。无疑，政府可能会成为各种利益冲突、博弈的聚焦点而饱受争议。

随着改革开放步伐的加快，我国的社会客观环境发生了变化，社会结构也逐渐呈现高度分化的趋势，随着"自下而上"的政策要求增多，客观上也会推动改革决策主体的多元化，这是当前政治决策所面临的问题。从国家治理体系改革的整体推进来讲，就是要建立和完善公众参与的制度和机制，通过公众参与的方式把各种社会利益反映出来，形成一种博弈关系，从而在有序的公众参与中形成一个体现多数人利益的改革方案。

五、自上而下推进是地方政府教育改革的基本路径

教育改革的路径选择大致可以分为自上而下、自下而上、自上而下与自下而上结合三种模式。目前，大多数地方教育改革还主要是通过行政力量自上而下地组织完成，这也是强政府改革的特点。同时，传统计划经济体制所形成的路径依赖，使得过去计划经济时期行政命令式的行为模式，非常明显地体现在地方政府改革的惯性中。自上而下的教育改革，其基本路径是，上级政府根据某一时期的经济社会发展核心任务确定教育改革目标，形成政策偏好，并设计改革路线图，提供相应的改革保障条件；上级政府的教育举措传递给下级政府，下级政府再传

① 亨廷顿. 变化社会中的政治秩序[M]. 王冠华，刘为，译. 上海：上海三联书店，1998：393.

② 关于建国以来党的若干历史问题的决议[EB/OL]. http://view.news.qq.com/a/20140811/014375.htm[2016-07-12].

递给学校，学校再传递给教师，逐级执行改革内容，落实改革目标。这种模式比较强调上下层级之间的指挥命令关系，注重上级政府对于下级政府的政策指挥、监督与控制。

为了使改革能够顺利推进，地方政府往往采取行政和舆论力量来进行动员和推进。①行政责任制。面对每次改革任务，各级地方政府都会制定相应的政策文件，建立由地方官员牵头的改革领导小组，通过自上而下、层层落实文件形成强有力的行政力量保障，有时还以签订责任书的形式将这种力量予以强化。②行政绩效考核。在地方政府改革过程中，上级政府往往会将改革目标分解为一系列指标体系，作为考核下级政府或学校的重要内容，并以完成的实际情况来决定是否实施奖惩。③政策宣传造势。一项改革政策制定之后，对内通过举办各种宣传动员会、政策培训班、经验交流会，提升下级政府及学校对改革政策的理解和执行水平；对外通过政府控制的主流媒体大造声势，形成强大的社会舆论。例如，2001年推进基础教育课程改革时，各地方主流舆论对此进行了积极动员，呼吁学校和社会热情支持教育领域内的新一场革命，同时也不鼓励、不提倡、不发表对改革本身存在争议或讨论的文章。④以点带面抓典型。通过发现、培养、树立一批典型，以典型示范，推动整个面上的工作发展。一般性的宣传难以有号召力，"喊破嗓子，不如做出样子"，通过鲜活的典型树立人们改革的信心。

素质教育的汨罗模式①

1996年第2期《人民教育》发表长篇通讯《大面积推行素质教育的探索》，对湖南省汨罗市中小学教育改革进行了报道。汨罗市的主要做法是：三个控制与四个面向——控制重复教育、控制留级率、控制班额，面向属地每一类教育、面向每一所学校、面向每一个学生、面向学生的每一个方面；把"两全"（全面贯彻党和国家的教育方针，全面提高教育质量）落实到每一堂课以及实行目标管理。刊物出版后，时任副总理的李岚清在半个月之内两次批示，肯定汨罗经验。1996年5月，李岚清同志亲自考察汨罗市教育，指出"汨罗经验非常可贵，要逐步在全国推广"。汨罗的素质教育经验在全国引起巨大反响，全国各地到汨罗考察学习的人数一年之内达8万，汨罗成为素质教育的特大典型。

从党的十二大将教育作为现代化建设战略重点之一，到党的十三大强调必须坚持把教育事业放在突出的战略位置，党的十四大首次提出必须把教育摆在优先发展的战略地位，党的十六大提出教育是科技和人才基础，必须摆在优先发展的战略地位，党的十七大提出教育是民族振兴的基石，再到党的十八大提出的教育

---

① 人民教育编辑部. 人民教育60年报道的最有影响力事件与人物[J]. 人民教育，2010，(9)：7.

是民族振兴和社会进步的基石，充分说明地方政府对教育事业的政策支持和保障有力，也使各级政府官员在教育改革中担当了很大的责任和压力。这种自上而下的改革主要依靠行政命令、宣传动员、检查落实、典型带动等方式推进，效率比较高、执行力强、改革的过程容易控制，但也存在一定程度的风险。首先，处于改革核心和主导地位的政府官员，承担了较大的政治风险，一旦某项教育改革无法取得预期的成效，他们就可能成为舆论中心。其次，政府偏好代替所有的偏好，有可能导致强制性的制度供给与现实的制度需求之间脱节。而且地方政府是改革的核心力量，其他力量难以对其形成制约。当改革与政府官员的利益发生冲突时，政府官员有可能基于某种利益的考虑而绕开改革，出现绕道现象。①最后，处于改革边缘地位的学校管理者、教师、学生家长及教育利益相关体可能产生集体无意识的惰性。教育实践工作者，即一线的校长和教师，是教育改革的真正执行者和贯彻者，如若教育实践者长期处于被上级要求、被上级布置的状态，他们一是可能有抵触情绪，消极对待，二是可能对改革的关注度降低，主动变革教育的动力弱化。因此，即使是行政力量发起的改革确实针对了学校教育中的严重问题，也可能使改革的效果大打折扣。

从今后的发展趋势来看，自上而下和自下而上相结合的改革策略，将为我国地方教育改革提供合理的创新机制驱动力。也就是说，改革方案的执行过程不是完全由上级政府及其官员的法令、规则所控制，而是由改革利益相关体、执行者之间的讨论、磨合所塑造，学校及教师适度的自由裁量权将得到尊重和发挥。这是一种多样化的推进方式。联合国教科文组织在观察了世界各国的教育改革实践后指出，"有助于教育改革的三个主要有关方面：一是当地社区，尤其是家长、校长和教师；二是公共当局；三是国际社会"②。过去教育改革中的许多不成功现象，是某一些方面或多个方面对自上而下的改革产生了排斥导致的。采取民主的推进方式，是教育改革过程有效性的保证。③

第三节　地方政府教育改革的主要矛盾分析

教育活动是主体间关系的活动。在地方政府教育改革这一活动中，至少存在地方政府与中央政府、地方政府之间、教育系统与行政系统、教育系统内部之间

---

① 沈祖华，钟伟军. 中国地方政府体制创新路径研究[M]. 北京：中国社会科学出版社，2009：42.

② 联合国教科文组织中文科. 教育——财富蕴藏其中[M]. 北京：教育科学出版社，1996：14.

③ 吴康宁. 教育改革成功的基础[J]. 教育研究，2012：24-31.

这四对关系，它们奉行的立场、逻辑与原则既有吻合之处，也有相异之处。

一、中央设计与地方首创

在中央与地方构成的权力结构中，中央处于内核，拥有较多的权力资源，居于主导地位；地方处于边层，但地方也不完全是消极被动的存在，也可能以各种方式影响中央。由此，权力的内核与边层就形成一种在权力内核控制之下的互动关系，也可称为张力关系。徐勇认为，这种互动关系依次表现为三种形式：其一，适应性互动，中央适应地方的改革；其二，引导性互动，中央通过主动性试验，加深对社会规律的认识，建立宏观体制框架，推进改革；其三，自变性互动，中央在适应性互动和引导性互动中改变自身，以增强自己的影响力、吸引力，从而成为改革的主动推动者。[①]

从各地教育改革的实践来看，中央设计的重要性是不言而喻的。首先，中央设计可以提高决策的科学性、全局性，"站得高，看得远"，对教育改革与发展的全局有一个整体的把握和理解，从而统筹安排改革的步骤和顺序，这是地方所不能及的。因此，《中共中央关于制定国民经济和社会发展第十二个五年规划的建议》提出，要更加重视改革顶层设计和总体规划。其次，迈入"深水区"的教育改革，许多困难和问题是地方层面无法解决的，需要中央统筹兼顾、凝聚共识，通过央地结合、部门协调，建立强有力的推进机制，形成改革合力。以义务教育投入为例，投入总量不足、配置不均衡是目前存在的突出问题。特别是中西部地区，教育经费不足一直是困扰和阻碍当地教育改革和发展的瓶颈。这就需要从中央政府层面进一步深化财税体制改革，理顺中央和地方的收入划分，增加地方政府的财力，完善中央和地方各级政府共同负担的教育投入体制；中央通过加大转移支付，支持农村欠发达地区和民族地区义务教育的发展，解决教育经费在区域间的"支出流动"问题，减轻人口流入地政府的义务教育投入压力，提高其接纳进城务工人员随迁子女的积极性。在21世纪教育研究院发起的地方政府教育制度创新奖评选中，中西部地区入围的案例逐渐增多，与中央政府健全补偿性教育支出制度、加大经费支持有重要关系。

但中央设计也是有其局限性的。第一，不能保证其完全正确。顶层设计也是人为设计，只要是人为的，总有理性和知识的局限，不能过分夸大顶层设计的作用。第二，对实践的不了解。一般的顶层设计思路，无非来自两个方面，或者是

---

① 徐勇. 内核—边层：可控的放权式改革——对中国改革的政治学解读[J]. 开放时代，2003，（1）：99-100.

理论研究成果，或者是实践。从理论出发的设计，可能会陷入教条主义的局限；从实践出发进行设计，恰恰又是顶层的短板。特别是在科层制（bureaucracy）管理中，层级越多，顶层就越难了解和接触到实践，而只能通过层层汇报的方式获取关于实践的信息，这时就有可能做出不切实际的决策。第三，贯彻执行难度大。设计与执行是两个程序，现实中如果阻力太大，就会导致设计难以进入执行程序或者偏离设计意图。

因此，中央设计固然重要，但也应尊重地方首创。事实上，改革以来的许多创新实践首先都是来自地方的实践。因为地方政府往往直面问题和压力，改革的意愿强烈，同时与上级政府相比，受到的制约因素相对较少，容易做出改革决策。温州民办教育综合改革就是近年来少有的推进政策突破的典型案例。自 2002 年《中华人民共和国民办教育促进法》颁布以来，针对民办教育发展中诸多政策瓶颈，教育行政部门、民办教育界及理论界均表达了强烈的改革愿望，对存在的问题也有比较清醒的认识，但真正从实践层面推进的改革还比较有限，特别是缺少从民办教育发展全局出发突破现有政策瓶颈的综合改革。具有制度创新传统的温州在民办教育综合改革方面进行了大胆的首创探索。

温州民办教育综合改革①

2010 年以来，温州民办教育在很多方面先行先试，较多地突破了现行的许多政策，主要表现在以下方面。

一是明确营利性与非营利性的分类标准和登记管理办法。《中华人民共和国民办教育促进法》和相关法规并未对民办学校分类做出明确的规定，导致许多政策无法落实。温州将民办学校明确划分为营利性与非营利性两类，分别按照企业法人和民办事业单位法人进行登记管理，在民办学校法人分类上取得了重要突破，其中建立"民办事业单位"法人类型是重大创新。

二是突破民办教育投资融资的瓶颈。组建国资引导、民资参与的教育担保公司，为民办学校提供短期资金周转、贷款担保等服务。支持民办学校依照国家规定利用捐赠资金和办学结余设立教育基金，通过专业基金运营机构运作，实现保值增值，鼓励营利性民办学校探索创建教育私募股权投资基金，发展教育产业等，这些都是新的制度创新。

三是创新对民办教育的优惠扶持方式。①积极开放教育投资，吸引民间资本创办优质学校。②对登记为民办事业单位法人的民办学校，根据在校生人数，按当地上年度生均教育事业费（包括预算内外）的一定标准进行补助。

---

① 单大圣. 教育体制改革的政策突破——以温州市民办教育综合改革试点为例[J]. 浙江教育科学，2014，（4）：3-7.

③非营利性民办学校依法享有公办学校同等土地、税费等优惠政策。④非营利性民办学校实现分等设限、自主定价的收费政策。

四是明确了民办学校的产权和合理回报政策。产权不清晰，合理回报政策缺失，是民办学校难以稳定健康发展的重要障碍。温州对此进行了比较清晰的规定，主要是明确各类民办学校在财产的归属、使用、收益、处分等方面的权利、义务和责任；对登记为民办事业单位法人和企业法人的民办学校实行不同的会计制度，加强学校财务规范化建设；规定了合理回报的具体政策。

五是建立民办学校教师保障新机制。参照公办学校教师绩效工资标准，制定并落实了民办学校教师工资指导线；建立政府支持的民办学校教师社会保障新制度；落实民办学校教师平等待遇，民办学校教师在表彰奖励、职称评聘、评优评先、人才政策、困难救助等方面，与公办学校教师享有同等待遇。

温州改革试点政策出台后，产生了多方面的积极效果。民办学校教师流失率明显下降，师资水平提升迅速，极大提振了民办教育界的信心，外地优质教育资源到温州投资办学的意愿强烈。

从温州的改革实践看，各地为解决本地问题，不乏推动教育体制改革的积极性和强烈愿望。地方蕴藏着无穷的改革力量和智慧，是推动教育政策突破的重要力量，应该得到充分尊重和保护。当然，地方首创也有局限性。如果这种首创行为未得上级政府或中央的认可和推广，其影响面就非常小，很可能就是昙花一现。因此，中央设计和地方首创的关系实际上是相辅相成的，地方首创是来源，中央设计是方向和基础，两者相得益彰。在处理中央设计与地方首创这对关系上，最主要的是中央要加强制度创新。首先，中央要改变领导方式，进一步下放权力，尽可能从竞争性的经济领域中退出。中央决策要超越各种社会矛盾，协调各方利益，成为社会公共利益的最终代表者，从而增强对社会的吸附力。其次，推动中央与地方的分权制度化，使地方行为有明确的制度性预期。同时，中央要运作控制资源和分配财富的特殊权力，扶持弱势群体，缩小地区差异，促进均衡发展。

二、地方竞争与政府失灵

1994 年分税制度改革以后，伴随着地方政府成为一个相对独立的经济实体而来的是地方政府之间的广泛竞争。在地方官员晋升"政治锦标赛模式"驱动下，也更加剧了地方政府为政绩而博弈的激烈程度。地方政府竞争对于加快区域经济发展，提升公共产品的供给质量和效率，推进地区居民福利最大化都有积极效应。地方政府竞争也是一把双刃剑，在带来经济繁荣和发展的同时，也可能导致公共产品扭曲供给，地方保护主义盛行，阻碍国家宏观经济，等等。

在基础教育领域内，同样存在着地方政府之间的竞争。在我国基础教育改革与发展过程中，地方政府竞争成为基础教育发展的重要驱动力量。地方政府竞争调动了地方政府的积极性，整体上扩大了基础教育资源总量，促进了基础教育发展，有助于实现自下而上的基础教育制度创新。但地方政府的教育竞争也不是万能的，可能会导致政府失灵。

第一，有可能导致教育的"公用地灾难"。美国学者哈丁（Garret Hardin）于1968年提出了"公用地灾难"的经典描述。他说："在信奉公用地自由化的社会中，每个人都追求各自的最大利益。这是灾难所在。每个人都被锁在一个迫使他在有限范围内无节制地增加牲畜的制度中，毁灭是所有人都奔向的目的地。"[①]也就是说，地方政府为了谋求自身的利益，有可能不顾全局或其他地区利益，形成地方与地方之间的过度竞争和地方保护主义，而把宏观调控的责任都交给中央，形成"公用地灾难"。以中央提出的进城务工人员随迁子女义务教育"两为主"政策为例，一方面流入地政府固然也存在着教育资源有限，教育责任扩大等问题；另一方面也有不少流入地政府从地方保护主义的角度出发，更多考虑的是本地的利益诉求，因而会通过制度性的寻租与中央展开博弈。因此，流入地政府会提出借读费、择优录取或者提供烦琐的申请材料等软性约束政策，使得进城务工人员子女接受教育有一定的障碍。

第二，有可能导致中央制定的教育政策出现异化现象。我国教育改革走的是中央统合主义路线，中央政府处于改革的主导地位，由中央政府制定改革的内容和形式，并通过纵向行政关系自上而下地实施改革行为。在区域竞争格局中，地方政府为了快速取得竞争成效，往往会在中央政策的基础上降低政策的水准线，并根据自身利益和偏好有选择地、有偏差地推进教育政策创新，从而阻碍国家教育改革的整体推进。具体表现为：①选择性的推进。截留中央政府的教育政策，只选择对本地有利的方面进行改革。以农村中小学撤点并校政策为例，其初衷是减少资源配置浪费，因地制宜调整农村义务教育学校布局。但是有的地方政府为了追求教育"政绩"，借机大规模撤减农村中小学，以"提前""超额""提速"完成布局调整作为口号和目标，同时盲目地扩大合并后中心学校的办学规模，以办"大校""花园式学校"等为办学方向，一方面加重了教育成本，导致边远、贫困

---

① 陈天祥. 中国地方政府制度创新的利弊分析[J]. 天津社会科学，2002，（2）：78.

山区的学生遭遇求学危机，加剧了当地辍学率的上升；另一方面导致了教育资源新的浪费。②曲解性的推进。用所谓的改革精神曲解中央政府政策，突破中央政府的政策限制。例如，个别地方以公办学校改制为名，整体变卖公办学校，导致国有资产流失。③忽略性的不执行。促进全体学生全面发展是基础教育课程改革的一个重要价值取向，但是现实存在的县与县之间、市与市之间的高考竞争，使得以考试为指挥棒的应试教育依然大行其道，素质教育政策在很多地方推行困难。

此外，地方政府间的教育竞争也可能导致区域教育不平衡。中西部的大部分地区改革起步较晚，并不像东部地区那样有较好的改革积累，所得到的特殊政策也不如东部地区多，因而教育改革的能力和意愿较低，教育发展的步伐很难加快；而东部地区本身就有经济社会发展的先发优势，拥有其他地区所不具有的对改革成本的支付能力，可以对传统的教育体制进行较为深入的变革和改造，从而屡次站在教育发展的前列。基础教育发展的"马太效应"由此形成，这也加剧了基础教育的地域分割和教育不公平，给基础教育发展造成深层次障碍。

正确认识和评价基础教育发展中的地方政府竞争，利用相关政策措施激励其发挥积极作用，限制其产生消极影响，是当前我国区域教育发展所面临的一个重大挑战。首先，中央政府应加强地方政府之间的竞争治理。从政策制定的角度强有力地监管制度，改变不合理的教育评价机制，加强宏观调控，维护良性竞争秩序。其次，地方政府之间应该加强合作，从竞争关系向地方"竞合"关系发展。从地方长远利益来看，地方政府更应该倾向于选择合作而不是对抗竞争。①在长江三角洲地区，已经建立类似的教育竞合组织，内容涉及中小学教育、民办教育、职业教育、高等教育等方方面面，就是试图打破区域教育发展壁垒，探索区域教育一体化建设，提升区域教育的整体水平。在这一地区，教育竞合组织和会议有："长三角"高校毕业生就业工作合作组织、"长三角"城市群教育科研协作共同体、"长三角"教育协作会议、"长三角"地区民办教育高峰论坛、"长三角"地区职业教育联动发展推进会等。2014年6月，《教育部关于进一步推进长江三角洲地区教育改革与合作发展的指导意见》印发，要求上海市、江苏省、浙江省、安徽省加强教育协作，将区域教育合作上升到国家政策层面。主要内容：一是完善合作体制机制。推进深度合作，使教育协作由"活动型"向"机制型"转变。打破行政区划限制，研究制定"长三角"地区教育合作地方性政策法规和教育一体化发展规划，探索建立区域教育发展跨省决策、执行、监督的协作机制。二是协同推进教育改革。聚焦教育管理体制、办学体制、人才培养模式、考试招生制度等方面改革，增强区域教育改革的联动性，使教育改革从"各自突进"向"区域联手"

---

① 邓秀萍，刘骏. 从竞争走向竞合——中国地方政府竞争问题研究[J]. 人文杂志，2007，（4）：76-80.

转变。三是坚持优势互补、互利共赢。搭建更加广阔的交流合作平台，不断发展壮大合作主体，强化各级教育行政部门、各级各类学校尤其是高校之间的有效联合，进一步提高区域教育整体水平。再次，完善地方政府绩效考核机制。以 GDP 为主导的绩效考核被普遍认为是地方政府产生恶性竞争的主要原因之一。建立新的绩效考核机制，将 GDP 指标考核逐渐转向对公共事务管理质量的考核，来考核地方政府官员的绩效。在基础教育领域，就是要改变地方政府对中考、高考分数"GDP"的追求，促使地方政府竞争从教育资源竞争转向教育制度竞争。最后，引导地方政府由教育资源竞争变为教育制度竞争。制度是一种规则，一种制约人们相互行为的约束条件。要规范地方政府竞争和有效化解地方政府竞争负效应，制度创新是一个关键因素。只有通过制度创新来形成一个更有效的制度安排，才能取得真正和具有持久生命力的竞争优势。高中生源大战就是一个各地教育资源恶性竞争的例子。

高中生源大战何时休[①]

　　每年高考和中考成绩公布后，新一轮的高中招生抢夺又免不了硝烟弥漫。为吸引更多优秀初中毕业生，一些有名气的高中越过管辖区域挑起生源大战，千方百计打听考生信息。珠三角一体化后，中山、珠海、佛山、广州等地的名校纷纷拿出绝招，企图拿到初中尖子生的名单和电话。同时承诺对高分考生免除杂费，提供丰厚的奖学金。一番大战后的结果就是，本地优秀生大量流失。

　　优质生源是学校的生命力，抢生源就是抢发展。在利益诱惑面前，要"珠、中、江"乃至其他城市不搞"生源大战"是不现实的。通过屏蔽前 100 名考生等手段，也不能从根本上防止其他地方的高中过来"挖墙脚"。优质生源流失导致本地高考升学率下滑，终结生源大战，最根本的就是提高本地高中办学的质量。只要教育办好了，质量上去了，其他地方要来抢学生也是抢不走的，反而会吸引其他地方的好学生过来。

　　针对高中的生源大战，全国多地的教育部门连年发文规范，但仍屡禁不止，这是高中无序竞争的后果。前文中提出的"提升本地高中办学质量"，不失为解决高中生源大战的一个良策。但是推动地方政府从现有的教育资源竞争转向制度创新竞争，这才是解决问题的根本。制度创新的竞争，包括改革教育评价手段、淡化升学率宣传，建立科学、合理的高中教育评估体系；合理配置教育教学资源，缩小地区差距、校际差距，营造公平的教育氛围。只有这样，才有望走出生源大

---

① 邱镇尧. 靠什么打赢高中生源大战[N]. 南方日报，2014-07-08，（JC03）.

战怪圈，实现教育公平。

三、地方逻辑与教育逻辑

地方逻辑，指的是地方政府作为"政治人"和"经济人"所持有的经济社会发展的立场和行为。作为中央政府在一个地区的行政代理人，地方政府具有"政治人"的身份；作为地方经济社会中的一个主体，地方政府又具有"经济人"的身份。地方政府的"双重"身份使其行为的目标函数也具有了双重性，既要考虑政治因素，在任期内追求政绩最大化；也要考虑经济因素，追求本地区经济利益最大化。在这样的目标引领下，一切政府活动，都要围绕"做大经济蛋糕"展开。

教育逻辑，指的是教育本身所追求的立场和规律。所谓教育的立场，是指无论教育实施什么样的改革、采取什么的方法，其本身都不是目的，而是一种手段，教育的目的在于人的全面发展。所谓教育规律，是指教育内部诸因素间、教育与外部事物间的本质的、必然的联系，以及教育发展的趋势等。教育改革应该是按照教育的规律来促进人的全面发展。

地方逻辑与教育逻辑既有重合之处，也有冲突之处。从教育的工具价值来看，教育与政治、经济有天然的联系，教育改革必须考虑其他领域社会改革的要求，必须为当地经济社会各项改革事业服务。但是从教育的本体价值来看，教育以培养人为最终宗旨，教育改革也应该服务于这种宗旨，如果一味地强调经济发展的重要性并按照经济发展模式来要求教育，就可能牺牲人的发展。以牺牲人的发展来换取社会发展是不可能长久的。

从各地教育改革的实践来看，这两者的冲突时有发生。在改革开放前，教育改革的主导是政治价值；改革开放以来，其逐渐从政治价值转向经济价值，教育被看成促进经济发展的最大驱动力。在这样的逻辑驱动下，出现了照搬经济模式或经济工具来指导教育的改革行为。例如，为了促进地区经济内涵式发展，我国一些省、市、区以行政首长的名义设置了地区经济质量奖，即省长奖、市长奖、区长奖。同时引进美国卓越绩效管理标准作为评定企业质量的标准。这本来是经济领域内的改革活动，对促进企业改革创新也的确有推动作用。但一些地方政府在中小学也推行卓越绩效管理，将经济管理工具适当改造就作为教育管理工具来推行，这就违背了教育自身的规律。在市场经济环境中推进教育改革创新，教育改革创新往往容易与市场的功利性结合起来，教育改革创新的内在品质往往被扭曲，走上追求短平快的改革或创新，甚至有打着改革创新的旗号谋求各种各样的现实功利，由此改革创新会蜕变为一种形式、一种表演甚至一种折腾。

实际上，从地方政府决策的角度来说，更多遵循的是博弈原则而非科学分析的结果。美国政策研究界提出的渐进分析模式认为，政府决策不是分析的结果而是互动的结果，决策过程是各党派、利益集团及垄断资本集团相互斗争、相互妥协让步的过程，因而在决策过程中，科学分析只是起到微弱的作用。①教育改革的决策也是一个充满斗争和博弈的复杂过程，是各主体利用自身资源捍卫或争取自身教育利益的过程。此时，教育逻辑就必须发挥其指导和纠正作用。所谓指导作用，就是教育改革的方案设计必须在教育规律的指导下进行，教育改革的目标、计划、措施、资源配置等设计必须考虑到教育内外部的关系，以及培养什么样的人和如何培养人等问题。所谓纠正作用，就是当教育发展面临问题与困难时，必须不断进行反思，不断探求教育发展规律，不断地使教育改革活动与教育发展规律相一致。

相反，如果一味强调教育的逻辑，而不顾地方经济社会发展实际，也会导致可怕的后果。一个突出的事例是，在 20 世纪 90 年代末，不少地方的县、乡政府以借款、贷款为代价，超常规、大跨步完成"普九"任务，导致不少农村学校背上沉重的债务。

四、利益主体间的需求差异

教育系统与其他系统最大的不同之处在于，它有众多的利益相关主体。这些利益相关主体包括学生及家长、教育者（教师与学校行政管理人员）、知识工业（教育投资者、研究者、考试组织、出版界）、其他利益集团（工商界）及国家或政府（中央与地方部门的教育行政人员）②，不同的利益主体，其利益既有重合之处，更有不同不处。

首先，政府官员和校长、教师之间存在需求差异。这种差异一般是改革的需求与保守的需求之间的差异。这在自上而下的改革中表现得尤为明显。政府官员希望推行某种新的教育观念与模式，但是校长和教师可能对这种新模式并不了解，甚至反对这种新模式，他们一方面认为采用新模式会付出更多的努力、更多的时间、更多的汗水，另一方面对新付出究竟能获得多大报偿心里并不清楚。因此，他们可能会产生犹豫、困惑，甚至反感。在不能和政府官员抗衡的格局下，校长和教师可能会采取"上有政策，下有对策"的态度，表面上欢迎这种改革，但实际操作上仍按过去的老路走，甚至他们会炮制两套方案应付上级检查。因此，要

---

① 陈振明. 政策科学——公共政策分析导论[M]. 2 版. 北京：中国人民大学出版社，2003：241.

② 马健生. 教育改革论[M]. 合肥：安徽教育出版社，2007：43-44.

调动校长和教师参与教育改革的积极性、主动性，除了传统的思想动员、道德引导和行政要求外，建立相关的激励与评价机制，给予他们必要而合理的利益回报也非常重要。

基础教育新课程改革后，以出版行业为代表的知识工业界也成为非常重要的利益相关体。他们积极推动课程改革，采取各种竞争手段在巨大的教材教辅市场中争夺利益，这种竞争又进一步引发了教育行政部门上下级之间、教育行政部门和学校之间关于教材使用决定权的争夺。

其次，政府官员和学生家长之间存在需求差异。这种差异一般是国家或地方的需求和家长的个人需求之间的差异。一般来说，政府官员的教育改革代表的是国家或地方的全局利益和长远利益，但家长可能更关注自身利益和当下利益。因此，一些教育改革即使看起来符合学生的长远利益，也未必能够获得学生家长的理解和支持。他们更关注的是孩子能否顺利通过考试，能否在将来获得一份体面的工作，这是他们的根本利益需求。所以，我们会发现，政府官员提出基础教育课程改革是"为了中华民族的复兴，为了每一位学生的发展"，并因此而推出一系列改革计划和方案的时候，家长却更关心自己的子女能不能适应新的课程变化和教学变化，这样的改革会不会影响孩子的前途。再如，一些地方教育行政部门出台为学生减负的政策，却遭到本地许多家长的反对。他们认为在现有的招生考试制度没有改革的情况下，这项改革会影响孩子的升学考试甚至今后的就业。如果教育部门坚持不补课、不布置作业，家长就会自己通过请家教、上各种补习班、买各种辅导资料等增加学生的负担，以此来变相地抵制教育改革。随着社会民主化进程的逐步推进，家长作为教育利益相关体，已经成为影响教育改革的一个重要因素。这也意味着，教育改革要获得学生家长的支持，必须更多地兼顾到学生当下的利益和长远发展，至少不能损害、影响学生的升学考试，乃至今后的工作就业。

最后，学校管理者和教师之间存在需求差异。这种差异是管理者需求和被管理者需求之间的差异。以校长代表的学校管理者往往会希望得到上级更多的肯定、更多的奖励，希望学校在自己的任期内有进步和发展，他们就会向教师提出更多的管理要求。这有可能造成学校管理者和教师之间的关系紧张。另外，不同发展阶段、不同职称、不同年龄、不同性别的教师之间的需求也存在某种差异，这种差异本来处于平衡状态，但一旦改革就可能会触及个人或团体的利益，因而也影响他们对改革的态度。既得利益者会竭力维护自己的既得利益，反对进行改革或者试图通过改革获取更多的利益；在旧格局中未能分享到利益的人群，会积极支持改革，希望通过改革来获得一定的利益。

随着学校教育在现代社会中的功能和作用不断凸显，社会对教育和教育改革的关注度不断提升，教育的利益相关主体日趋丰富和多样。如果没有这些利益相关主体的广泛支持，教育改革很难获得成功。对于绝大多数利益相关主体而言，他们在多大程度上支持或赞同教育改革，取决于他们对教育改革结果是否有利于自身的预判。如果他们预判教育改革无利自身，甚至可能损害自身既得利益，就很有可能选择旁观、消极抵触或积极反对的态度与行为。因此，教育改革一方面要坚持教育的基本立场，促进所有学生的发展，以学生的全面发展为根本前提；另一方面要充分考虑其他利益相关主体的合理需求，积极争取他们的支持，从而使教育改革获得广泛的社会认同基础。

第四章 | 地方政府教育改革的合法性与有效性分析

按照政策分析的基本框架，一项改革要取得成功，至少要从价值维度和规范维度两个方面进行研究：一是从价值维度来说，判断的标准是教育改革的特性和作为是否符合人们的价值追求，是否能够得到绝大多数民众的认同。20世纪以后，政府的治理方式较过去发生了较大变化，它不再完全依靠暴力和强制手段，而更多借助于人们的认同和支持。二是从规范维度来说，判断的标准是教育改革是否符合规范和程序，是否能为人的发展和经济社会发展创造条件。

前者，我们称之为教育改革的合法性分析，即社会公众按照教育改革的价值观念是否符合他们的价值观念来确定该改革是合法或非法。它是教育改革的社会基础。后者，我们称之为教育改革的有效性分析，即教育改革在社会公众和利益集团眼中能够满足基本需求的程度。它是教育改革的现实基础。

第一节　地方政府教育改革的合法性分析

一、何谓教育改革的合法性

合法性（legitimacy，又译正统性、正确性、合理性或正当性），是一个被广泛使用的政治概念。它有以下两种不同的阐释范式。

从规范主义的角度来看，一种统治只要符合永恒价值，如正义、真、善、美等，即使它得不到大众的认同和支持也是合法的。相反，一种统治即使获得大众的认同和支持，但不符合某种道德准则和政治标准，也不能称之为合法。柏拉图的理想国、亚里士多德的城邦及孔子的大同社会，都在追求一种至善的道德准则。因此，规范主义的合法性关心的是终极价值是否得以体现，而不管这种统治是否稳定或被大众认可。

从经验主义的角度来看，一种统治的合法性取决于它是否获得被统治者的普遍认同。马克斯·韦伯（Max Weber）提出，合法性是促使一些人服从某种命令的动机，任何群体服从统治者命令的可能性主要是依据他们对政治系统的合法性是否相信。他还认为，统治者一般根据三种理由为自己争得合法性，而被统治者也基于这三种理由来接受他们的统治。这就是传统、非凡的个人品质和法理性，它们构成了人类合法性统治的三种基本形式①，即传统型统治（traditional）、魅力型统治（charismatic）和法理型统治（legal rational）。根据韦伯的观点，现代社会主要以法理型统治为特点，其合法性基础来自人们对正式的、合理合法的制度的尊重。法理型统治与前两种类型统治的差别在于，它将认同的对象由人格化的君主或精英转化为非人格化的法律规则，从而营造了一种普遍主义的精神。经验主义对合法性的解释摒弃了价值关涉，更多的是停留在工具或技术层面的阐释。按照这种逻辑，只要大众对一个政权表示了认可和支持，这个政权就有了合法性，而不在乎这个政权的性质及通过什么手段获得统治。

针对规范主义和经验主义的局限，哈贝马斯也提出了合法性重建的路径。他认为，大众普遍认同未必就具有合法性，要进一步对这种认同进行价值追问，所以合法性意味着某种政治秩序被认可的价值及事实上的被承认。因此，衡量合法性的标准，是一种统治秩序与其所处时代的社会价值规范的相容程度。

由是可知，合法性是政府教育改革行为的最基本条件。美国政治学家罗伯特·达尔（Robert A. Dahl）谈到合法性时，将其比喻为一个蓄水池：只要它能够保持在一定的水平线上，便能保持稳定；它一旦处于这个水平线以下，将身处险境。在借鉴前人研究的基础上，结合对教育改革的本质界定，我们认为影响教育改革合法性的主导因素有两个：一是教育资源是否得到正义分配，涉及在既定教育资源的配置过程中，社会所有成员能否平等、公正、有效地享有公共教育资源，社会弱势群体的利益是否得到考虑。二是社会公众是否接受和认可，涉及教育改革的可接受性问题。这种可接受性包括两个层面，即对教育改革的整体制度安排的认可和对具体改革行为的认可。显然，这两种认可并不完全一致。例如，社会公众对我国第八次基础教育课程改革的认可，并不代表对

---

① 转引自吴惕安，俞可平. 当代西方国家理论评析[M]. 西安：陕西人民出版社，1994：284.

综合课程改革的认可。反之，社会公众对某一具体改革行为的认可，也不代表对改革的整体制度安排认可。

二、当前地方政府教育改革的合法性危机

目前，我国处于教育改革与发展的深入区，也是各种教育问题和利益冲突的突发期，教育问题的解决和利益矛盾的调节都对教育改革合法性有很强的依赖，这对改革政策的合法性问题提出了严峻挑战。具体来说，制约当前我国教育改革合法性的因素主要有以下几个方面。

（一）教育资源分配原则上的偏差

公平与效率是人类社会永恒的理念。公平的理念在人类社会产生之初就开始萌芽，直至成为一种自觉的行为。效率的理念则出现在近代工业革命以后，人们在追求公平、正义的同时，也关注效率在提升社会生产力和社会文明程度中的重要作用。公平与效率是人们对具体事物进行理性判断的基本依据，也因此成为公共管理中的两个最基本的资源分配原则。

从逻辑上讲，公平与效率并不是一对矛盾的概念。公平属于伦理学的概念，效率源于经济学的概念，两者不属于同一范畴体系。但在具体的公共管理中，既要处理公平问题，又要考虑效率问题，因而两者往往会产生矛盾。中国在改革开放初期，总体经济实力较弱，各行各业百废待兴，教育资源总量相对稀缺，必然要考虑有限教育资源的有效配置问题。1978 年 4 月，邓小平在全国教育工作会议上指出："为了加速造就人才和带动整个教育水平的提高，必须考虑集中力量加强重点大学和重点中小学的建设，尽快提高它们的教学水平和教学质量。"[1] 1980 年5 月，中央书记处在讨论教育工作问题时，也提出："在一定时期内，要下决心承认不平衡，条件好的地区要把教育搞好，落后地区就不能要求很高。大城市和小城市不同；城市和农村不同；沿海地区和内地不同；先进地区和落后地区不同。要把重点抓好。教育经费的投资和师资要集中，把先进地区先搞上去。平均要求，什么都搞不上去。"[2] 因此，这一时期各地教育改革的总体思想是承认现实，承认差距，效率优先，兼顾公平，在教育政策取向上实行城市优先和精英教育优先。

效率优先的原则对于促进我国教育快速发展起到了巨大的推动作用，然而国

---

[1] 何东昌. 中华人民共和国重要教育文献[M]. 海口：海南出版社，1988：1607.

[2] 何东昌. 中华人民共和国重要教育文献[M]. 海口：海南出版社，1988：1831.

家并没有有效地平衡公平和效率的关系，相反，还在一定程度上加剧了教育的不公平，带来相当大的负面影响。

1. 两极分化的马太效应明显

一是地区之间的教育不均衡，东部地区与中西部地区的差距越来越大。在东部发达地区，教学信息化已经普遍实现，而西部地区的教育基础却比较薄弱，很多学校的教学设施破败陈旧，一些地区的适龄儿童连上学的条件都没有。在中西部地区的一些人口大省，学龄人口数目庞大，中小学生在校生人数多，导致基础教育各级生均预算内教育事业费和生均预算内公用经费的支出水平始终较低。

二是城乡之间的失衡，城市与乡村的发展水平越来越悬殊。"以城市为中心"的教育经费投入，致使城乡在教育经费的投入上存在着一定差距，农村教育经费严重不足（表4-1）。教育经费投入的差距也影响了师资队伍发展水平。在城乡二元户籍制度基础上产生的城乡二元教育体制，使得一般教师都倾向于向城镇和中心城市流动。

表4-1　1999 年全国普通中小学生均教育经费支出状况[①]

地域	生均教育经费支出		生均财政预算内教育经费支出	
	普通初中	普通小学	普通初中	普通小学
全国/元	1102.50	625.45	625.46	378.72
城镇/元	1423.85	841.11	811.69	515.27
农村/元	861.64	519.16	485.82	310.58
城镇与农村比	100:60.5	100:61.7	100:59.9	100:60.3

三是校际、班际教育的不均衡。这主要表现在重点学校与薄弱学校之间、重点班和普通班之间在设备设施、师资力量、教学质量等方面的差距明显。

上述种种不均衡现象，导致的直接后果就是不同的受教育者在教育机会、教育条件、教育过程和教育结果等方面是不公平的，弱势群体特别是身处农村的弱势群体子女根本无法享受到与城市儿童一样优良的教育环境和充裕的教育资源，在客观上造成了不同的受教育者学业成功上的不平等。从教育起点来看，弱势群体、低收入阶层子女享受的教育资源不均等，同时失学率、辍学率较高。

教育发展不均衡，不仅有损教育公益性，违背了教育的公共性原则，而且导致了阶层差别、区域差别、城乡差别的扩大，影响和谐社会的构建。教育公平问题已经不仅仅是教育问题，更是关系到社会稳定与发展的社会问题。

---

① 农业部农村经济研究中心. 中国农村研究报告[M]. 北京：中国财政经济出版社，2002：616.

2. 经济主义在教育领域大行其道

强调效率优先的另一个后果是，教育与经济的边界逐渐模糊，教育经济主义大行其道。教育产业论、教育市场论在 20 世纪 90 年代一度甚嚣尘上，从边缘位置走向中心位置。[①]在对教育的属性定位上，教育经济主义强调教育的经济属性及教育的经济成分，将基础教育，尤其是义务教育混同于私人产品或准公共产品，试图借鉴或移植市场运作机制来发展教育；在价值追求上，以工具价值而不是人本价值为目标，缺乏对教育公平和教育品质的关注。教育经济主义主要有以下几种表现形式。

一是通过类比经济发展目标设定教育发展目标。在提出教育发展目标时，教育经济主义只突出教育的经济功能，不能理性地看待教育的整体作用；只突出现时的需要，不能从培养未来人的角度前瞻教育的功能。一个突出表现是，对分数"GDP"目标的设定与追求。与经济发展中的 GDP 目标崇拜相类似，教育领域不同程度地存在着分数"GDP"目标，学校与学校之间、区域与区域之间狂热追求入学率和升学率，以分数多少作为考核教师、学校、教育行政官员绩效的核心指标。特别是每年中考、高考成绩放榜之时，关于分数的区域比拼、学校比拼就会形成一轮社会舆论高潮。从 2004 年开始，教育部年年要求各地不得公布高考状元、不得进行成绩排名，但效果甚微。

二是通过类比经济发展思维确定教育发展思维。首先，规模化思维。经济发展往往追求"规模效益"，试图不断通过企业兼并，扩大规模，增加效益。然而教育的规律与经济的规律不同，学校的性质和企业的性质更是迥异。不管是基础教育，还是高等教育，学校发展都有一定的规模要求和限制，这是确保教育的品质使然。[②]根据美国学者罗杰·巴克和保罗·甘普在美国堪萨斯州 13 所高中的调查研究，学校规模与学生参与的数量与质量呈负相关。也就是说，无论是学校提供的课外活动种类还是学生参加课外活动的次数，小规模学校的学生参与度都明显高于大规模学校的。从一些调研报告来看，我国部分地区的农村学校布局调整就受到了规模化思维的影响。许多县域从追求规模效益、节约成本支出出发，强力推

---

① 教育产业论在2004年遭到社会公众最激烈的批评，以至于教育部在当年不得不数次表态反对教育产业化。2004年初，时任教育部部长周济在国务院新闻办公室新闻发布会上说："中国政府从来没有提出教育要产业化。教育具有公共属性和公益性，这是教育的本质属性。"在 8 月份举行的第二届中外大学校长论坛上，教育部副部长吴启迪再次重申，教育部从未把"教育产业化"作为国家政策。9 月 2 日，教育部副部长张保庆接受采访时更是郑重强调："教育部历来坚决反对教育产业化……教育产业化了，就毁掉了教育事业了。"有媒体称 2004 年中国教育产业化神话终结之年。此后，《中华人民共和国民办教育促进法实施条例》和新修订的《中华人民共和国义务教育法》对义务教育的公益性进行了明确规定。各省、自治区和直辖市都按照上述规定，出台了本辖区的政策，对义务教育阶段办学体制改革进行规范和纠正。

② 邬志辉，史宁中. 农村学校布局调整的十年走势与政策议题[J]. 教育研究，2011，(7)：28.

进农村学校撤并，严重损害了农村儿童"就近入学"的权利，农村儿童在交通、住宿、生活等方面的支出增加，也加重了农民的教育支出；县镇小学的规模不断扩张，也极大地影响了县镇小学教育品质的提升。

农村学校布局调整对县镇小学规模的影响①

> 2000年县镇小学（加上教学点）的校均规模是279.64人，到2009年则猛增到850.69人，十年间增加了571.06人，2009年是2000年的2.04倍。2000年农村小学（加上教学点）的校均规模是142.27人，到2009年为185.31人，十年仅增加了43.03人。尽管县镇和农村的小学校均规模在绝对数上还赶不上城市，但从增幅上看，城市、县镇和农村分别为56.11%、67.13%和23.22%，县镇的增幅最大，且比城市高出11.02个百分点。从县域内小学布局调整的走势中可以发现，注重"规模效益"是最基本的价值取向。
>
> 县镇小学的班级规模扩大迅速，由2000年的平均39.44人猛增到2009年的平均48.66人，超过了国家规定的每班45人的警戒线，十年增加了9.22人，且从2005年开始县镇班级规模一直超过城市。不仅如此，在2004—2009年的六年时间里，县镇46～55人、56～65人、66人及以上班级规模超标的班级数量分别增长了36.80%、33.50%、40.71%。

其次，工程化思维。所谓工程，是指涉及时间周期较长，需要诸多人力、物力、财力共同协作的大型而复杂的工作。一个国家或地区在经济发展比较落后的情况下，通过投资工程的方式发展经济，提升综合实力，这本无可厚非。但是，如果将工程泛化，甚至在教育领域中形成一种工程化思维，则可能导致教育行为功利化、短期化。教育中的"面子工程"随处可见，与工程化思维泛化不无关系。

最后，助长了教育中的逐利行为。教育的逐利机制始于20世纪90年代中后期，在亚洲金融危机的推动下，教育产业化的论调在教育界开始泛滥，导致种种教育乱象。其中，教育乱收费的现象最为严重。根据教育部的分析，教育乱收费大致有四种类型：①"生存型"，主要发生在贫困地区的农村中小学和城市薄弱学校；②"发展型"，是学校发展到一定程度后，受到经费等方面的制约，或是解决高标准建设带来的经费压力，而在没有正当批准权限的情况下收费；③"趋利型"，是以补贴结构工资为名进行收费，把收费与教师福利挂钩；④"转嫁型"是一些政府部门向学校乱摊派引发的。②其中，"生存型"和"发展型"乱收费是教育资源短缺导致的异化行为，而"趋利型"和"转嫁型"乱收费则是行政设租、寻租导致的腐败行为。教育乱收费损害了教育的声誉，加重了民众的经济负担，阻碍

---

① 邬志辉，史宁中. 农村学校布局调整的十年走势与政策议题[J]. 教育研究，2011，（7）：25-26.

② 王庆环. 教育部官员详析教育乱收费[N]. 光明日报，2006-03-22，（4）.

103

了教育的良性发展。

（二）教育陷入公信力下降的"塔西佗陷阱"

"塔西佗陷阱"，源于古罗马历史学家塔西佗在《历史》中提及的一个论断："一旦皇帝成了人们憎恨的对象，他做的好事和坏事就同样会引起人们对他的厌恶。"这一论断后来逐渐被引申为当政府失去公信力时，无论颁布的政策是好政策还是坏政策，或是做了好事还是坏事，都会被认为是坏政策或做坏事情。[①] 20世纪以来，随着经济的发展，诸多社会问题也在叠加，公共问题的复杂性、动荡性和多元性，政府公信力下降已经成为一种国际趋势，成为各国政府面临的严峻挑战。约瑟夫·奈的研究显示，美国政府公信力从20世纪60年代开始一直在下降，而且降幅惊人。1964年的民意调查显示，有3/4的美国公众信任美国联邦政府，但到了1995年，只有1/4的美国公众信任美国联邦政府。[②]

"塔西佗陷阱"与政府公信力下降密切相关。公信力是政府在公共事务活动中所表现的行政能力，它是公众对政府执政能力的一种主观感受。教育作为一种事关民生的公共事务，公众更是对政府管理教育的能力、水平有一种主观的期待或感受。一旦这种期待或感受受到影响，公众就可能对教育失去信心和信任，在这种情况下，无论政府或学校怎么设计教育改革方案或蓝图，都不会得到公众的认可。从社会舆论中大量充斥的对教育、学校、教师的批评和指责，甚至是非常情绪化的责难就可以发现，教育行政官员、教师的权威在消解，政府的教育威信在下降，我国教育的确已经陷入"塔西佗陷阱"。中考、高考中的标准分改革，在教育决策者眼里，本是一项公平与效率兼备的制度改革，但最终还是因为民意的质疑、不信任、反对而难以为继。深圳的中考改革就是这样一个例子。

深圳中考改革：由标准分回归原始分[③]

从2015年开始，深圳的中考将迎来多项改革，此前考生中考成绩以标准总分呈现，由语文、数学、英语、科学、历史与社会、体育六科标准分合成，其中语文、数学、英语的权重均为1，科学权重为1.5，历史与社会权重为0.6，体育权重为0.3，标准分满分为900分。根据新政，今年只有语文、数学、英语（含听说）、理化（合卷）、历史五科文化课考试安排在初三年级末进行。考生的中考总分将以原始分呈现，由语文、数学、英语、理化（合卷）四科原始分及历史、体育两科按原始分的30%折算后所得分数相加而成，满分为460分。

---

① 师玉生，林荣日. 中国教育的"塔西佗陷阱"：表现、原因及应对策略[M]. 现代大学教育，2016，（1）：88.

② 黄涛. "老不信"挑战政府公信力[N]. 中国青年报，2013-05-29，（2）.

③ 陈简文. 中考有何疑问，我来为你解答[N]. 深圳晚报，2015-03-10，（A09）.

与传统的中考分数制度相比，标准分在分数评定的精确性、人才选择的效率及对形式公平的保障方面有明显的优势，然而家长却并不认可，"许多深圳家长反映标准分的计分方式很复杂，担心存有猫腻"，"不少家长通过不同渠道反映，希望能将标准分更改为原始分，这样能使考生的分数更为直观清晰。所以，在2013年调整中考方案时，市教育部门决定顺应民意，将2015年的中考成绩以单科原始分、单科等级和原始总分同时呈现"。①标准分改回到原来的原始分，一方面是因为标准分转化中的专业壁垒，以及由此带来的家长对成绩理解的困难；另一方面是因为家长对教育部门、对学校的不信任。这从一个侧面反映了当前教育改革处在一个非常尴尬的舆论环境里——不管教育部门和学校怎么努力，怎么殚精竭虑，社会公众都始终不满意、不认可。

从地方政府的角度而言，教育公信力下降主要表现在以下方面。

一是教育行为信用下降，即因政府教育行为不规范、不负责而导致的信用危机。主要表现为：部分地方政府职能错位，直接介入市场或以市场主体的身份从事经济交易活动，随意以政府身份进行担保；部分官员频频利用权力寻租，钱权交易、贪腐行为、舞弊行为引发公众严重不满。我国高考命题权的反复改革，也是基于这样一种考量。

高考命题权的改革②

自1977年恢复高考以来，最初为全国统一命题。1987年，教育部批准上海实行"3+1"高考改革方案自主命题。2002年，北京市获得语文、数学、外语三科自主命题权，之后陆续允许天津等16个省（直辖市）自主命题。到2014年，采用全国卷的剩下15个省份。2014年9月，国务院公布《关于深化考试招生制度改革的实施意见》，提出"2015年起增加使用全国统一命题试卷的省份"。2015年，江西、山东、福建不再自主命题，采用全国卷的有18个省份。2016年，自主命题的省份再减少8家，采用全国卷的已达26个省份。

高考命题由统一命题走向分省命题，再由分省命题走向统一命题，这固然有对于地方命题质量、命题权威的考虑，然而更多的却是对命题安全的担忧和不放心。"统一命题可以最大程度减少舞弊的可能与概率，保证公平。一个命题，理论上只有一个泄题点。但是如果二十几个，理论上的泄题点就放大二十几个了。事实上，泄题的事件也不鲜见，更何况在中国目前的环境下，一些作弊已经到了无

---

① 陈简文. 中考有何疑问，我来为你解答[N]. 深圳晚报，2015-03-10，（A09）.

② 何利权，刘芸. 多省回归全国卷，不代表否定终结分省命题[EB/OL].http://www.thepaper.cn/newsDetail_forward_1700879_1[2017-06-05].

所不用的程度。"①

二是教育政策信用下降，即公众对教育政策的合理性、科学性、正当性的信任程度降低。主要表现为：部分地方政府在政策上存在"一个班子一套思路，一届政府一个政策"现象，政策缺乏连续性和稳定性，无法兑现保障民生的承诺，使公众缺乏"政策安全感"；在公共政策制定过程中缺少公开性和民主性，有的甚至在自身利益或利益集团的驱动下，制定出违背公众利益和意愿的政策，导致教育政策的价值取向和利益取向与民意相背。比如，高考加分政策，本来是在应试教育体制下鼓励学生注重全面素质提升的一项措施，但一些在实践操作过程中，部分地区无以节制地增加加分项目，且存在管理漏洞，以"钱"换"分"、以"权"换"分"的事件时有发生，导致公众对高考加分政策严重不满。2010 年底，教育部会同其他部门联合发布了《关于调整部分高考加分项目和进一步加强管理工作的通知》②，要求各省（自治区、直辖市）系统清理规范地方性加分项目，报教育部及相关部门重新备案，经同意后方可实施。此后，高考加分行为在各省才逐渐规范。

三是教育绩效信用下降，即公众对政府绩效的价值取向及其真实性的怀疑而导致的信用危机。在教育领域内，主要是一些教育改革成效不明显，导致公众逐渐失去信心。比如，一些官员认为改革开放 30 多年来素质教育取向巨大成就，而不少公众的认知却恰恰相反，认为中国学生的综合素质不仅没有得到提高，反而是下降了，其例证就是大学毕业生找不到合适的工作岗位，用人单位对大学生的从业能力不满意。还有些官员认为中国教育质量取得了长足进步，已经逐步缩小了与西方教育的差距，但一些公众却认为中西教育差距巨大，为此不惜成本将孩子送到国外留学。

三、地方政府教育改革合法性的重建策略

（一）教育资源分配由效率优先到更加注重公平

构建合理的教育资源分配原则和机制有助于重建教育政策的合法性，从而增强政府治理的合法性和有效性，改善和优化决策体制，进而促进教育的科学发展。

---

① 陈志文．"高考'统一试卷'范围"事件观察［EB/OL］．http://www.edu.cn/html/t/ceyqweekly/vol201511/index_keyword1.shtml［2015-07-13］．

② 关于调整部分高考加分项目和进一步加强管理工作的通知［EB/OL］．http://edu.people.com.cn/n/2014/0514/c1053-25017824.html［2015-07-13］．

　　如何正确处理公平与效率的关系？首先，应该针对具体的社会发展环境做具体分析、选择。当公平与效率发生矛盾时，为实现公平而置效率于不顾，或为追求效率而置公平于不顾，都是不可取的。应该根据经济社会的发展需要及进程，权衡利弊。"效率优先、兼顾公平"原则最初提出的指向性是非常明确的，即破除在计划经济体制下形成的平均主义、吃"大锅饭"的分配政策，使一部分人、一部分地区先富起来；政府则通过二次分配，调节收入差距，促进共同富裕。在教育领域，则是教育资源优先向城市倾斜，向重点学校倾斜。这在经济社会发展水平不高的当时是必要之举，有利于破除低水平的绝对平等主义教育观，构建充满活力的教育发展体系；有助于帮助人们认识并确立教育在经济社会发展的个体发展中的重要价值和地位。但是，随着经济社会发展水平的日趋提高，公众的优质教育需求逐渐扩大，就要进行适时的政策调整。这种调整，不仅是为了避免矛盾激化，更是为了寻求更高层次的发展。

　　其次，"效率优先、兼顾公平"范围应该做必要的界定。"效率优先、兼顾公平"这一原则并没有普遍适用性。但是由于改革开放以来，发展经济成为主导性任务，经济领域的价值取向、发展目标、运作机制、经济工具等逐渐泛化，并被沿用到教育、文化、卫生等社会性事业中，导致社会事业的经济主义泛滥。一旦滥用，就有可能导致只讲效率、不讲公平。

　　严格来讲，效率是一个经济学概念，它关注的是投入产出，即效益问题；公平是一个社会学概念，它关注的是社会正义和资源的公平分配。在两者的关系中，效率是手段，是为了改善民生，促进人的福祉；公平是目的，公平的实现需要效率作为保障。从这一点来看，两者并不矛盾，相反，两者还是一种相互促进的关系。在教育领域之所以发生种种矛盾，根本原因在于将公平与效率的分属领域混淆，政府与市场的分工混淆。政府重在解决公平问题，市场重在解决效率问题。通过政策、法律等杠杆，克服市场在社会性事业管理中的缺陷，补偿和帮助弱势群体，促进和维护社会公平，是公共管理的基本出发点，也是政府的主要职能。

　　当前教育改革已步入深水区，要解决深层次的教育问题，在政策价值取向上应将公平优先确立为当代教育发展的首要价值。教育公平就是最大的社会公平，它是社会公平在教育领域内的延伸。与其他公共资源不同的是，教育资源是一种最为重要的公共资源，其分配关系影响到社会公平的质量，关系到能否缩小社会阶层之间的差距。从这个方面来讲，教育公平是化解社会不和谐因素的重要手段，促进处于劣势位置的低层群体向优势位置流动，从而改变其生存状态，促进社会和谐发展。同时，教育也是天赋人权的重要方面，它为个体的成长与完善奠基。教育公平对个体的发展具有非常重要的延时效应，影响一个人的一生。因此，教育公平是教育发展的最终目的，它是永恒的追求；而教育效率是促进教育发展的重要手段，它是扩大教育公平的保障。

叶澜认为，中国基础教育从 2003 年开始走向以重建新体制，形成适应社会发展进入新阶段的新教育系统为主，并以此为核心深入进行教育改革的新阶段。[1]在这一阶段，将对教育公平与效率的关系进行重新审视和调整，教育改革将更加注重公平。2003 年，国务院批转教育部制定的《2003—2007 年教育振兴行动计划》，旨在促进教育系统内部的均衡发展。2006 年，新修订的《中华人民共和国义务教育法》明确规定，国务院和县级以上地方人民政府应当合理配置教育资源，促进义务教育均衡发展。2006 年 10 月，《中共中央关于构建社会主义和谐社会若干重大问题的决定》指出，坚持教育优先发展，促进教育公平。2007 年，党的十七大将教育摆在民生问题的首位，明确教育公平是社会公平的基石。2010 年，《国家中长期教育改革和发展规划纲要（2010—2020 年）》把促进公平作为国家基本教育政策确定下来。维护和实现教育公平，是政府责任的回归，它必须体现为以下三个原则。

第一，保障每个社会成员都有平等接受教育机会的权利。每个人出生之后，不论其贫富、权势、身份、性别、宗教信仰、禀赋如何，就天然地获得了受教育的权利。

第二，在教育机会均等的前提下，根据受教育者的个别差异，对教育资源进行差异性配置。所谓因材施教，可以理解为因受教育者的禀赋不同，政府或学校提供的教育资源就相应有差异，而并不是平均或平分教育资源的份额。如果一个聪明的学生通过考试取得很好的成绩，并因此获得更好的受教育条件，这也符合教育的正义。

第三，对差异进行补偿性分配。由于历史或别的原因，在城市与乡村之间、发达地区与落后地区之间、健康人和残疾人之间、富人和穷人之间，不管是接受教育的机会、过程，还是教育的结果，都存在着一定程度的差距，并且这种差距将影响其未来在社会中的流动和所处阶层。因此，政府应该通过教育政策的制定，在教育资源分配方面给予处于不利位置的人相应的补偿，努力缩小他和别人的差距。尽管这样的分配也不是平均的分配，但同样是正义的分配。

图 4-1 在互联网上流传甚广，它可以很好地解释为何要进行差异性分配和补偿性分配，而不是平均分配。具体的情境是个子高、个子中等、个子矮的三个人同时在球场外面看球，但因有挡板，个子高的人刚刚能看到，而个子中等和个子矮的人明显看不到。图 4-1（a）显示是有人给他们都提供了一张凳子，这时候个子高的人看球绰绰有余，个子中等的人刚刚好，而个子矮的人仍然看不到。显然，从提供凳子的人来看，这对每个人都是平等的。图 4-1（b）显示个子高的人凳子

① 叶澜. "新基础教育"论——关于当代中国学校变革的探究与认识[M]. 北京：教育科学出版社，2006：113.

被取走，提供给个子矮的人，这样三个人都可以看得到球场了。图4-1（b）说明，尽管三个人获得的凳子数（资源）不一样，但却最能体现公共利益优先分配原则，即让所有人或大多数人受益。

图 4-1　差异性分配和补偿性分配资源的形象说明①

（二）积极应对中国教育的"塔西佗陷阱"

从整个社会来看，政府教育公信力与全社会信任的缺失实际上是紧密联系在一起的。当前我国正处经济社会转型的重要时期，政府、市场、社会各个领域都出现了一定程度上的信任缺失，这种信任缺失的根源非常复杂，有多种原因。但从治理的角度而言，这与经济社会转型过程中政府的转型步伐没有跟上有明显关系。

如何提高教育的公信力？首先，要实行信息公开。信息公开一方面可以消除政府和公众之间因信息不对称而导致的不信任状态，另一方面也可以减少政府官员利用垄断信息进行权力寻租、欺瞒民众的行为。在自媒体时代，人人都是信息传播者，社会清晰度越来越高，正规渠道不畅，小道消息就会满天飞。在这样的"倒逼"机制下，政府必须建立常态化的信息公开制度，对信息公开的范围、时间、方式，公众获取政府信息的途径和权益，政府信息公开的责任和追究等进行明确规定，让政府、公众、传媒间进行有效的信息沟通和互动。

其次，要提高教育政策的决策水平，让公众看到教育改革的成效。决策科学、民主，这是提高政府教育公信力的前提。凡涉及公众切身利益的重要教育改革方案、重大政策措施，在决策前要广泛征求意见，让各种不同意见和利益得到最充分的表达，最终使公共利益在政策内涵中得到充分体现。通过科学决策，推进教育良性发展，让公众看到教育改革的成效，从而提升公众对教育的满意度和信任度。

---

① 38张震撼人心的照片，你看懂了几张？[EB/OL].http://www.sohu.com/a/162581613_771504[2017-08-05].

最后，重视教育舆情，消除公众对教育的负面认识。教育舆情是指在一定的社会空间内，作为主体的公众针对特定教育事件、教育现象、教育问题所产生和持有的社会政治态度。它是公众对于教育问题的观点、看法、态度和情绪等，包含了公众对于教育权益的诉求。一般来说，教育舆情往往源于一个特定的教育事件，但由于当下发达的网络和社交媒体的参与，即使孤立的事件也很容易发展成为一个社会公共议题。如果这类舆情未得到政府的应有重视和及时回应，就会对教育公信力产生极大的负面影响。因此，政府有必要建立舆情应对机制，与有关舆情分析平台建立联系，及时、准确、客观地发布事件真实信息，加强与舆情参与者的积极沟通。

第二节　地方政府教育改革的有效性分析

一、何谓教育改革的有效性

关于有效性的解释较为复杂，为了与前文的合法性相区别，在这里笔者不打算从价值判断的角度对有效性进行阐释。借鉴了哈贝马斯关于事实有效性和规范有效性的概念[①]，本书中的有效性有两层意义：一是教育改革过程的有效性，即规范有效性。规范有效性从教育改革的政策决策、政策启动、政策实施等过程出发，分析教育改革政策在事实上是如何制定及应该如何制定。它将复杂的、抽象的政策过程分解为若干简单具体的阶段，为分析政策过程的科学与否、合理与否提供了可能性。二是教育改革实施效果的有效性，即事实有效性。它侧重于从教育改革政策结果与政策目标之间的对应关系进行分析，验证教育改革政策实施效果。它表现为"一系列实证与技术的结合，应用成本—收益、准实验研究设计、多元回归分析、民意调研研究、投入产出分析、运筹学、数学模型和系统分析等方法"[②]。

从规范有效性和事实有效性两个维度出发，教育改革的有效性可以划分为四个方面或过程的有效性。

（一）决策的有效性

教育改革的发生往往基于一定国内或国际社会环境的推动和影响，同时这种

---

① 哈贝马斯. 在事实与规范之间——关于法律和民主法治国的商谈理论[M]. 童世骏，译. 北京：生活·读书·新知三联书店，2003：36.

② 高兴武. 公共政策评估：体系与过程[J]. 中国行政管理，2008，（2）：58-62.

推动和影响还只是外部驱动，某个问题要成为改革的议题还须纳入到地方政府的议程当中。谁来提出改革的议题？谁来参与议题的决策？这涉及的是教育政策的主体问题。根据在公共决策过程中的不同职能，教育政策主体可以分为三种类型：一是决策主体，指的是政府、执政党及其领袖等；二是参议主体，指的是参政党和咨询机构，包括由各种专家和学者组成的"智囊团""思想库""智库"等；三是参与主体，指的是社会公众和社会团体。

（二）启动的有效性

启动是改革活动的起始阶段，包括确立改革目标、设计改革方案、预测改革的可行性，推动改革方案合法化等环节。从决策的产生到实际改革方案的颁布，这期间各相关利益主体发挥什么作用？改革方案有无充分征求意见并获得相关利益主体的认可？这涉及的是改革过程的封闭性与开放性的问题。

（三）执行的有效性

在执行过程中需要考虑如下问题：地方政府采取什么样的途径和手段将改革付诸实施？改革本身有什么特点和难点？学校和教师的态度、能力及学校文化传统对改革有什么影响？改革的支持系统是否完善？这涉及的是改革内容的变通性和改革的推进方式。

（四）结果的有效性

对于教育改革而言，主要是判断政策目标的达成度如何，它对学生、学校及社会产生了什么样的影响。

上述四个方面或过程也是改革的一般逻辑顺序，但现实并不一定按顺序进行，而且有的过程可能会重叠，有的过程可能不会发生。然而，对改革政策的充分说明必定涉及所有方面。

二、当前地方政府教育改革的有效性危机

（一）教育政策制定过程中的封闭性

当前，我国政策制定过程的一个重要特征是透明度不高，存在着政府精英决

策和利益集团操纵的现象。这也是实行计划经济以来形成路径依赖的结果。在计划经济体制下，决策都是由中央政府提出，由地方政府负责执行，公民参与决策的可能性很小。受传统政治体制和政策体系的影响，一些地方在教育政策制定过程中，缺少事前的实地调查、理论研究，也没有决策前的缜密论证和各界人士的广泛参与，大多由行政首长拍板决定。当发生决策失误或执行上的困难时，要么朝令夕改，要么废止政策，难免不会引发政策过程危机。

公民参与是打破政策制定封闭性的最有效形式，也是政策有效性和政治民主程度的重要的标志。然而，就我国目前的情况来看，公民政策参与虽然已经得到广泛认可，但存在诸多不足。一是公民参与的能力较低。一些公民参与政策的热情很高，但囿于自身素质，缺乏参与必需的知识和技能，即使参与也是一种低效率、低水平的参与。二是公民参与的渠道较少。目前我国公民参与主要有人民代表大会和人民政治协商会议两种正式渠道，公民只能通过选举人民代表及推荐政协委员来间接地行使公民参与权。而对于普通公民来说，直接参与政策过程的机会比较少。三是公民参与的方式被动。大多数情况下，公民参与往往受政府部门所邀，参与议题和程度都由行政人员来确定，公民参与处于被动局面。公民参与的低水平状况，也影响了公众对公共政策有效性的认可。

普通公民作为政治系统的末梢，一般而言，不能对政府施加直接压力，但却能用自己的社会行为方式来表达他们对教育改革政策的态度。当他们对某项改革政策不满意但又提不出更好的建议时，就会采取冷漠、不服从、抱怨等方式对这项改革政策进行消极对抗，限制政策作用的发挥。以治标不治本的减负令为例，"减负"本身没有错，但由于没有相应的考试制度、环境改革配套政策，家长对这项改革并不认可。很多学生在校内"减负"以后，被家长送到校外机构"增负"，学生整体的学业负担并没有减轻。校内"减负"、校外"增负"，就是家长对减负令的一种消极对抗方式。这项政策的后果是政府行政权威受损，家长教育负担加重，第三方教育培训机构得利。

"思想库"和"智囊团"本来也是一种很好的政策咨询机构，但在我国，受传统计划经济体制的影响，大部分教育研究机构都隶属于各级党政机关，本身并没有提出独立的、客观的教育改革政策建议；还有的教育研究机构忙于应付行政性和事务性工作。政策咨询机构的封闭性，也是我国政策制定过程具有封闭性的表现。

（二）教育政策执行过程存在偏差

政策执行是政策目标落实的关键环节，也是提升政策有效性的基本途径。社会结构的转型，各个集团、阶层和利益组织之间的利益迅速分化，导致政策在调整、规范利益关系时难度加大，再加上政策执行过程中的人格化、监督机制不健全等因素的影响，在现实政策执行中"上有政策，下有对策"的现象较为普遍，偏离政策目标的现象屡屡出现。

1. 政策执行的低效率化

在政策执行过程中，下级政府只做表面上的宣传，或者只是在口头上象征性地支持，实际执行时并没有可行的措施，"有令不行，禁而不止"，使政策流于书面文件而无法落实。

还有一种情况是不考虑本地实际条件，对发生的问题不能因时、因地做出具体分析，未采取有针对性的措施，只是机械地执行上级文件要求，或者照搬其他地区的做法，在亟待解决的问题上无所作为。

2. 政策执行的自利化

这主要表现为相关的执行机构或人员在政策执行过程中，根据本地或部门利益对上级政策原有的精神实质或内容进行片面理解或断章取义，选择性地执行上级政策，割裂政策的整体性；也有的是在原有政策中加上利己的"土政策"，设置不恰当的内容，使原有政策涉及的对象、范围、内容、方式等都发生了偏离；更有甚者，当上级政策对己不利时，就在政策执行过程中用表面上与上级政策一致、实则背离的政策进行替换，从而导致上级政策名存实亡。

（三）缺少科学合理的政策评估

政策评估是依照一定的标准，运用科学的方法和技术，对政府制定和执行公共政策的能力和效果进行分析和判断，从而为调整、修正政策或制定新政策提供依据的一种行为。政策评估是政策过程的重要组成部分，对于改进政策制定的程序、克服教育政策执行中的弊端、增强教育政策的生命力和影响力、提高政策水平有重要意义。

改革开放以来，各个地方政府都制定颁布了许多教育改革政策，对于推动我国教育整体变革和经济社会发展起到了积极作用。但是，也有一些教育政策在实际执行过程中效果并不理想，没有达到预期目标。从教育改革的形势来看，教育决策的失误便是最大的失误。任何一项政策在研究制定、组织实施一段时间以后，其运行质量和效果如何，都需要进行评估，从而提高教育改革政策的针对性和有效性，提高教育改革的质量和效果。

近年来，随着政府职能转变的加快，各级地方政府和教育部门都开展了一些教育公共政策评估工作，对本地区制定实施的教育改革政策、教育发展规划等进行了自我评估或委托第三方进行评估。例如，2014年，四川省泸州市教育局委托第三方对民办学校开展年检评估，评估结果作为对民办学校 2014 年年检结论的主要参考依据。但是从总体来看，这些评估还主要由地方政府或教育部门自行组织，缺少独立的第三方评估参与，透明度和公信力不足。

目前，我国在教育政策评估方面的不足主要表现在以下三个方面：一是教育政策评估理论与方法体系不完善。政策评估研究起步较晚，实践案例和实践经验不足。特别是教育改革政策涉及面广、参与者多，其政策后果既有预期的影响，也有非预期的影响；既有短期的影响，也有长期的影响，政策效果和影响非常难以确定。二是尚未建立科学的教育政策评估机制。有关的教育法律也没有对我国教育政策的评估做出明确的规定和要求。教育政策评估的准则及指标处于尝试探索阶段，虽然也有行业内的评价标准，但都是内部探索，未形成社会舆论普遍认可的评估标准与方法。三是教育政策评估组织不健全，主要以教育行政部门为主，缺少独立的第三方教育政策评估组织。

三、地方政府教育改革有效性的重建策略

（一）推进教育政策制定过程的开放性

美国学者库姆斯认为，教育改革有两种典型的思维模式：其一，封闭的模式，其基本步骤是确定改革的目标，制定达到目标的策略，实施目标，最后检验目标是否达到。这种模式在处理只与物有关、目的简单明了、领导完全可以控制把握的情况下不失为一种有用的方法。其二，开放的模式，这种模式在解决涉及人的问题、目标广泛而复杂、结果无法事先予以精确界说的时候比较有效。[1]毫无疑问，按照上述标准，教育领域中的绝大多数问题都难以用封闭模式进行解决，教育改革应该是一个开放的、动态的系统。

当认可教育改革是一个封闭的系统时，它的前提是决策者必须是理性的，对决策信息有充分的把握，而且对决策所带来的后果及其影响有充分认识，对收益与代价有科学评估。即使决策者的理性有限，至少也可以对各种改革方案进行最满意的选择。但事实上，关于理性人的假设是非常危险的，决策者不是抽象的人，而是活生生的个体，有个体的利益与需求，而且他们也几乎无法获得所有的相关

---

① A. W. 库姆斯. 教育改革的新假设[A]//瞿葆奎. 教育学文集·国际教育展望[C]. 北京：人民教育出版社，1993：275-276.

信息，列举所有可能的备选方案，也无法考虑全部可能产生的结果。

在社会发展日益民主化、多元化的现实下，拍脑袋式的封闭性决策必然导致公众与政府联系出现障碍，又因公众的呼声和愿望难以进入决策者的视野，教育改革的有效性必然大打折扣。教育改革政策的制定不仅是理性分析的结果，更是政治互动、社会互动的过程。

首先，实现公民政策参与的程序化、规范化。随着地方政府公共权力的日益扩大，公共政策对社会经济影响的广度与深度日益加深，通过提升公民政策参与度可以最大限度地减少政策失误，规范地方政府的公共政策行为。为了保证公民的政策参与，许多国家制定了涉及决策程序的相关法律制度，如制定议事规则、制定行政程序法及政策立法等。这些法律制度保证了教育决策者在决策过程中坚持程序正义，从而在形式上使公共政策具有了正当性。在此基础上，建立与决策程序相关的听证制度，以保证法律和政策具有实质正义。因此，除了重大教育决策实施教育行政听证制度和咨询制度以外，还可以在各种学校管理的决策活动中建立教育行政听证制度、咨询制度和监督制度，保证教育利益相关主体都能够参与到教育公共事务的决策和监督中，从而消除政府与公众之间的信息不对称现象，保证公众的利益能在政府决策中最大程度地得以体现。另外，还要营造有利于公民参与的政治文化氛围，通过普及相关的政治知识和技能，把公民培养成为有理性思维的政策参与者，增强其参与的有效性。还可以让公民通过参加社会团体、非政府组织等形式，来增加公民表达民意的渠道。

其次，积极发挥教育政策研究机构的参议作用。科学决策离不开政策咨询，要咨询就必须有效发挥教育"智囊团"和"思想库"的作用。教育"智囊团"和"思想库"是由各类专业人员组成的跨学科、跨领域的综合性教育政策研究组织，是科学决策的参议主体。特别是要发挥相对比较独立的民间教育政策研究机构的作用，为教育改革决策提供有力的决策参考和智力支持。目前，我国民间性质的教育政策研究机构数量较少、规模不大、研究能力不高，有必要对其提供相应的财力支持和政策支持，扶持这类组织发展，鼓励其研究西方先进的公共政策理论的合理部分，借鉴它们的方法与技术，提高公共政策咨询服务的能力和水平。

最后，不断提高教育决策者的综合素质和专业水平。教育决策者综合素质和专业水平的提高，是增强其权威的有效途径，也是公共政策取得有效性的重要因素。教育决策者不仅需要有对政策问题的分析能力、判断能力及善于决策和敢于决策的能力，同时还必须具有丰富渊博的专业知识、较强的业务能力及民主科学精神、公共服务精神。一般来说，层级越低的政府，越习惯于用行政思维而不是专业思维来解决问题。因此，当前也有研究提出，要建立地方教育局长的专业化标准，完善地方教育局长选拔任用制度，推进教育行政官员的专业化建设。[①][②]

（二） 建立有效的地方政府政策执行机制

美国政策科学家艾利森（Graham T. Allison）认为，"在达到政策目标的过程中，方案确定的功能只占 10%，而其余 90%取决于有效执行"[③]。可见教育政策执行在政策有效性中的重要性。建立相应的政策执行机制，是提高政策执行有效性的重要内容。

一是建立教育公共政策执行中的权力配置机制。纵向上，存在着不同层级的地方政府及其教育行政部门的权力如何配置的问题。执行权力的相对集中，有利于对地方政府公共政策的执行进行监控，使之能够以统一的意志贯彻下去，但不利于调动下级组织的积极性，不利于因地制宜。横向上，存在着同一层级的行政职能部门之间的教育责权利如何配置的问题。一般来说，责、权、利三者的统一有利于地方政府公共政策的执行。

二是建立教育公共政策执行中的信息沟通机制。不同的层级和同一层级不同部门之间的信息传达制度的缺陷，有可能导致信息不对称引发的沟通不畅和投机行为。信息占有者有可能利用自己知道而别人不知道的信息得利，而让别人受损，降低了政策的公平性与合理性。信息沟通机制包括下行、上行和平行三个方面：信息下行顺畅，才能政令通行，上情下达；信息上行顺畅，使反馈及时、准确，有利于上级进行有效的控制；信息平行顺畅，有利于各政策执行主体之间的沟通和协调，有利于信息来源的多样化和广泛化。教育改革政策往往涉及众多的职能机构和行政人员之间的分工合作，在此过程中，难免会产生分歧、误会、隔阂及矛盾冲突，这就需要各方之间进行有效沟通，将危害或损失降低至最小。

三是建立地方政府公共政策执行中的监督控制机制。美国行政学家埃利诺·奥斯特罗姆（Elinor Ostrom）认为，"在每一个群体中，都有不顾道德规范，一有可能便采取机会主义行为的人；也都存在这样的情况，其潜在收益是如此之高，以至于极守信用的人也会违反规范，有了行为规范也不可能完全消除机会主义行为"[④]。因此，加强教育行政系统的内部监督和社会监督，对政策执行实施有效控制是非常必要的。对各种监督形式的主体与客体的地位、权责、相互关系和监督活动的范围、方式、程序做出相应的规定，形成各政府部门之间相互监督、上级政府对下级政府监督，社会公众对政府监督的机制，确保政策执行有效、准确、到位。

① 丛春侠. 教育行政管理人员专业化路径研究——基于对地县教育局长的调查[J]. 教育发展研究, 2009，（6）：17-20.

② 赵银生. 试论我国基层教育局长的专业化[J]. 中小学管理, 2008，（6）：4-6.

③ 孟卫青. 教育政策分析的三维模式[J]. 教育科学研究, 2008，（8）：21-23.

④ 赵凯龙，李兆光. 如何贯彻执行公共政策[M]. 天津：天津人民出版社, 2003：128.

（三）加强教育改革政策评估

政策评估实质上是一种确立责任及实现责任的过程，是通往责任政府的一种途径。通过政策评估机制的建立可以推动改革的规范化，避免"脚踩西瓜皮——滑到哪里就算哪里""想怎么改就怎么改"的弊端。作为一种管理工具，政策评估不是一般意义上的投入—产出的简单测量。它必须对四个问题做出回答：一是为什么评估。评估的目的是回应公众需求，体现向公众负责的服务理念。二是评估什么。评估是对教育改革活动效果的评估，考量教育改革目标的实现程度。三是谁来评估。评估的主体是多元化的，在内部评估的基础上，要引入第三方或外部力量参与评估，尤其是要建立公民参与机制和专家评估机制。四是如何评估。

目前，建立我国教育政策评估制度需要着力解决以下几个问题。

一是推进政策评估法治化建设。借鉴西方国家的经验，对教育评估进行立法，通过立法确立教育政策评估的地位，建立政策评估"硬约束"，对评估主客体的权责、评估职能机构、评估人员构成、评估原则、评估类型、评估程序、评估结果的使用和所应公开的信息等，都进行相应的规范。建立政策评估基金，解决评估经费的来源问题，促使政策评估工作可持续发展。

二是积极发展民间教育评估机构。20世纪80年代以来，西方出现了大量的教育评估中介机构，如美国的美国大学协会（Association of American Universities，AAU）、中学后教育鉴定委员会（Council on Postsecondary Accreditation，COPA）、英国的高等教育质量委员会（Higher Education Quality Committee，HEQC）、法国的国家评估委员会（Comité National d'Evaluation，CNE）等。这些组织都是作为独立的、专业性的法人实体接受委托对教育进行评估。规范、健全官方教育政策评估组织的同时，鼓励和引导民间教育评估机构的发展，确保评估活动的公平、公开、公正。民间教育评估机构具有体制灵活、专业化强、客观公正、社会关系广泛等优势，可以更容易地进行社会沟通、了解民意，更超然地保持独立地位，不受政府行政人员的干扰，客观、公正地进行评估活动。在评估过程中，要扩大公众参与面，保证评估结论客观公正，提高评估的质量。应根据不同情况，把可公开的政策评估信息对公众发布，接受公众监督和评议。

三是探索科学的教育政策评估标准和评估理论、技术。加强政策评估理论体系建设，结合国情和实际，学习借鉴国外先进、实用的政策评估标准和评估理论，努力推动政策评估理论的中国化、本土化、普及化，不断提高政策评估的针对性、有效性。

第三节 个案研究：一项地方教育改革何以终止[①]

21 世纪初，我国启动了 1949 年以来的第八次基础教育课程改革。在本次课程改革中，我国分别制定了以分科课程为主和以综合课程为主的两种学校课程计划，小学阶段以综合课程为主，初中阶段设置分科与综合相结合的课程，并鼓励各地选择综合课程；高中阶段以分科课程为主。2001 年秋季，《科学（3～6 年级）》课程标准和《科学（7～9 年级）》课程标准的义务教育 18 科课程标准（实验稿）和各科实验教材，开始在我国 27 个省（自治区、直辖市）的 38 个国家义务教育课程改革实验区全面铺开，其中只有 7 个地区选择了科学课程。后来迫于各方的压力，大部分都退出了改革。而坚持时间较长的武汉市和深圳市，也先后在 2009 年和 2012 年终止了综合科学课程改革，重新回到分科教学的老路上。

一般认为，综合科学课程的出现源于半个多世纪以来学科发展的高度分化与高度综合。由于社会生活面临越来越复杂的问题，需要综合运用自然科学、社会科学和人文学科的知识和方法来解决。以初中理科为例，课程门类较多，教材内容太多，学生负担过重；知识体系以分科为特征，各自为政，割裂了本来是完整统一的对象世界；过分强调理论知识体系，使用知识和技能方面的训练较少。[②]因此，科学课程整合成为当代课程改革的一个重要理念和趋势。但是，看似符合现代教育发展方向并得到众多专家学者赞同的教育改革方案为何不具备可持续性，最终走了回头路？如果这样的改革不能成功，那么什么样的改革方案才有可能成功？国内研究者从改革的指向性、课程实施的整体配备与细节安排、科学课程的初高中衔接、评价机制改革等技术支持层面进行了分析。这是分析改革的一个视角。本书尝试从另一个视角，即从政策分析的角度，讨论改革为何发生、发生之后如何实施、实施之后又为何终止。这里，我们以合法性与有效性的分析维度作为一个基本的讨论框架，在这个框架下，我们对初中综合科学课程改革从发起到对其结果进行评断的整个过程进行分析和反思。

一、初中综合科学课程在各地实践的基本情况

20 世纪下半叶，综合科学课程成为国际科学教育关注的一个热点。20 世纪

---

① 主要内容发表于《教师教育学报》2016 年第 4 期。

② 杨晓微. 中小学科学课程改革：理念、趋势、困难和代价[J]. 课程·教材·教法, 2000, (11): 11-15.

80 年代以后，我国也开始了综合科学课程的实践探索。例如，东北师范大学附属中学，以及浙江省、上海市和北京市等地区的学校先后进行了综合科学课程改革与实验。2000 年，我国新一轮基础教育课程改革开始启动，在小学和初中设立了综合科学课程。2001 年秋，《科学（7～9 年级）》课程标准和实验教材开始在实验区进行教学实验。

浙江省从 1991 年开始初中综合科学课程试点工作，1993 年秋季在全省初中全面执行本省编制的《义务教育试行教学计划》，使用本省编写的《自然科学》教材。此后，其也饱受多方质疑，经历了艰难的探索阶段。2001 年以后，浙江省综合科学课程逐步与国家课程接轨，全省普遍采用了全国统一的科学课程标准。目前，浙江省仍在初中阶段开设综合科学课程。

2001 年，深圳市首先在南山区开始试行初中综合科学课程改革，将初中物理、化学、生物、地理改革为科学课程。作为课程改革的新生事物，《中国教育报》等主流媒体大篇幅报道南山区初中课程改革的经验。经过两年实验，深圳市于 2003 年在全市初中推开初中科学课程。2012 年 7 月，深圳市教育局出台《关于深圳市初中综合课程设置的调整意见》，对 2012 年秋季起入学的七年级新生重新采用分科教学，不再配发初中综合课程教材。

2004 年 9 月，武汉市推进综合科学课程改革，将初中阶段的物理、化学、生物、地理四门课程合成一门综合科学课程，并采用武汉版的"四合一"《科学》教材教学。由于一直面临师资、实验器材、与高考评价难"对接"等问题，饱受"开停之争""分合之争"。2008 年底，武汉市教育局宣布，从 2009 年春季起将进行物理、化学、生物和地理分科课程实验。

二、初中综合科学课程改革终止的原因分析

（一）决策的产生是基于"现实的需要"还是"改革的需要"

任何决策都体现了一定的价值取向。马克斯·韦伯用"文化事件"来表征人类的社会生活，而"文化事件的规定包含着两种基本的要素，这就是价值和意义"[①]。教育改革在本质上是改革主体的一种主动选择的活动，价值取向合理与否，能否体现社会所公认的价值标准，是改革能否成功的首要条件。本体价值和工具价值是构成教育改革价值的两个最基本方面，从改革的选择来看，本体价值相对工具价值具有优先性。然而，从综合科学课程改革这一个案来看，改革的"现实的需

---

① 马克斯·韦伯. 社会科学方法论[M]. 韩水法，译. 北京：中央编译出版社，1999：5.

要"（工具价值）压倒了"改革的需要"（本体价值），从而使得改革的性质和方向陷入混乱，失去了其应有的内在逻辑。对地方政府而言，这项改革在很大程度上只是对上级要求和外部影响的一种积极回应，而这恰恰忽视了自身对改革所持有一种自我认识和判断。例如，深圳市在 2007 年回答人大代表关于初中综合课程的质疑时，提出了两点理由：一是开展综合课程教学改革实验，是依据上级文件精神逐步推进的。文中列举了教育部的改革文件、省教育厅的意见及有关领导的鼓励和肯定等。二是开展综合课程教学改革是符合当前教育发展趋势的积极探索。文中列举了联合国教科文组织的报告，显示在亚洲只有中国和老挝设置传统的物理、化学、生物等分科课程。[①]理由看似很充分，但唯独缺少对深圳为什么要进行综合课程改革的分析和阐述，故而人大代表会质疑当时全省唯有深圳进行此项初中课程改革实验，为什么其他地区不实验。

综合科学课程改革是具有明显中央统合主义特征的一次地方教育改革。教育部制定了综合科学课程标准，并有通盘的策划和规划，然后委托地方进行实验。当初实验区的改革轰轰烈烈，但时至今日，实施综合科学课程的只有上海和浙江两地。究其原因，是地方政府的自主创新能力和积极性并没有发挥出来，对改革本身并没有清楚的认识和判断。人们对一项课程改革的需要认识越高，其实施的程度也就越高，地方教育改革缺少对本土问题的认识和判断，这说明决策者本身对改革并没有清晰的定位和指向，改革是基于"现实的需要"而非"改革的需要"。有研究者认为，浙江综合科学课程改革之所以具有可持续性，本质的原因是其改革不仅在时间上基本跟上了国际科学改革的步伐，其理念也与国际同行高度契合，浙江的课程改革先行者一开始就站在了较高的起点上。[②]

（二）设计和启动方案是封闭式还是开放式

教育改革的真正目的为最大程度地满足公众的教育需求。但是长期以来，我国主要是以控制型的政府管治方式为主，公众参与和政府回应机制短缺，一方面公众极少参与教育改革方案的制定，另一方面政府和公众之间沟通理解的渠道也比较单一。以综合科学课程改革为例，各实验区制定实施方案时，基本上抱以"不讨论"的态度，直接照搬教育部的方案，教师、学生家长、社会公众等教育利益相关主体根本不可能也没有机会参加方案的制定或论证。

目前，我国正处于社会转型的关键时期，也是各种社会问题和利益冲突的聚

---

① 傅大伟. 教育局：初中"科学""历社"课程要坚持[EB/OL]. http://www.sznews.com/zhuanti/content/2008-04/01/content_1951921.htm[2008-04-01].
② 尤炜. 追问初中科学课程的"中国问题"[J]. 人民教育，2013，（2）：34-38.

焦期，社会问题和利益冲突能否得到有效解决，与公共政策的合法性密切相关。公众参与是其合法性的重要来源和政治民主程度的重要标志，如公众参与不足则有可能使某些改革面临严峻挑战。我国的综合科学课程改革也是如此。这项改革直接关系广大学生及其家庭的利益，关系到学校教师学科结构的调整，甚至关系到教科书出版集团的利益，因而社会关注度极高。但封闭式的方案制定显然无法回应这其中的利益冲突和矛盾，也很难体现公众的呼声和愿望。

值得注意的是，本次改革反对者的声音主要是通过地方人大和地方政协的渠道发出，这是地方政府不得不回应公众呼声的合法渠道。例如，2003 年，锦州市百余名政协委员联名提案要求初中科学课程重新恢复到课程改革前的物理、化学、生物三门课，结果这门课在实施了半年后复原。2005 年，武汉市多名政协委员质疑刚开设半年的科学课程，呼吁有关部门暂停普及。在这项改革中，人大代表和政协委员的活跃一方面说明了改革的敏感性，另一方面更反映出政府与社会公众对话渠道单一、对话机制不足。如何强化包括普通公众、专家和社会组织在内的公众参与的多种机制，是当前教育改革应该关注的问题。

（三）实施执行是自上而下的行政推进还是多样化的推进

在综合科学课程改革方案执行过程中，关于改革本身的难度和相关支持系统的不足，已有大量反思，在此不赘述。从政策分析的角度来看，影响改革方案执行还有一个重要因素，就是实施方式的问题。从实施过程来看，综合科学课程改革是一种较为明显的自上而下的行政推进，即由教育行政部门及其官员确定改革目标，形成改革偏好，学校及其教师只要按照上级制定的规定和要求不折不扣地执行即可。在这种实施方式下，改革的目标和路线非常清晰，但学校和教师"被改革"的现象突出。这就导致了前文所分析的政策执行的低效率化和自利化问题。

低效率化主要表现为，综合科学课程改革政策在表面上得到了宣传和贯彻，但实际工作并没有针对需要解决的问题进行改进。比如，考试评价的衔接问题，学生家长就认为，"如果中考、高考相应改革不跟上，还不如以前分科踏实"。而高考实行的仍是分科考试制度，这显然与课程改革脱节。另外，还有教材的科学性问题、课程方案的实践性问题、师资问题等，一直都没有得到较好的重视和解决，导致改革的措施没有真正落实到位，从而形成了教育改革政策的象征性执行。

自利化主要表现为，改革的执行者用自己的政策替代上级的既定政策，从而产生了"上有政策，下有对策"现象，"一些学校表面上实行综合教学，实际上暗自实行分科教学，各校使用的教材和教辅资料五花八门"[1]。

---

[1]　郭会桥.4 年饱受争议，科学课终"分家"[N]. 楚天金报，2008-12-20，（1）.

事实上，即便教师在教育教学实践中也感受到分科课程的弊端明显，也认同综合课程改革的目标和方向，但被布置任务、被要求的色彩一旦过于强烈，就会扰乱他们本身对改革的心态和情绪，从而影响学校及其教师参与教育改革的积极性、主动性和创造性。根据深圳市某区 2011 年的调查，深圳综合科学课程推进十年后，仍有将近 70% 的科学课教师主张回到分科教学。

（四）效果评判是显性还是隐性

综合科学课程存在争议，就是综合科学课程究竟好在哪里，始终拿不出科学的、实证的检验标准。综合科学课程改革的倡导者一般习惯于从科学教材修改前后的版本的比较进行评价，或者根据一个短时间的问卷调查做出判断，其效果评判的质量值得商榷，也很难得到反对者的认可。而地方教育行政官员更是习惯于用一种放之四海皆可的、含糊的、笼统的隐性成果来进行效果评判，如实施科学课程，激发了学生学科学、爱科学、用科学的热情，改变了教师的教育观念，强化了教师的课程意识，拓宽了教师的视野，促进了校本教研，探索了教师培养的方式和方法，也在一定程度上推进了学科评价改革，等等。多少学生被激发了学科学、爱科学、用科学的热情？这种热情以什么表征来说明？改革前和改革后的理科成绩有无对比？未改革地区和改革地区的理科成绩有无对比？教师的哪些教育观念得到改变？显然，改革者都没有做出回答。缺乏显性的实证检验，或者凭经验判断，或者用感性认识，导致改革者和反对者各说各理，改革始终缺乏社会支持。

三、相关的分析与思考

（一）地方政府教育改革必须坚持公共价值取向

在本案例中，"现实的需要"压倒"改革的需要"，在某种程度上可以说是改革者对公共价值的忽视。改革者考虑到了外部的影响和上级的要求，但是对改革本身所牵涉的利益相关主体的需要和感受关注较少。现代社会是一个价值多元、开放的社会，一项改革是否具有公共性，是该项改革能否成功的社会基础。所谓改革的公共性，是指该改革不是为了特定的个人、组织或利益集团服务的，而是为了全体公民与公众服务的，是为了满足公众需要。无数次的实践证明，如果一项改革偏离了公共价值取向，遇到的阻力就会很大，成功的可能也很小。

如何评判一项改革是否具备公共性，罗尔斯提出了正义性原则。公众通过正义性原则对某项改革进行"重叠共识"，从而评判其是否具备公共性。教育的正义原则关乎对现实利益的正义分配。教育改革在对社会价值进行权威分配时要凸显公平、正义、平等、机会均等等道德和伦理，尤其要考虑和兼顾弱势群体、少数群体的利益。就具体的教育改革实践而言，教育的正义性原则是保障每个儿童的受教育权，保障每个公民的教育权利，不断为公众扩大教育福利。在教育改革实践中，我们曾经有过"效率优先"的原则，结果导致改革蜕变为各种集团进行利益争夺的改革，教育自身的空间也变成各种权利斗争的"场域"。[①]

（二）扩大公众参与将是地方政府教育改革的重要路径选择

在公共管理改革和政府职能转变的大背景下，地方政府教育改革的路径选择将更加丰富和多元，地方政府不再是地方教育改革的唯一主导者和决策者。扩大教育政策制定过程的开放度，扩大公众参与度将是今后的一个重要发展方向，如何操作和实施也将是一个长期探索的过程。受专业知识、视野和利益等因素的制约，普通公众对教育公共事务的认识可能会存在局限，我们可以通过专家论证、专业机构参与来保证政府决策和规划的科学性。就课程改革而言，所需要的专业知识和能力非常复杂，不是几位专家就可以全部拥有的，它需要多个团队联合起来开展，而且团队成员要包括不同背景的人员，如学科专家、教育专家、评价专家、教师、学生和家长，等等。目前，一些地方在制定重大教育改革方案或者教育发展规划时，也会借助专家的力量开展相关论证，这是一个好的趋势。另外，如何丰富不同形式的参与机制来了解公众的需求和意愿，如何通过民主决策程度来寻求公共利益的真实所在，也是现时需要面对和解决的问题。

（三）要特别重视教师在地方政府教育改革中的主动作用

教师是教育改革中最基层的执行主体。不管是以管理为基点的教育体制机制改革，还是以学校为基点的教育教学改革，都离不开教师这一群体的支持和认可。从教师对改革的意愿出发，可以将教育改革分为主动型和被动型两大类。教师主动参与改革，可以变教育危机为契机，变契机为教育发展的可能；教师被动参与改革，就有可能采取"上有政策，下有对策"的态度，消极执行，虚与委蛇。目前，大多数的地方教育改革对广大教师而言，还不是一种主动选择，而是一种被动参与，这很可能使改革的效果大打折扣。虽然教师职业对教师有较高的职业道

---

① 唐小俊. 论教育改革中的价值共识——基于公共哲学的视角[J]. 教育理论与实践，2009，（11）：21-24.

德要求，但这并不意味着对教师需求的轻视和忽视。对绝大多数教师而言，如果仅仅向其提出道德期待而不去关注、满足其切身利益和需求，那么这种道德期待也难以得到预期的回应。因此，把广大教师放到"教育改革的主人"的位置上来，赋予其相应的权利和义务，是未来地方政府教育改革的重要趋势。

（四）要加强对地方政府教育改革项目本身的跟踪研究和政策评估

根据相关文献资料的不完全统计，目前我国对综合科学课程的研究大多数还都停留在关于综合科学课程的内涵、特点、功能、价值、开设的意义和价值等一些最基本的理论问题的研究上，以及对国外综合科学课程的一般性介绍[①]。对于综合科学课程本身实施的过程缺少跟踪研究，对实施过程中遇到的问题、对实施效果的监测与评判等研究不多，改革本身的科学性、严肃性、长效性也由此大打折扣。而社会公众，甚至学校本身都对综合科学课程改革的过程与成效知之不多，导致改革的社会基础不稳定。因此，对任何一个教育改革项目，都有必要进行长期的跟踪研究，就改革项目的实施状况、遇到的问题等，进行充分的分析和评估，从而认清该项目所处的发展阶段及存在的问题，以便于完善、修正下一阶段的教育改革方案。

---

① 王秀红，马云鹏，范雪媛. 我国综合科学课程发展的羁绊与对策[J]. 东北师范大学学报（哲学社会科学版），2006，（4）：155-158.

第五章

地方政府教育改革的经验与启示：以西方教育行政改革为例

20 世纪 80 年代，以英美为代表的西方国家兴起了公共教育制度建立以来的第三次重建运动。第一次重建运动是 19 世纪末 20 世纪初进步主义所发起的旨在改变传统教育的现代教育运动，提出了学校教育的新"三中心"理念，即经验中心、活动中心、儿童中心，倡导儿童个性的自由发展，要求教育应有利于发展民主和自由。第二次重建运动是在 20 世纪 60 年代发起的公平教育改革。当时社会大众普遍认为学校教育人为地制造了不平等，培养目标仅仅针对少数社会精英，而对大多数人的发展需要置之不顾。更有人认为现有的学校教育模式无法适应社会发展的需要，对于社会问题束手无策，提出了"学校消亡论"的主张。因而这个阶段学校教育变革的重点，是倡导"回到基础"，致力于基本的听说读写教育，培养学生的基本技能。[①]与前两次重建运动不同的是，本次改革不仅触及国家层面的教育治理与变革，而且深入国家教育治理变革的内部，即中央政府与地方政府的关系调整与变革层面，使西方国家地方政府的教育职能发生了转型。这与当代中国教育行政体制改革有异曲同工之处。

第一节　西方国家地方教育行政改革的背景与基础

西方地方教育行政改革与当时西方政府改革运动密切相关，西方国家在

---

① Berube M R. American School Reform: Progressive, Equity, and Excellence Movement, 1883-1993[M]. Connecticut: Praeger, 1994: 131.

"公共选择理论""新公共管理""政府治理"等理论的指导下，对地方政府的职能、机构、内部流程、外部关系及管理方式等，进行了一系列大胆改革，持续至今，影响深远。同时，西方教育行政改革也与人们对于教育质量下降的担忧不无关系。20世纪70年代末至80年代，整个西方社会似乎都弥漫着对公共教育的一种无可名状的担忧，人们认为公共教育正在被一股日益增长的平庸主义浪潮所侵蚀，这股潮流威胁着西方社会的稳定与发展。[①]一系列教育危机报告纷纷出炉，如美国教育优异委员会的《国家在危急中：教育改革势在必行》（1983）、英国教育和科学部的《把学校办得更好》（1985）、日本临时教育审议会四次关于教育改革的咨询报告（1985—1987）。事实上，西方地方教育行政改革的发生受到外部与内部因素的深刻影响。

一、西方国家地方教育行政改革的背景

（一）地方政府财政难以为继

西方现代地方政府的前身如市镇（municipality）、城市（city）、教区（borough）、镇（town）等，自11世纪末12世纪初以来，逐步取得了自治地位。早期的地方政府职能比较简单，主要承担一些公共设施的建设和提供少量社会服务。地方政府的管理和服务费用主要来自地方税收。20世纪20年代以来，西方国家地方政府逐渐承担了较多的社会公共事务。第二次世界大战以后，随着西方国家普遍推行福利国家政策，这种发展趋势更为明显，地方政府承担的社会公共服务领域持续扩大。即使在美国这样一个被公认为是西方各国中政府职能最小的国家，政府的公共管理职能也"似乎是无穷无尽的"，它"要为年老、病死、无依无靠、伤残及失业提供保障；为老年人和穷人提供医疗照顾；为小学、中学、大学和研究生提供各级教育；为公路、水路、铁路和空中运输提供管理经费；提供警察和防火措施；提供卫生设施和污水处理；为医学、科学和技术研究提供经费；管理邮政事业；进行太空探索活动；维护公园和娱乐活动；为穷人提供住房和适当的食物；制定职业训练和劳力安排规划；净化空气和水；重建中心城市；保持充分就业和稳定的货币供应；调整商业活动和劳资关系；消灭种族和性别歧视"[②]。随着公共事务的增多，地方政府的人员和规模也越来越膨胀。以瑞典为例，地方政府部门在20世纪50年代每年的扩张速度超过5%，60年代大约是8%；地方政府雇员占

---

① 马骥雄. 教育学文集·美国教育改革[M]. 北京：人民教育出版社，1990：586.
② 托马斯·戴伊. 谁掌管美国——里根年代[M]. 张维，吴继淦，刘觉侪，译. 北京：世界知识出版社，1985：81.

劳动力数量的比重也从 60 年代的 10%上升到 90 年代的 30%。[①]

福利国家政策是一把双刃剑，一方面它为社会公众带来高福利，确保西方国家在第二次世界大战以后保持了非常稳定的社会秩序；另一方面它也要求国家保持足够的经济高增长状态，这样才能维持这种高福利状态。在英国，1900 年地方政府的开支占国民生产总值的 5.1%，而到 1975 年，地方政府的开支已经占到国民生产总值的 18%。在北欧国家，由于实行高福利政府，地方政府的公共开支增长更快。1987 年地方政府的开支占整个公共部门开支的 60%～70%。[②]20 世纪 70 年代，由于石油危机，西方国家经济普遍陷入"滞胀"状态，财政负担日趋严重，政府干预无力。各国政府不得不逐年减少教育支出在 GDP 中的比重。例如，1975—1986 年，丹麦的教育支出从 7.8%下降至 7.5%，荷兰的从 8.1%下降至 7.0%，加拿大的从 7.1%下降至 6.5%，美国的从 5.4%下降至 4.8%，日本的从 5.4%下降至 5.0%，联邦德国的从 5.4%下降至 4.2%，英国的则从 1980 年的 5.6%下降至 1986 年的 5.2%。[③]

一方面经济危机导致政府征税能力下降，地方政府的公共支出入不敷出；另一方面地方居民包括教育在内的公共需求仍在不断增加。两难危机迫使地方政府必须考虑自身如何做出变革以应对危机，如何花更少的钱办更多的事。经济危机还打破了西方国家政府权力结构的平衡，地方政府虽然仍然保留着相当的自主权，但却对中央政府的依赖程度逐渐加深，主要表现在地方政府开支中来自中央政府的拨款比例越来越大。

（二）官僚行政体制的弊端日益明显

20 世纪初，以威尔逊（Harold Wilson）、古德诺（Johnson Goodnow）的政治与行政二分法，以及以韦伯的科层制理论为基础的官僚行政管理模式，逐渐取代了传统的公共行政，以非人格化的组织原则取代了人格化的组织原则，以遵守制度的规范化取代了忠于政党或领导人的传统制度。这种制度具有组织关系精密、规范、稳定等优点，得到了近半个世纪的发展。20 世纪 70 年代以后，由于官僚行政管理过于强调统一规则和内部的严密性，已经无法应对日益增多的社会矛盾，出现了回应性差、效率低下等问题。其固有的弊端，如官员的自利行为、寻租腐败、漠视公共利益等也日益暴露出来，政府失灵屡屡显现。在地方层面，公众更是以怀疑和蔑视的眼光看待政府和公务员，表现出对政治冷漠、厌恶的一种态度。特别是福利国家政策也给地方政府自身带来严重危机。一是规模过大，

① 埃克里·阿尔贝克. 北欧地方政府：战后发展趋势与改革[M]. 常志霄，译. 北京：北京大学出版社，2005：219-220.

② 万鹏飞. 地方政府改革：一种全球性的透视[J]. 公共管理评论，2004，（1）：19.

③ Husen T，et al. Schooling in Modern European Society: A Report of the Academia European[M]. Oxford：Pergamon Press，1992：336.

浪费了过多的紧缺资源。例如，美国 12 个公共社会机构和辅助公共社会机构的经费预算在 1970 年是 14 亿美元，而到 1975 年增加为 17 个机构后，经费预算上升到 43 亿美元。[①]二是范围过大，介入企业的活动过多。三是管理方法不当，官僚体制僵化、封闭。

因此，削减政府规模，改革公共行政管理方式，重建公众对地方政府的信任，塑造新型的政府与公众关系，是地方政府迫切需要解决的问题。因此，20 世纪中后期之后，许多西方发达国家开始了全面的政府管制改革，如英国的"阶段改革计划"（the next steps program）及"公民宪章运动"（the citizen charter movement）、加拿大的"公共服务 2000 计划"（public service 2000）、澳大利亚的"公共服务改革法案"（public service reform act）、新西兰的"通向 2010 之路"（path to 2010）等，这种管制改革被称作新公共管理运动，它对政府职能重新进行了界定。

（三）经济全球化对地方政府提出了新要求

经济全球化是几百年来市场经济发展的一个新阶段，其端倪早在自由资本主义时代就已出现。马克思在《共产党宣言》中就指出了世界性的经济趋势和特征。

> 资产阶级，由于开拓了世界市场，一切国家的生产和消费都成为世界性的了……古老的民族工业被消灭了，并且每天都还在被消灭。它们被新的工业排挤掉了，新的工业的建立已成为一切文明民族的生死攸关的问题；这些工业所加工的，已不是本地的原料，而是来自极其遥远的地区的原料；它们的产品不仅供本国消费，而且同时供世界各地消费。旧的、靠本国产品来满足的需要，被新的、要靠极其遥远的国家和地带的产品来满足的需要所代替了。过去那种地方的和民族的自给自足和闭关自守状态，被各民族的各方面的互相往来和各方面的互相依赖所代替了。[②]

20 世纪 60 年代以来，随着国际市场的不断开拓，国际贸易急剧增长，拥有巨大经济实力的跨国企业成群崛起，以科学技术为基础的现代经济活动的全球化程度日渐提高。信息处理与通信技术、交通与运输技术的发展，更是把生产、销售、消费、储蓄及劳动的场所扩大到了世界各地。在这样一种世界经济发展的态势中，跨国活动和跨国主体急剧增加，个人和国际团体的力量不断增强，国家原

---

① 享利·勒帕日. 美国新自由主义经济学[M]. 李燕生，译. 北京：北京大学出版社，1985：157.

② 马克思恩格斯选集（1 卷）[M]. 北京：人民出版社，1972：276.

有的稳固地位受到了严峻挑战，因为前者超越了国家传统意义上的主权和边界，后者削弱了对主权国家的依赖和信任。

经济全球化对地方政府的挑战主要体现在两个方面：第一，地方政府的边界行为受到限制。跨国活动和跨国主体的出现和增多，在一定程度上可能制约地方权力的发挥。跨国主体主要指的是政府间国际组织、非政府间国际组织、跨国公司及一些民间机构，它们在相当多的领域内建立了国际规则，增强了制衡地方政府的能力，起到了规范地方政府行为的作用。市场力量的扩张，在一定程度上削弱了地方力量的边界，迫使地方政府不得不放弃越来越多的公共职能，以满足市场和企业的要求。第二，在一定程度上减少了个体对政府的依赖。在经济全球化进程中，交通运输工具和电子科技的发展缩短了各国社会政治、经济和文化的距离，扩大了个人的信息接受渠道和认知参照系，使得个体公民的自我意识、自我反省能力和自我认知水平都有了较大提高和发展，从而使个人行动的自主性极大地增强，且倾向于不屈服行政权威。

全球化所带来的"国际问题国内化"和"国内问题国际化"及全球竞争的加剧，对地方政府的能力提出了挑战，对地方政府的地位和角色带来冲击，人们开始重新审视市场、社会与地方政府的关系，并且更客观地定位全球化进程中地方政府的角色，以使地方政府在新的时代背景下发挥出更有效的作用。经济全球化挑战和影响了政府的传统地位和角色，这是诸多的全球化研究者大体认可的观点。但是对于政府在经济全球化浪潮中的定位和发展趋势却没有一致的看法，其主要观点大致可以分为三类：第一，经济全球化将导致政府的终结；第二，政府才是真正的主宰力量，全球化有赖于国家的维护和推动；第三，政府和跨国力量并存。无论观点如何相左，不可否认的是，面对汹涌而来的全球化势力，政府很难置身其外，在滚滚浪潮中，能自由发挥的空间似乎日益变小。[①]上述变化给地方教育行政改革带来深远影响：面对复杂多变的社会环境和急剧变革的教育形势，地方政府要迅速做出相关的教育决策反应；地方教育行政体系能够更加灵活地回应公众对于教育多样性的需求，不断提高本地教育公共服务的品质；地方政府不再垄断教育事业，而更鼓励和支持非政府行为主体参与教育事务，在一定程度上将教育权还于市场。

（四）社会公众对教育质量严重不满

20 世纪 80 年代以来，西方各国政府或民间机构纷纷发表教育报告，指出

---

① 转引自：朱利霞. 国家观念、市场逻辑与公共教育——转型期西方公共教育改革研究[M]. 济南：山东教育出版社，2010：21.

本国教育质量出现严重下滑，对公共教育提出严重警告。《国家在危急中：教育改革势在必行》这份报告指出，美国历史上第一次出现了一代人的教育技能不超过、不等于甚至达不到父辈的教育技能的反常现象。《把学校办得更好》这一政府白皮书也认为，英国普通教育质量堪忧，"现在我国的学生取得的平均成绩，既没有达到应当达到的标准，也不能适应面对 21 世纪世界的需要"①。英国公众也对学校教学质量特别是中学教学质量感到不满。英国工商界人士认定，学校未能培养合格的劳动力，不负责任的老师讲授毫不相干的课程，青年人意志消沉。

美国经济学家弗里德曼（Milton Friedman）认为，在教育官僚体制内，费用的增加与生产的下降往往是并驾齐驱的。他举例说，1971—1972 学年至 1976—1977 学年的 6 年中，美国公立学校教职员工的总数增加了 8%，以美元计算，每个学生的费用增加了 58%（扣除通货膨胀率后为 11%）。投入明显上升了。而在校学生人数下降了 4%，学校的数量减少了 4%。同时，教育质量比数量下降得更厉害。产出明显下降了。他认为，单位投入量的产出减少，是官僚主义的增长和权力的日益集中引起的。作为消费者的家长和儿童的选择范围越来越小，作为生产者的教师和学校管理人员的权力却日益扩大。这种官僚体制就像是经济宇宙中的"黑洞"，在大量吸收资源的同时，"释放"的产品却在收缩。②

在 1982 年出版的《公立学校与私立学校》一书中，詹姆斯·科尔曼（James Coleman）等通过测试全美 1016 所公立、私立和教会中学中 58 728 名十年级学生和毕业班学生，发现当家庭背景一致时，私立学校（大多数是天主教）比公立学校的学生获得的成就更高。科尔曼认为，"很明显，天主教学校所起的作用，与公立学校相比较而言，更接近美国理想化的'平民学校'，它以同样方式教育着来自不同背景的儿童"③。其他的一些研究也表明，公立学校学生学习成绩 1961—1991 年一直呈下降趋势。1990 年，约 33% 的公立学校学生参加了学术能力评估测试（scholastic aptitude test，SAT，这是美国高中生进入大学所必须参加的考试），平均分为 896；同年，私立学校 67% 的学生参加此测试，平均分为 932，参加的学生比例和平均分都比公立学校高。④日益恶化的公立学校办学质量使人们感到，在各种改革措施均难奏效的情况下，应该从公共教育管理体制上来寻找原因，从政策上打破公立学校对教育的垄断，对公立学校办学体制进行改革不失为一剂良药。

---

① 国家教育发展与政策研究中心. 发达国家教育改革的动向和趋势（第一集）[M]. 北京：人民教育出版社，1986：295.

② 米尔顿·弗里德曼，罗斯·弗里德曼. 自由选择：个人声明[M]. 胡骑，席学媛，安强，译. 北京：商务印书馆，1982：156.

③ 珍妮·H. 巴兰坦. 教育社会学：一种系统分析法[M]. 5 版. 朱志勇，范晓慧，译. 南京：江苏教育出版社，2005：63.

④ 朱利霞. 国家观念、市场逻辑与公共教育——转型期西方公共教育改革研究[M]. 济南：山东教育出版社，2010：12.

二、西方国家地方教育行政改革的理论基础[①]

20世纪七八十年代以来，西方地方政府改革的理论基础，主要源于政治学中的新公共管理思潮、治理理论和经济学中的经济新自由主义思潮。这些理论，同时也指导了西方地方教育管理体制的改革。

（一）新公共管理思潮

新公共管理思潮是当代西方国家行政改革的理论基础，其影响深远。与传统的行政管理体制利用集权、监督及加强责任制的方法来改善行政绩效的思路不同，新公共管理主张采纳私营企业的管理模式和方法，即市场竞争机制来提高公共服务的质量和水平。

在传统的行政管理体制下，公共管理的唯一主体就是政府，其所属的机构和部门几乎包揽了所有的公共事务。在新公共管理模式下，公共管理的主体出现分化：一方面履行公共管理职能的具体机构和部门部分地从政府中分离出来，成为社会组织；另一方面政府之外的其他社会组织参与到公共管理中来。公共管理的垄断性被打破以后，市场的原则得以在公共管理中推行。

新公共管理思潮有如下几个主要观点。

第一，政府的管理职能是"掌舵"而不是"划桨"。因为"掌舵"的人能够"看到一切问题和可能性的全貌，并且能对资源的竞争性需求加以平衡"，而"划桨"的人只是"聚精会神于一项使命并且把这件事做好"。[②]传统的公共行政管理中，政府是一个"划桨"的人，只是收税和提供服务。而新公共管理主张政府应该是一个"掌舵"的人，只制定政策而不执行政策，即政府应该把管理和具体的操作分开。他们认为，一个有效的政府既不是"实干"的政府，也不是"执行"的政府，而是一个能够治理并且善于治理的政府。

第二，政府服务以顾客或市场为导向。受公共选择理论的影响，新公共管理改变了传统公共行政模式下的政府与社会之间的关系，重新对政府职能及其与社会的关系进行定位，即政府不再是凌驾于社会之上的、封闭的官僚机构，而是负有责任的"企业经理和管理人员"，社会公众则是提供政府税收的"纳税人"和享受政府服务的"顾客"或"客户"。新公共管理还认为，"市场不仅在私营部门存

---

① 朱利霞. 国家观念、市场逻辑与公共教育——转型期西方公共教育改革研究[M]. 济南：山东教育出版社，2010：68-81.

② 戴维·奥斯本，特德·盖布勒. 改革政府——企业精神如何改革着公营部门[M]. 上海市政协编译组，东方编译所，译. 上海：上海译文出版社，1996：12.

在，也在公共部门内部存在。当市场在公共部门出现时，我们通常称之为系统，如教育系统、职业训练系统、心理卫生系统。但它们都是市场，就同金融系统、银行和保健系统一样都是市场"①。因此，政府服务应该以市场为导向，增强对社会公众需要的响应力。

第三，政府服务注重效率和质量。与传统公共行政只计投入、不计产出不同，新公共管理更加关注政府活动的产出和结果，重视提供公共服务的效率和质量，由此而重视赋予"一线经理和管理人员"（即中低级文官）更多的职、权、责，以适应变化不定的外部环境和公众不断变化的需求。具体而言，新公共管理是将政府管理的资源配置与管理人员的业绩联系起来，严格实行绩效目标控制，确定组织、个人的具体目标并根据绩效指标（performance indicator）对目标完成情况进行测量和评估，最终达到"3Es"，即经济（economy）、效率（efficiency）和效果（effectiveness）的要求。②

第四，广泛采用私营部门成功的管理方式和手段。与传统公共行政排斥私营部门管理方式不同，新公共管理强调政府广泛采用私营部门成功的管理方式和手段，如成本—效益分析、全面质量管理、目标管理等，同时引入竞争机制，取消公共服务供给的垄断性，如"政府业务合同出租""竞争性招标"等。新公共管理认为，政府的主要职能固然是向社会提供服务，但这并不意味着所有公共服务都应由政府直接提供。政府应根据服务内容和性质的不同，采取相应的供给方式，决定自己是否直接介入及介入的程度、范围、方式和力度。

作为一种正在成长着的公共管理新理论范式及实践模式，新公共管理是社会发展和公共部门改革的必然产物，与当代人类社会由工业社会向后工业社会的转变、信息化时代的来临密切相关。尽管新公共管理的出现与当代西方社会所面临的一系列现实社会问题（如"滞胀"、政府失灵）分不开，但它也反映了当代社会转型对各国公共管理所提出的新要求。

（二）治理理论

治理的概念由美国学者奥斯特洛姆（Vincent A. Ostrom）在1988年最早提出。他认为，随着经济全球化的冲击、信息技术的飞速发展、不同地区人文和地理环境的差异等，都对地方政府提出了挑战，公共事务的治理绝不可能仅由地方政府来完成。公共事务的管理更应该被看作是一种治理的过程，地方政府需要与其他

① 戴维·奥斯本，特德·盖布勒. 改革政府——企业精神如何改革着公营部门[M]. 上海市政协编译组，东方编译所，译. 上海：上海译文出版社，1996：288.
② 欧文·E. 休斯. 公共管理导论[M]. 彭和平，周明德，金竹青，译. 北京：中国人民大学出版社，2001：2.

组织建立起一种在开放的公共领域进行对话和互动的关系。他还提出，要将公共产品和服务的供应与它们的生产区分开来。地方政府首先应被看作是供应单位，其主要职能是：①建立多种机制，表达和汇集地方居民的愿望和要求，做他们的利益代表者；②在此基础上，决定应该提供哪些服务、服务数量和质量标准的类型；③根据财政公平原则决定政府的公共收支；④制定规则用于约束公共产品和服务消费中的个人行为；⑤选择公共产品和服务的生产类型，对生产者加以监督；⑥建立监督机制使官员能够在公共事务的处理中向其委托人——地方居民利益共同体负责。①

在治理的各种定义中，全球治理委员会（The Commission on Global Governance）的表述具有很大的代表性和权威性。该委员会于1995年对治理做出了如下界定：治理是或公或私的个人和机构经营管理相同事务的诸多方式的总和。它是使相互冲突或不同的利益得以调和并且采取联合行动的持续过程。它包括有权迫使人们服从的正式机构和规章制度，以及种种非正式安排。而凡此种种均由人民和机构或者同意、或者认为符合他们的利益而授予其权力。它有四个特征：治理不是一套规则条例，也不是一种活动，而是一个过程；治理的建立不以支配为基础，而以调和为基础；治理同时涉及公、私部门；治理并不意味着一种正式制度，而确实有赖于持续的相互作用。②

20世纪90年代以后，地方治理运动在逐渐发展成为一个遍及欧美发达国家及许多亚非拉发展中国家的国际现象。"它发生在地方，却又不仅仅限于地方的边界；它强调以分权化为主导的地方权力和自主管理能力，但又倡导不同层级政府之间、地方政府与私企之间、政府组织与公民社会之间广泛的合作与伙伴关系。"③从本质上看，地方治理与地方管理有着很大不同。在公共问题的解决上，地方管理主要靠政府权威来解决；而地方治理强调单靠政府努力是不够的，有必要与其他组织联结起来，实行多主体的合作对地方公共事务的管理。这个多主体包括了除地方政府外的民营机构、社会组织、公民组织等，它们之间形成的复杂关系可称为地方治理结构。同时，在权力的运行向度方面，地方管理的权力运行是自上而下的，它运用地方政府的政治权威，通过发号施令、制定和实施政策，对公共事务实行单一向度的管理；地方治理则是一个上下互动的过程，强调在政府、民营机构、社会组织及公民组织之间建立一种合作、协商、伙伴关系，通过共同目标的达成来处理公共事务。简言之，治理是指政府、社会、个人共同管理公共事务的一种方式，是使不同利益得以协调持续互动的过程。

---

① 万鹏飞. 地方政府改革：一种全球性的透视[J]. 公共管理评论，2004，（1）：32-33.

② 俞可平. 治理与善治[M]. 北京：社会科学文献出版社，2000：270-271.

③ 转引自孙柏瑛. 当代发达国家地方治理的兴起[J]. 中国行政管理，2003，（4）：48.

从地方管理到地方治理，意味着全能型的政府必须让位于有限型的政府，地方政府要重新调整和完善自身职能，依托民营机构、社会组织和公民组织等各种组织化的网络体系，共同应对地方的公共问题，实现公共服务和社会事务管理最优化。

（三）经济新自由主义思潮

经济自由主义思潮由来已久。它经历了古典学派的经济自由主义、新古典学派的经济自由主义的演变和发展。经济新自由主义认为，当代西方社会的弊病是国家干预太多造成的，"如果国家干预少一点，竞争就会进一步发展，垄断就会大大减少"[①]。国家干预妨碍了市场资本主义的发展，使得自由竞争不是名副其实的自由竞争。因此，经济新自由主义要为市场自由竞争正名，其理由是，市场机制在满足人类欲望和分配生产资源到各种不同用途上起着重大作用，市场资本主义（如果真正让它起作用的话）是唯一使每个人最可能在社会中得到他所希望的东西的一种制度。

一些著名的经济新自由主义经济学家，特别是弗里德曼和哈耶克（Friedrich August Hayek），积极关注和研究了西方国家的公共教育制度，对公共教育体制改革提出了诸多意见和建议。

1. 反对政府垄断公共教育事业

弗里德曼认为，19 世纪中叶以来建立的公共教育制度是一种政府的垄断，垄断导致教育质量正走下坡路，教师们抱怨他们所处的教学环境不利于孩子学习，纳税人抱怨费用上涨。在他看来，公共教育制度同许多社会福利计划一样，都患上了"社会集权过度症"——统治者和政府的权力日益集中且毫无节制。做父母的无法干预孩子受什么样的教育，他们既不能直接出学费为孩子挑选学校，也不能间接地通过开展地方政治活动来改变教育制度。学校的控制权落在职业教育家和联邦政府官员手中。解决公立学校困境的唯一出路在于走市场化道路，将整个教育服务中的相当大部分交由私人企业经营。

哈耶克提出了"消费者主权说"，即政府干预不能违反"消费者主权"的原则。他认为，当学校与学生及其家长之间确立了生产者和消费者的关系，学生及其家长就可以决定自己需要什么样的服务。如果政府与学校把自己的意志强加给学生及其家长，必然会破坏资源的有效配置，削减生产者和消费者的福利。而且持续的时间越长，其危害性的后果就越严重。他甚至提出，政府管理学校导致对人的奴役。以普鲁士为例，虽然普鲁士最早建立了让世界其他国家和地区争相仿效的

---

① 亨利·勒帕热. 我们的弊病在于国家干预太多[J]. 柳自如，译. 世界经济译丛，1980，（3）：26.

公共教育制度模式，并且这种教育制度成为促使普鲁士经济迅速崛起的主要原因之一，但是也付出了沉重的代价——政府高度控制了学校教育事业，并且规定了教育内容，使得整个民族都受着一种狂热的国家主义和民族优越感的灌输，推动着普鲁士成为一个好战的法西斯国家。因此，他认为："反对政府管理学校的理由，可以说在今天要比在以前任何时候都更加充分，而且不仅如此，甚至人们在过去所提出的大多数用以支持政府管理学校的理由现在也已经消逝不存了。不管当时的情况如何，现在已无人怀疑，教育不仅须由政府资助而且须由政府来提供的这种状况，已不再成为必要。因为普通教育（universal education）的传统和制度在今天已经牢固建立起来了，而且现代交通运输的发展也已解决了大多数因学校与学生住家相距太远而导致的种种棘手的交通问题。"[①]

2. 提出政府干预教育必须有限度

经济新自由主义认为，政府的教育职责不能无原则地扩大，政府干预教育只能基于两个限度：第一是邻近影响。当"一个人的行动迫使其他人为之支付相当大的代价，而又无法使前者赔偿后者的情况，或者，个人的行动对其他人产生相当大的好处，而又无法使后者赔偿前者的情况，即使自愿的交易成为不可能的情况[②]"之时，邻近影响的问题就出现了。也就是说，一个公民如果接受了一个最低限度的文化教育和基本价值准则的教育，从而减少了制造社会混乱的可能，促进了民主社会的稳定，那么这个公民就理应得到相关受益人的补偿。但是相关受益人实际上是无法识别出来的，因此只能由国家出面干预进行补偿，即让公民接受基本的教育。政府可以用"邻近影响"为理由来向学校教育提供必要的经费，但要以此理由对学校进行直接的管理，使教育事业"国有化"却是很难加以论证的。第二是家长主义（paternalism）[③]。对那些不负责的人来说，政府采取家长主义的态度是不可避免的。但这种现象并不普遍，因为对孩子不负责任的家长总的来说非常少。政府实在有必要对学校教育采取家长主义的态度。

3. 主张将政府资助教育和管理学校两种职能分离

哈耶克不反对义务教育费用应当由公共资金来支付，但他明确指出，这绝不

---

① 弗里德利希·冯·哈耶克. 自由秩序原理（下）[M]. 邓正来，译. 上海：上海三联书店，1997：164.

② 米尔顿·弗里德曼. 资本主义与自由[M]. 张瑞玉，译. 北京：商务印书馆，1986：83.

③ 家长主义，也称为父权主义，喻指政府所拥有的类似于父亲在家庭中的权威和作用。教育领域中坚持家长主义的理由是部分家长不懂教育，不能做出合乎理性的决定，为了儿童的利益，应由政府强制决定。美国政治哲学家杰拉尔德·德沃金（Gerald Dworkin）的《家长主义》一书专门研究家长主义。他在书中列举了 16 种家长主义的表现，并指出政府在一些领域直接干预社会成员的自由，不是为了保护他人和社会不受侵害，而是为了保护受干预人自己不受自己不当行为的侵害。

意味着现今推行的义务教育或者由政府资助的普通教育，就应当以政府来建立或管理这些教育机构为必要条件，政府资助教育和直接管理学校应该是两码事。他设想将学生群体分成两类，一类学生是，他们现在就学需要支出但其以后的职业前景应该足以使其获得高于一般水平的收入。对于这部分群体，国家不需要为他们提供经费或补贴，最好的办法是要让他们能够借到用于进行人力资本投资的资本，并能让他们以后在其增加了的收入中归还。另一类学生是，他们以后的职业（如科学家、学者等）是为整个社会进一步扩散、增加知识服务。社会从他们那里得到的好处不能用这些人能出售其特殊服务的价格来衡量，因为他们的服务有很多是免费提供给所有人的。对于这类群体，政府应该提供帮助。

同哈耶克一样，弗里德曼也不反对政府将公共资金提供给教育事业，但也要求不能直接拨给学校，而是以教育券的形式发放给家长，家长凭教育券可以自由选择孩子需要就读的学校，只要这个学校经由政府认可，而不必考虑它是公立还是私立。家长如若需要更多地特殊服务，也可以添加费用向他们所选择的、政府认可的教育机构购买教育服务。[①]他认为，向家长发放教育券好处非常多：首先，可以最大程度地减少政府超越职权去干预学校的可能，同时也保证学校获得最低限度必需的资助，确保学校获得基本的办学水准；其次，学生及其家长的权利得到充分尊重和运用。由于家长控制了教育资源，学校的利益和学生的选择密切相关，学校就自然有动力去关心他们的需求；最后，促进学校之间的办学竞争。公立学校与私立学校一旦处在相同的竞争位置上，就会被激发出不可估量的活力，创造出新的产品和服务。

第二节 西方国家地方教育行政改革的实践及特征

在西方国家，市场经济的确立和发展已有 300 年的历史，通过市场调节社会经济活动、配置社会资源的经济体系已臻于完善和成熟。但是公共教育，却是一个撇开市场而由政府包揽一切的例外，以至于弗里德曼不无形象地将公立学校制度比喻为游离于整个资本主义市场经济之外的一个"计划经济"孤岛。20 世纪七八十年代以来，以市场为导向的西方办学体制和管理机制改革得到较大推进，政府包揽教育的格局逐步被打破。这一切，与西方国家教育行政改革密切关联。西方国家地方教育行政的改革涉及三个方面：一是教育职能无论在纵向系统，还是

---

① 弗里德曼的这个方案来源于第二次世界大战后美国退伍军人的教育方案。当时美国政府规定，政府每年为每个合格的退伍军人提供一笔最大限额的款项，这些退伍军人可以在任何一所能维持最低教育标准的教育机构使用这笔款项。

在横向系统方面，都发生了较大的转变；二是重视行政绩效评价，强调责任型地方政府；三是中央政府和地方政府之间的关系发生了较大变化。这在西方国家都比较普遍。

一、西方国家地方教育行政改革实践

（一）地方政府教育职能发生转变

1. 在纵向上，将地方政府的教育权力下移

纵向系统，指的是从中央政府教育行政部门到地方政府教育行政部门，从地方政府教育行政部门到学校，从学校到学生及其家长这一系统。在这次改革中，纵向下移的对象：一是学校。地方政府向公立学校下放权力，给予学校更大的权力，推动校本管理运动。二是学生家长。学生家长获得择校权，鼓励并允许学生家长参与学校管理。具体举措有如下几个方面。

第一，推动学校管理校本化。学校管理校本化，是一种以学校为本位或以学校为基础进行管理的学校管理改革趋势，其核心是强调教育管理重心下移，主张教育行政部门给予学校更大的自主权，使学校在自我管理、自主发展的条件下提高自身管理的有效性，成为办学质量优良的有效学校（effective school）。一般认为，上述改革是基于两个前提性假设：①学校是决策的主体。决策应在学校的功能范围内做出，学校在财政和管理上的自主权应该加强，游离于学校之外的行政组织的作用应当减弱。②学校是改革的主体。有效的学校改革不仅依赖于外在的程序，更为重要的是依赖于参与者分享决策的制定。英国《1988年教育改革法》推行的"学校的地方管理"（local management of schools，LMS）政策，就是赋予那些仍留在地方教育当局的学校董事会在预算、日常管理和接受拨款方面更大的权力，同时也削弱地方教育当局的权力。澳大利亚同美国一样，其教育由各州负责。其中维多利亚州是放权改革的急先锋，到1992年的时候，所有学校都由校务委员会管理，它拥有除教师工资以外所有项目的预算权。新南威尔士州则以法人的原则来重建学校管理制度，而且解除了学区入学限制，以鼓励学校之间的竞争。西澳大利亚州赋予学校选聘教师和进行职员工资外预算的责任。

第二，鼓励并允许家长择校。在传统的西方公共教育中，学生入学实行的是"居民区学校"制度（neighborhood school system），即儿童必须就读于居住地指定

的公立学校，没有自由选择的权利。这次改革赋予了家长在选择学校送孩子上学方面一定的自由。从目前西方国家教育改革的实际来看，家长可以从两个层面进行择校：一是可以在公立学校和私立学校之间选择。如英国的公助学额计划（assisted places scheme），对选择私立学校就读的学生予以补助。美国一些州和地区的教育券计划（education voucher plan），也允许学生家长自由地选择公立学校和私立学校。二是可以在公立学校之间选择。例如，在美国明尼苏达州，学生可以到他们所在学区以外的学校入学，只要接收学校有足够的教室和相关设备、其种族人群的比例也不受影响，州政府和地方学区就会从有关基金中调出一部分，资助这些跨学区入学的学生。

第三，鼓励并允许学生家长参与学校管理。这种政策的变化显示出，学校管理从关注家长的义务转到强调家长的权利。1986 年英国教育法规定，中小学的董事会成员除当地教育机构和校方代表外，另一半必须是学生家长和当地的社会各界代表，他们共同管理学校经费预算、确定学校内部组织和基本教育课程及校长以外的人事安排等。《1988 年教育改革法》规定，直接拨款学校董事会的成员中必须有学生家长董事五名和社区人员数名，并规定家长在学校的办学方式上拥有决定权。1989 年，新西兰也将全 2700 所初等学校和中等学校的实际控制权转交给由地方选举的家长占多数的学校托管委员会。英国的《家长宪章》（1994 年）规定，家长有权对学校进行经常性的独立视察。莱文指出，在英格兰和新西兰，以及美国的部分地区（如芝加哥和肯塔基），由家长和社区其他成员组成的学校管理机构拥有非常实质性的权力。①

2. 从横向上，推动教育权力的多中心化

横向系统，指的是教育系统与其他社会系统所形成的关系系统。这一系统的变革是，通过引入市场机制，允许非政府组织、市场力量、个人和家庭投入教育服务及其公共管理的行列。30 多年来，西方国家工商企业介入学校教育的程度和方式较过去有了较大的变化，其集中表现就是企业开始广泛关注并直接介入学校教育的改革和运作。美国政府在 1991 年颁布的《美国 2000 年：教育战略》中明确提出，要发挥企业在教育中的作用。一些地方学区也任命企业经理，由其担任教育行政部门的官员。在英国，不仅规定新设立的城市技术学院（City Technology Colleges）的董事会必须要有工商业的代表，而且许多原有的公立学校都在董事会中安排了企业界的成员。英国《1988 年教育改革法》提出了"教育行动区"计划，鼓励和支持社会各界，特别是工商企业界向教育大臣申请在教育薄弱地区成立"教育行动区"，接管所属公立学校（通常不超过 20 所）。"教育行动区"享受政府制

---

① 莱文. 教育改革——从启动到成果[M]. 项贤明，洪成文，译. 北京：教育科学出版社，2004：16.

定的一系列优惠政策，在课程方面，"教育行动区"学校和英国的私立学校一样，不受政府的国家统一课程约束；在人事方面，它可自行聘任校长和教师，不受现行的全国教师聘任条例限制；在经费方面，除了日常的学校预算外，政府每年向每个"教育行动区"提供 25 万英镑的追加拨款。但申请者必须提供令人满意的学校改革方案和合同期内改善学校办学质量的具体目标，并在政府的额外拨款之外注入相应的配套资金。

　　从经济学意义上讲，这场改革就是将学校教育的诸多权责由过去的政府包揽转向了市场化的私人领域，但是并不意味着政府干预教育的职能由此丧失。地方政府教育职能逐步由以往的政府控制模式（state-control model），转向了政府监察模式（state-supervisory model），它对教育的要求，不再是确保遵守规定，而是预期表现的达成；不再是全面的管制，而是倾向于结果的评量及推动学校改善不良状况。政府对教育的关注重心发生了从过程到结果、从输入到输出的转换，这标志着政府与教育制度之间的关系有一种重大的、全新发展。[1]换句话说，这表明了地方政府实现教育职能的方式正由过去单一的直接控制逐步走向多样化的治理。赫斯特（Paul Heywood Hirst）和汤普生（G. Thompson）积极阐述了这种变化，"人们通常把政府等同于控制和管制一定地域人民生活的国家机构。然而，治理不仅仅是国家的职权，而是指利用一些手段来对某一活动进行控制，从而产生既定的结果。而且，治理这种功能是可以透过各种公立与私立、政府与非政府、国家与国际机构的做法来执行的"。[2]

（二）更加强调地方政府的教育绩效责任

　　在"重塑政府"这一理念的指导下，西方各国借鉴和引入了不少企业管理方法，用企业家精神改造政府，提高政府效能。地方政府被要求尽可能将服务目标具体化，并且设计相应的绩效指标，以此作为服务有效的依据。在撒切尔夫人执政期间，英国评价地方政府有三个主要指标：一是一项服务的成本与所创造的资源之间的关系，即经济指标（economy）；二是服务所消耗的资源与其产出之间的关系，即效率指标（efficiency）；三是服务产出与其总体目标之间的关系，即有效性（effectiveness）。1997 年工党执政后，地方政府的绩效评价发展成为"4C"，一是对地方政府所提供的服务提出挑战和质疑（challenge），即为什么和如何提供某项服务；二是在考虑服务消费者和供应者看法的前提下，与其他地方政府的服

① Neave G. On the cultivation of quality, efficiency and enterprise: An overview of recent trends in higher education in Western Europe, 1968-1988[J]. European Journal of Education, 1988, 23（1/2）: 7-23.

② 莫家豪，戴晓霞. 全球化、市场化与高等教育：东亚地区发展趋势[A]//戴晓霞，莫家豪，谢安邦. 高等教育市场化：台、港、中趋势之比较[C]. 台北：高等教育出版社，2002：341.

务绩效进行比较（comparison）；三是在新的绩效目标背景下广泛咨询（consult）地方纳税人、服务消费者和商业群体的意见；四是是否以公平竞争（competition）作为获得效率和有效性的手段。①在这一时期，加拿大、澳大利亚、新西兰等国家都建立了地方政府绩效评估体系。

在教育领域，伴随着对学校教育质量普遍产生的信心危机，社会公众要求地方政府和学区承担起教育绩效责任在西方国家蔚然成风，并且以立法的形式确定了下来。在美国，1994年的《改革美国学校法》《2000年目标：美国教育法》、1999年的《教育弹性伙伴关系法》和《学童教育优异法》，均赋予州、学区较大的弹性去统整、修正教育计划，以负起更多的教育绩效责任。尤其是《学童教育优异法》第十一章专设了教育绩效责任的有关条文，要求各州建立一套严格的绩效责任措施。其内容主要为：①强化学区及学校的绩效责任。鼓励各州发展一套严格的绩效责任措施，以要求所有学校对学生的学习成果负责。②各州须为教育决策负责。各州需为学生进步及晋级的政策负责，确保决策过程的专业化并能满足学生的最佳需求。此外，各州还需对教师素质负起责任，并编列预算协助教师提高专业水平。③废止现行不当的自动升级和留级措施。要求各州在四年内，针对三个关键期（如四年级、八年级及毕业时）需要额外帮助的学生实施有效的教育策略，以协助其达到具有挑战性的标准。④规定发行学校报告卡。接受经费资助的州必须提供州内每一学校、学区及全州的年度成绩报告，列明学生成绩、教师资格、班级规模、校园安全、出席率及毕业率。⑤扭转低成就的学校。学区需公开找出过去三年未见改善的最差学校并帮助其改善现状，包括实施延长学习机会、有效的学校改革模式及密集的教师训练等；若在两年内未见改善，必须考虑更换教职员以重组学校，或完全关闭学校后聘用新的教职员重新开张等。②美国宪法规定教育由各州负责，因此州政府在教育绩效责任制度的实施上起着举足轻重的作用。各州在这一时期已逐渐发展完善地方（学区）层面的绩效责任制度，有些州对学区及学校实行同样的标准，有些州则以学校达到州标准的比率为学区的标准。在北卡罗来纳州，若是学区内有一半的学校被鉴定为表现不佳的学校，则学区可能失去其认可，并且需接受诸如置换学区首长或行政人员的处理措施。在罗得岛州，若是有40%的学校被评定为需要接受介入处理，学区会则被评为应介入学区，州政府将指派"支持及介入小组"与学区共同分析其应改善之处，分析结果将做成协议，明确所需进行的改革、实施时程、州应提供之协助、资源计划、结果要求及实施成功的指标。③

① 万鹏飞. 地方政府改革：一种全球性的透视[J]. 公共管理评论, 2004,（1）: 22.

② 吴清山, 黄美芳, 徐纬平. 教育绩效责任研究[M]. 北京：九州出版社, 2006: 42-43.

③ 吴清山, 黄美芳, 徐纬平. 教育绩效责任研究[M]. 北京：九州出版社, 2006: 60.

西方的教育绩效责任运动在早期倾向于要求地方政府、学区和学校遵守相关规则和规定，关注的焦点是结果。20 世纪 90 年代以后，该运动逐步转移到预期表现成果的达成，不再强硬要求地方遵守繁杂的规定，而是着重采取积极介入表现不佳学校的政策，帮助其解决问题，促使其改善专业表现与学生学习成效。比如，美国联邦政府虽然在这一时期制定了多项法案以利教育绩效责任的推行，但法案的内容多为建立全国性的教育目标及课程标准，而不是要求地方遵守规定和限制。

（三）改革中央政府与地方政府的教育关系

根据公共教育与政府的关系，西方公共教育体制大致可以分为两类：一类是中央集权型，中央政府全权负责教育，地方政府负责具体管理，即通常所说的"国家制度，地方管理"，如法国、英国、瑞典等国；另一类是地方分权型，中央政府对教育没有宪法上的义务，公共教育主要由州政府负责，如美国、澳大利亚等国。20 世纪 80 年代以来，这两种类型的公共教育体制都进行了改革，尤其是对中央政府和地方政府的教育关系进行重新划分和界定。从总的趋势来看，出现了集权与分权适度融合、适度靠拢的发展特征，绝对的集权和绝对的分权体制已经较难看到。

对于中央集权型的国家，赋予地方更多的教育管理权限，给予学校更大的办学自主权。法国通常被认为是一个高度集权的国家，但是自 1982 年以来，法国已经逐步向地方分权制国家演变。在这个时期陆续颁布的一系列法案中，中央政府将人事和教学方面的部分权力逐级下放给学区长、学区督学、校长这三级教育行政领导人；将行政和财务方面的部分权力逐步分配给地区、省和市镇三级地方行政部门。1985 年颁布的《非集中化法》规定，国家教育部负责制定教育方针、编制教学大纲，负责教师招聘和职位设置；学区负责管理高中，省管理初中，市镇管理小学。同时还规定，各级地方政府对自己分管的教育机构可以行使制定教育规划、决定扩建校舍、购置设备等权力。1992 年的法律又规定，在中央与地方关系中贯彻辅助原则，即只有当地方政府没有能力或能力不够办理的公共事务，国家才会被请求给予帮助和介入。

对于地方分权型的国家，强化中央政府的教育职能，削弱地方政府的权力。例如，英国《1988 年教育改革法》规定，任何由地方教育当局管理的郡立学校或民办学校经家长投票同意后提出申请，并经国务大臣批准，就可以脱离地方教育当局的控制，成为直接拨款的公立学校。该法改变了地方教育当局对中小学教育的垄断权，推动中小学教育管理体制由地方教育当局的单一管理模式逐渐转向中央政府、地方管理和学校自主三级管理模式。同时规定，建立全国统一的课程、推行全国统一的考试，彻底改变了英国过去由学校或教师自行决定课程开设的传统，强化了中央政府的调控。

当代西方国家的教育行政体制改革，实际上是与政治、经济体制改革同步的，都共同出现了中央政府与地方政府在集权与分权之间均权化的趋势。

二、西方国家地方教育行政改革的特征

西方各国地方政府教育行政体制改革至今还在持续中。这场改革，不同的国家在不同的发展阶段有不同的侧重点，而且在表现形式、指导思想、路径选择及推进战略方面都各有不同。然而，在相似的改革背景之下，其表现出一些共同的特征。

（一）市场化

所谓市场化，就是将市场经济的理念和运行机制引入到教育行政管理和学校管理中，其核心是推动"小政府、大社会"改革，将以生产者主导的公共教育制度转变为以消费者主导的公共教育制度，减轻地方政府日常加重的公共财政压力。在英国《1988 年教育改革法》颁布之前，当时的教育大臣肯尼斯·贝克（Kenneth Baker）在议会下议院进行陈述时说："在以往的四十年里，我们的教育制度是建立在 1944 年《巴特勒教育法》规定的框架之上的……我们需要为这个制度注入活力，因为它已经成为一种生产者主导的制度，无法对以往十年里日益急迫的改革要求做出敏锐反应。"[1]托马斯（H. Thomas）的研究认为，英国 1979 年以后的教育改革是以市场、竞争和责任三个理念为支撑点的，与此相啮合的一些主题词——效率、有效性、所有权变化、权力下放、教育经费资助者的控制和影响等构成了一张错综复杂的网，成为影响教育政策制定的重要因素。[2]

地方教育行政市场化改革包括两个方面：一是政府教育职能的市场化转变。打破地方政府对公共服务事业的垄断经营，允许私营机构管理公立学校。例如，美国的特许学校制度，允许一些私营组织自己创办并管理经过政府特别授权的公立学校。英国规定新设立的城市技术学院的董事会必须要有工商业的代表，也鼓励原有的公立学校在董事会中安排企业界的成员。二是政府自身管理进行市场化改造。在自身管理上，打破官僚行政体制的束缚，引入"企业家"精神和市场竞

---

① 转引自汪利兵. 当代英国教育的市场化改革研究 [J]. 比较教育研究. 2001，（6）：43.

② O'Donoghue，Thomas，Dimmock C. School Restructuring: International Perspectives[M]. London: Kogan Page Limited，1998：31.

争机制，精简机构，进行成本与质量管理控制，强化绩效评估。通过市场化改革，减轻了地方政府的财政负担，在一定程度上提高了政府效能。

（二）多中心化

英国自由主义思想家迈克尔·博兰尼（Michael Polanyi）在描述他所发现的社会秩序的特征时最早使用了"多中心"一词。奥斯特洛姆在 1998 年发表的《公共事物的治理之道：集体行动制度的演进》，标志着多中心治理理论的正式形成。一般而言，社会领域可以划分为三大部门：第一部门为政治领域拥有公共权力的国家或政府；第二部门为位于经济领域属私人范畴的市场或营利组织；第三部门为处于公共领域的社会组织，也称非政府组织（Non-Governmental Organization，NGO）或非营利组织（Non-Profit Organization，NPO）。多中心治理理论认为，随着社会进步和发展，多元社会主体对政府的公共管理水平要求越来越高，传统的政府单中心管理已经无法满足和回应公众日益增长的多元需求，公共管理完全可以由政府、市场、社会等社会主体多方提供，三者权力分散但彼此制衡，地方政府拥有有限权力。

从西方地方教育行政改革的实践来看，地方教育管理逐渐走向地方教育治理，治理多中心论逐渐取代政府单中心论。在新的治理机构下，地方政府不再是地方公共教育权力的唯一中心，而是由地方政府、公民组织、政党组织、利益团体、私营组织、个人等构成的一个平面网状结构。在这个网状结构中，政府与社会组织、政府与公民、政府不同部门之间、上下级政府之间是一种合作的伙伴关系，通过相互博弈、相互调适、共同参与、协调合作等互动关系，形成地方公共管理制度。政府在解决教育问题时，不再是单打独斗，而是与其他社会主体相互合作与支持。传统的由地方政府主导的地方公共事务空间，变成了公民个人、非政府组织与政府共同参与表演的舞台。定位地方政府与社会在地方公共服务和管理中的责任范围，是各国地方教育行政改革的重要内容。

（三）法治化

在地方教育行政改革过程中，西方各国无不重视立法手段的运用，通过立法来确保改革的合法性。其一，教育法规被置于改革的纲领性地位。教育立法在速度上明显加快，数量上空前增多，立法层次上显著提升。其二，教育立法更富有理性，既有全国性的要求，也允许地方政府和学校灵活选择。其三，教育立法更富有目的性，西方各国将教育立法置于社会发展的基础地位。

以美国为例，政府通过颁布《美国 2000 年：教育战略》《2000 年目标：美国教育法》《1997 年重建美国学校伙伴关系法》《不让一个孩子掉队》等法案，逐步加强联邦政府对教育的干预，通过全国性的标准及提供经费等措施，将教育改革的主导权从由各州控制转为由联邦和各州政府共同掌控。英国政府通过1980年教育法、1986年教育法、1988年教育法、1993年教育法等一系列教育立法，扩大中央政府对教育的控制权和影响力，削弱地方教育当局的行政权。法国通过1968年的《高等教育方向指导法》、1982年的《地方分权法》和1993年的《权限分配法》，不断赋予地方更大的教育自主权。除此之外，丹麦于1989年颁布了《公立学校法》，瑞典于1985年颁布了《1985年教育法》，等等。教育改革与教育立法是密不可分、相互促进的。特别是一些涉及面较广、影响较大的教育改革方案，往往都是教育立法使之成为法律，从而以法律的强制性保证教育改革的合法性。

（四）弹性化

弹性化，指的是政府应对问题的反应能力和灵活性。弹性化要求政府管理机构和管理人员必须对公众的需要做出及时的和负责任的反应，不得无故拖延和没有回音。在必要的时候，还应当主动地向公众征求意见、解释政策和回答问题，回应性越大，善治的程度就越高。[①]20世纪80年代以来，地方政府通过地方区划的重组与改革，政府部门结构的精简与调整，在各个部门之间建立了流畅的沟通与合作机制，强化了地方政府对公众的回应性和服务理念。

为了提高政府的弹性能力，政府还利用计算机技术和网络技术改进传统的行政管理方式，创新公共服务供给工作，推行电子政务工作，加强在线服务，满足公众需求。美国弗吉尼亚州在州长的提议下设置了级别很高的首席信息官，专门负责主持并领导该州的电子政务工作。德国在电子政府建设上，坚持由中央集中统一规划，推出的"联邦在线"计划，旨在突破某一政府部门的信息化，涵盖了16个联邦州和数千个地方政府。[②]以下是英国政府的全国学习网计划。

全国学习网计划[③]

为了促进信息技术及信息化教育发展，英国政府将1998年定为"网络年"，制订全国上网学习计划，并设立"英国教育通信技术署"。政府还出面与英国电信公司商定，让每所学校、医院和图书馆免费上网。政府还要求计算机公司向每个孩子免费提供一台手提电脑，使孩子们更多地拥有信息，并能创造地利用信息。另外，政府向求职者免费提供电脑培训，向贫穷家庭低价格出租电脑和赠送经过回收即维修后的旧电脑，资助中小企业的职工信息培训。2003年，

---

① 俞可平. 治理与善治[M]. 北京：社会科学文献出版社，2000：10.

② 王勇兵. 国外地方政府改革与创新六大潮流[J]. 中国改革，2005，（9）：33.

③ 孙杰明. 英国教育行政发展状况及其启示[J]. 教学与管理，2011，（11）：87.

影院、邮局、火车站等 30 多个主要公共场所完成提供上网设施计划。2004 年，实现 100% 的电子政务。2005 年，实现每个家庭都能上网。

上述四种改革趋势，都是西方国家为了应对社会政治、经济和文化等改革与发展的新形势，而对现行被认为是缺乏效率的地方教育行政体制做出的新调整。其中，市场化可以说是最主要、最关键的特征。"市场在现代社会中最重要的作用是分散权力，方式则是通过竞争让各种组织有效率地提供市场所需商品和服务。"[①]以市场为导向的西方地方教育行政改革，其核心关涉的是公共教育权利和权力的重新分配与平衡，即公共教育权在各有关行为主体，包括中央政府、地方政府、学校、市场与家长之间发生的变更。变更的目的是调动多方参与教育的积极性，更有效地配置教育资源。

第三节　西方国家地方教育行政改革的借鉴与启示

改革开放以来，伴随着经济体制改革和政治体制改革的进程，我国的地方教育行政改革也一直在推进过程中。从纵向来看，涉及中央政府、地方政府、学校间职责的重新分配；从横向来看，涉及政府、市场、社会三者在教育中作用的重新安排。这一点与世界各国的地方教育行政改革状况是相吻合的。从对西方各国教育行政改革现状的梳理来看，我们可以从中获得成功的启示，也可以汲取失败的教训。

一、对西方国家地方教育行政改革的相关经验要充分借鉴和吸收

（一）在更广阔的公共管理视野下思考地方政府教育行政改革

从 20 世纪 70 年代末开始，西方社会兴起了新一轮政府改革运动，被称为公共管理革命。在这场政府改革运动中，西方国家不仅关注中央政府层面的治理与变革，而且更注重地方政府层面的治理与变革。西方国家在公共选择理论、新公共管理、治理等理论的指导下，对地方政府的职能、机构、内部流程、外部关系及管理方式等，进行了大刀阔斧的改革。这场改革持续了近 30 年，影响深远，被

---

① 赫伯特·西蒙. 今日世界中的公共管理：组织与市场[J]. 杨雪冬，译. 经济社会体制比较，2001，（5）：59.

有的学者称为西方社会的"治道变革"①。

这场改革也表明，地方公共事务的有效治理决不能仅仅依赖于地方政府，以往那种公共管理中政府全能的思维必须让位于有限政府的思维。我们需要思考的是，哪些职能是地方政府必须承担的，哪些职能是可以由个人或社会组织承担的，哪些职能是由政府和个人、社会组织共同承担的。因为在改革地方政府的同时，不能忘记的是，教育职能永远也须都是政府的公共职能。地方政府可以选择自己提供教育产品和服务，也可以选择外部生产方式，但是如果过分讲求效率，过于强调消费者需求，完全将公共服务纳入市场机制，势必损害教育的公正性、伤害公民的教育权利。因此，新公共管理改革绝对不是要削弱或废除政府的教育职能，而是要在新的基础上重构地方政府的教育职能。

借鉴西方教育行政改革的经验，我们更有必要从更广阔的公共管理视野把握中国教育行政的治道变革，通过全面考察新一轮地方政府改革运动的来龙去脉，具体分析其起源、指导理论、发展走向等，从中找出一些普遍性的特征，为中国当前的地方政府改革与创新服务。

（二）从企业管理的经营之道寻找教育问题解决的灵感和办法②

在行政管理史上，不乏向企业管理寻求治理之道的案例。西方一些国家在新公共管理运动的影响下，对地方教育行政进行了较大的改革探索，这不失为一种解决方案。新公共管理与传统公共管理的最大区别在于，新公共管理淡化和模糊了公共部门和私营部门之间的区别，认为私营部门的组织管理原则同样可以运用于公共部门，它不再强调程序规则而是转向结果导向。在这种背景下，地方教育行政首长和学校校长更多地承担起企业主管的角色，而学生家长不把自己当作公民，而更多的是把自己当作消费者；教育改革的目标特别强调的是消费者至上，教育产品与服务应尽可能地引进竞争机制，让消费者受益更多。

企业价值观念日益渗透进一个迄今为止仍被认为是较"纯"的教育领域，这仍然是一个值得讨论的话题。但是，强调教育行政部门专注于战略性或原则性的事情，具体的事务交由管理者管理；更多关注消费者的需求、更多提高服务质量等观念和主张的确值得教育行政部门思考和借鉴。

（三）教育行政改革要与教育投入制度改革同步推进

教育投入是影响教育改革的重要因素，它对教育改革的走向有举足轻重的影

① 毛寿龙. 坐而论道　为公立学——公共管理与治道变革[M]. 北京：法制出版社，2008：1.

② 万鹏飞. 地方政府改革：一种全球性的透视[J]. 公共管理评论，2004，（1）：31.

响。通过增加教育经费预算来影响地方公共教育，是西方联邦制国家干预公共教育的主要手段。当联邦政府认为某个问题需要解决时，就制定一部教育法，提供相应的经费，凡执行该法的州政府和学校即可得到一笔经费。例如，美国通过《1997年重建美国学校伙伴关系法》，用 4 年时间下拨 54 亿美元协助州和地方对学校进行改旧布新。2001 年，为了确保《不让一个孩子掉队》法案的顺利实施，联邦政府的教育经费拨款大幅增加，从过去从未超过各学校教育经费总额的 10%一举提高到了近 25%，并逐年递增。2001—2007 年，美国国会将联邦教育经费从 422 亿美元增加到了 544 亿美元，而直接基于《不让一个孩子掉队》法案的教育拨款更是从 174 亿美元上升到了 244 亿美元。[1]

改革教育投入的方式和途径也是西方国家干预公共教育的一种手段。例如，为了削弱地方政府教育职能，扩大学校办学自主权，英国政府在《1988年教育改革法》中规定，由教育科学大臣通过中央拨款的形式直接向愿意独立于地方教育当局的学校提供经费。随着这类直接拨款学校数目的不断增长，英国政府又在 1993 年教育法中规定，设立"学校基金处"，取代原来教育部对学校的直接拨款。学校基金处由 10～15 名成员组成，由国务大臣任命，其中大部分来自教育以外的工商业界。通过这样的改革，中央政府拓宽教育经费的来源渠道，减轻了教育投入负担，又进一步地弱化了地方教育当局对学校的干预力度。

（四）积极应对复杂的社会环境所提出的教育挑战

地方教育发展的压力，不仅有来自区域内部或全国范围的竞争者，更有来自全球范围的对手。因此，地方政府的教育发展要有全球性的眼光和视野。地方教育行政改革，除了上述所提到的均权化改革、引入治理理念、扩大公众参与之外，还应该考虑到如下几个方面的应对方略。

首先，改革的重点应放在教育制度建设上，教育发展的竞争力与制度建设不可分割，良好的公共服务体系也是竞争力的一个重要指标。

其次，打破地区限制，建立多种形式的政府间、政府与其他组织和个人间的合作关系，包括不同层级政府之间和横向政府之间的伙伴关系，如建立跨地区间的协调委员会及政府、非政府组织之间的伙伴关系。

最后，建立由企业界、学界和技术界等各方人士组成的地方政府教育顾问委员会，使政府教育决策更能反映各方的利益和要求，更为科学和明智。

---

① 傅添. 论 NCLB 法案以来美国教育行政管理体制的改革趋势[J]. 外国教育研究，2012，（2）：107.

二、对西方国家地方教育行政改革的教训要总结和反省

（一）充分认识改革所带来的"双刃剑"效应

以市场导向为根本的西方国家地方教育行政改革，在一定程度上颠覆了人们对传统公共教育及其管理体制的认识和理解，即公共教育不再是一项由政府垄断的社会事业。但是人们在欢呼改革的同时，也不要忘记这次改革本身也是一把"双刃剑"。从有利的方面来看，教育效率大大提高了：改革增强了教育制度的灵活性、多样性和自主性；扩大了消费者（学生及其家长）的权利，满足了消费者的多元需求；鼓励了学校之间的竞争，培育了积极进取的企业精神。但是，对效率的过分追求必然带来公正的缺失。虽然改革声称是为了让教育更公正，但它在许多方面却是极不公正的，它可能导致强者恒强、弱者更弱。因学校之间竞争激烈，学校就会通过面试等手段筛选学生，虽然筛选标准各不相同，但家庭环境的好坏、父母学历的高低无疑会成为重要条件。"好"的学校显然更愿意选择在学术上和社会地位上都处于强势的"好"学生，从而继续维护自己"好"学校的名声。而在阶级、种族、性别和学业能力上处于不利处境的学生将不得不就读于"差"的学校，"差"的学校陷入改进更困难的恶性循环。马太效应的后果必然导致学校的两极分化，学校将被分化为家庭环境好、成绩优秀的中产阶级子弟云集的学校和社会福利照顾下的下层阶级子弟集中的学校。这显然是违背择校制度初衷的，而且违背了教育的公平性原则。

要解决这个问题，教育改革就必须在消费者权利和公民权利之间寻求更好的平衡①。如果只强调消费者个人的选择权，就有可能忽视整体的社群利益。因为市场意味着信息的开放和畅通，所以对于所有的选择者来说这才是公平的。但是，对于那些教育程度较低、经济状况较差的家庭来说，他们很难获得全面的、真实的市场信息，无法为孩子做出行之有效的选择。这样就很容易导致前面所分析的两极分化现象。而"好"学校或"差"学校，其实都不能代表整体的社群利益。就一个社群或社会的公民而言，他们所需要的是一个能充分代表社会整体利益的教育制度。

（二）客观评估西方国家教育行政改革的预期成效

关于这次西方国家教育行政改革，倡导者认为，地方政府针对学校的放权行

---

① 杰夫·惠迪，萨莉·鲍尔，大卫·哈尔平. 教育中的放权与择校：学校、政府和市场[M]. 马忠虎，译. 北京：教育科学出版社，2003：3.

为，扩大了学校的办学自主权，增强了学校的绩效责任。特别是学校管理私营化，将竞争机制引入公共教育，打破了公共教育改革的冰河，而且就像当年的医疗领域革命一样，教育也完全可以成为一种营利产业。[①]而且，公校私营帮助政府解决了教育经费不足、政策智慧不足、管理能力不足等问题，有效地将民间资源整合到公立学校的发展之中。我们认为，对于改革的这种预期成效的评判本身要进行客观的评估。学校自主权的扩大可能在激励教职工、增强教职工的责任感方面有所作用，但是一些实证研究也表明，改革的预期成效并不如改革者所希望的那么明显。首先，校长的角色发生改变以后，工作性质逐步偏离了教学，校长投入到教学方面的精力减少，而更多地去考虑财政预算和资金筹措。其次，校长和教师之间的关系发生了改变，学校行政人员与教师之间的隔阂增加。辛克莱（J. Sinclair）等所做的研究表明，校长们"不再是教师的伙伴——他们成了学校内部资源的分配者，受到驱使以确保雇员的活动适于学校需要的管理人员，以及奖励那些为学校做出令人尊敬贡献的人的授奖者"。[②]再次，学校为获得最大的市场份额，可能会竭尽全力地扑在提高家长最重视的学业成绩上。这样无疑会造成新的统一局面，反而减少了学校的多样性。而且并没有明显的证据表明，学生的成绩因而得到较大幅度的提高。最后，还可能带来新的性别歧视。有些学者认为，校本管理强调管理至上，在一定程度上妨碍了女性成为校长。[③]

因此，对于此次西方国家的地方教育行政改革，我们对其实施过程、实施结果、存在的问题、相关的成效等要有全面、客观的分析与评判，切忌顾头不顾尾，为支持而支持，为反对而反对。

对于西方国家教育改革的研究，最终目的是希冀对我国教育改革与发展思路有所借鉴和启示。但是我们并不赞同"因为西方如此，所以中国也应如此"的简单思维方式，因而在对中、西方都发生了的教育行政改革进行考察时，更为注重的是，对两方不同的教育背景分析，只有考虑到中国自身教育背景的特殊性，才有可能真正将西方的教育改革经验表达成具有中国特色的内容。

---

① 赵中建. 近年来美国学校管理改革述评[J]. 教育研究. 2001, （5）：78.

② 杰夫·惠迪，萨莉·鲍尔，大卫·哈尔平. 教育中的放权与择校：学校、政府和市场[M]. 马忠虎，译. 北京：教育科学出版社，2003：76.

③ 朱利霞. 国家观念、市场逻辑与公共教育——转型期西方公共教育改革研究[M]. 济南：山东教育出版社，2010：89-90.

第六章 ▎地方政府教育改革的挑战与展望

从社会发展的角度来讲，教育改革的根本目的在于通过教育关系结构中各种主体之间权责的重新分配与平衡，调动多主体参与教育的积极性，更有效地配置教育资源。地方政府教育改革涉及的关系结构，主要包括政府、市场、社会（学生家长、非政府组织等）三大主体。明晰政府、市场、社会的边界与范围，厘清政府自身体系之间、政府与市场之间、政府与社会之间的内在逻辑和关系，是地方政府教育改革得以发生的前提和基础。

就地方政府教育改革这项活动本身而言，探索其一般性的规则、标准和尺度，建立规范体系，这是地方政府教育改革的方法论。

以上两个方面的讨论均建立在对转型期社会政治、经济、文化分析的基础之上。

第一节　当前地方政府教育改革面临的挑战与机遇

一、地方政府能力建设转向治理能力建设成为新态势

能力建设一直是地方政府建设的核心问题，地方治理的效果与政府的能力密切相关。地方政府能力建设不仅被认为是分权有效的重要支持与保证，而且是影响政府绩效的重要因素。在传统意义上，地方政府能力建设的核心是调整政府权力获得、配置和运用的方式，调动社会资源，以达到增强地方政府掌握和运用权力本领的目的。随着经济全球化和我国社会主义现代化不断向纵深推进，地方公共性问题日趋复杂化、多样化，单纯通过权力改革来提升政府能力的做法已经无

法有效应对层出不穷的新问题。地方政府必须改变自身的治理方式和运行方式，并通过沟通、协商等方式动员和协调社会力量来共同应对面临的问题。也就是说，地方政府的能力建设已经由权力调整转向治理能力建设。这是地方政府能力建设的方向性转变。

治理能力建设并非否定传统政府能力建设的作用，但更着眼于地方政府在地方治理的规划和协调中发挥积极、有效的作用，加强与其他组织和机构的沟通与协调，以便从整体上增强在政府牵头和主导下协调各方面力量来共同应对问题的能力。传统的政府能力与政府治理能力的区别如表 6-1 所示。

表 6-1　传统的政府能力与政府治理能力比较①

项目	传统的政府能力	政府治理能力
目标追求	确定的政策目标 稳定的责任目标	多样、变动的治理目标
资源配置	官僚组织边界内的资源（包括物质资源、人力资源、信息、技术、组织等）	官僚组织资源 共识 信任 社会资本
管理工具	权威 组织资源管理 规则管理 项目管理	发展伙伴关系 合同管理 支持、协助自主管理 网络管理
关键能力	执行能力 资源汲取与配置能力 维护权威能力	目标识别与整合能力 资源整合能力 组织协调能力 合作治理的责任控制能力

在目标追求上，传统的管理主要是完成自上而下的政策目标与责任目标，相对稳定统一；而治理的目标则是多样、变动的，参与治理的不同组织、不同个人，都有不同的目标诉求，需要达成目标共识。在资源配置上，传统的管理是将资源集中掌握在政府手中；在治理的情况下，政府依然掌握了大量的资源，但越来越多的资源会分散在不同的社会组织和公民手中，政府需要充分利用好来自其他非政府部门、社会组织和公民所拥有的资源，促成不同主体间的合作与集体行动。在管理工具上，传统的管理是政府经常性地使用政府权威、组织工具、信息工具等，具有强制性的特点；但在治理的情况下，政府需要更多地和非政府部门、社会组织和公民合作，共享公共权力，共同治理公共事务。在关键能力上，传统的管理中，权力更多地集中在政府手中，责任也更多地由政府承担，因而政府的执行能力、资源汲取与配置能力、维护权威能力非常重要。在治理的情况下，权力在相当程度上是由社会分享的，责任也应该由社会来共同承担，政府的资源整合能力和组织协调能力对于目标的有效达成来说是关键。

---

① 楼苏萍. 地方治理的能力挑战：治理能力的分析框架及其关键要素[J]. 中国行政管理，2010，(9)：99.

　　党的十八届三中全会以后，地方政府治理能力现代化作为国家治理能力现代化的重要组成部分，成为地方政府体制改革的新目标和新要求。在理论上，地方政府治理能力现代化实质上是随着政府、市场、社会力量的发展而发展的，当政府、市场、社会真正发挥其应有的、合理的规范作用，并且相互协同、相互配合、相互推进的时候，一个现代化的国家治理体系便基本形成了。①在实践中，一些地方政府通过"民主恳谈会""民主民生工程""公推直选""省直管县财政""一章分五瓣"等地方治理方式的改革尝试，逐步探索出了多中心治理、扁平化治理、共同治理、参与式治理、合作治理等多种模式，取得了一定成效。这些实践探索就是地方政府治理能力现代化建设的具体表征。

　　地方政府治理能力建设是一项复杂的工程，应该遵循以下原则。

　　第一，坚持创新原则。在社会转型期，地方公共性问题产生和演变的方式显现出新特征，地方政府作为国家治理现代化的基层践行者，不断创新治理方式和治理工具才能有效提升应对能力。地方政府要按照公共政策制定的流程，将现代化治理理念贯穿于决策参与主体遴选、方案制定评议、政策绩效评价、评估意见反馈和信息沟通传递等各个重要环节，以决策过程的民主化改革为基点，推动地方政府治理现代化的全面展开。同时，治理一定是在中国现实政治语境中产生的新型公共事务管理模式，它必须立足于本土政治语境有序展开，而不是对于西方治理理论的简单翻译与移植。地方政府在治理现代化建设过程中，一方面要重视与其他非政府组织或个人的沟通、协商，在多元共治中追求绩效最大化，另一方面必须确保自身在多元合作网络中的主体地位。

　　第二，坚持法治原则。改革要于法有据，任何组织和个人都必须尊重宪法法律权威，都必须在宪法法律范围内活动，都必须依照宪法法律行使权力或权利、履行职责或义务，都不得有超越宪法法律的特权。不管是打破旧的公共管理模式，还是建立政府治理新框架，法治体系的引导与推动必不可少。地方政府履行职能、运用权力和开展治理能力建设，都必须在法治轨道上进行。在地方治理实践中，地方政府所形成的政策方案或改革计划，必须在法律规定的职责和职权范围内开展；在推进政策方案实施时，必须通过立法等制度化的程序获得合法性基础，进而在法治实施体系和法治监督体系的帮助下，成为具有较高持续性的规范化行为准则。

　　第三，重视信息技术等现代治理工具的运用。随着信息化社会的端倪初显，对于地方政府而言，以互联网和大数据为代表的现代信息技术不仅是现代化的治理工具，更提供了一种崭新的治理思路。地方政府应该牢牢把握住信息化浪潮，

---

① 　林尚立. 以制度的现代化推进国家治理现代化[EB/OL]. http://www.cssn.cn/sf/bwsf_ft/201401/t20140115_944159.shtml[2014-01-15].

进一步打破不同区域、不同部门、不同职能间的数据壁垒，构建现代化的公共事务管理与服务平台，不断提升治理活动的水平和精准程度。

二、区域经济协调发展成为新要求

随着经济全球化和区域经济一体化的不断深入，协调成为区域发展中最为关键性的因素，区域协调发展是社会进步的重要标志，也是一个国家和地区社会经济发展的重要战略。改革开放以来，为加快推进我国经济社会发展，全面优化国土开发格局，我国相继实施了一系列区域重大发展战略。

（一）区域经济倾斜发展时期（1979—1991 年）

20 世纪 70 年代末，对外开放成为我国的一项基本国策，开放发展也成为区域经济发展的一个重要战略。邓小平同志认为，建设社会主义现代化必须实行对外开放，要充分利用国际国内两个市场、两种资源。在这一时期，我国扬弃了 1949 年以来沿用 30 多年的"沿海、内地"区域格局两分法，采用"东部、中部、西部"三大地区划分法，优先加速发展东部沿海地区，在投资、财税、信贷等方面对东部沿海地区实行优惠政策，同时鼓励东部沿海地区建立外向型经济体系，积极主动参与国际竞争与国际合作，并以此辐射和带动中部和西部，从而最终实现全国整体一盘棋发展。这一战略的实践成效显著，形成一条从南到北沿海岸线延伸的沿海开放地带，经济特区、沿海经济技术开发区、沿海经济开放区等特殊经济区成为重要的增长极，有力地推动了沿海地区经济快速发展。设立特殊经济区培育增长极，发展外向型集聚经济，辐射、带动其他地区发展，是彰显"中国模式"的重要成功经验，也成为俄罗斯、朝鲜、越南、老挝等国效仿的典范。[1]

（二）区域经济协调发展启动时期（1992—1998 年）

在东部地区成为推动中国经济高速增长的"发动机"的同时，集聚效应大于扩散效应，也导致地区差距特别是东西部差距的不断扩大，带来了区域发展不平衡、地方保护主义日益盛行等问题。为此，党的十四大提出了区域经济发展思路，即在国家统一规划指导下，按照因地制宜、合理分工、各展所长、优势互补、共同发展的原则，促进地区经济的合理布局和健康发展。1995 年 9 月，党的十四届

---

① 吴传清. 中国区域发展战略的三次调整[EB/OL]. http://www.chinacity.org.cn/csfz/fzzl/134110.html[2014-02-17].

五中全会提出了"区域经济协调发展"的战略思想，要求充分发挥各地区的比较优势，进行优势互补，开展多层次、多形式的交流与合作。1997 年 9 月，党的十五大进一步系统阐明了区域经济发展的战略思想：其一，各地要从实际出发，发展各具特色的经济；其二，加快老工业基地的改造；其三，发挥中心城市的作用；其四，进一步引导形成跨地区的经济区域和重点产业带。在这一时期，国家加大了对中西部地区的支持力度，加快了支持进度，更加重视少数民族地区的经济与社会发展。东部地区也通过各种途径和方式，大力支持和促进中西部地区的经济发展。我国对外开放政策开始由沿海向内地逐步扩展，随之陆续开放了 5 个长江沿岸城市、4 个边境城市和沿海地区省会（首府）城市、11 个内陆地区省会（首府）城市。

（三）区域经济协调发展实施时期（1999 年至今）

这一时期实施了统筹发展与可持续发展相结合的发展思路。实施区域经济协调发展的战略以来，中西部地区也出现了加快发展的良好态势，但东部地区与中西部地区、发达地区与欠发达地区差距仍在持续加剧。针对这一情况，1999 年 9 月，党的十五届四中全会做出了"西部大开发"的战略决策，提出到 21 世纪中叶全国基本实现现代化时，从根本上改变西部地区相对落后的面貌，努力建成一个山川秀美、经济繁荣、社会进步、民族团结、人民富裕的新西部。2003 年 10 月，党的十六届三中全会首次提出了"统筹区域发展"的战略思想，并在"十五""十一五""十二五"规划中进行了部署：一是统筹区域发展的总体战略；二是实施国土开发主体功能规划；三是统筹区域经济发展规划；四是统筹区域协调互动机制。

2000 年以来，国家实施了"四大板块"的区域发展总体战略：推进新一轮西部大开发；全面振兴东北地区等老工业基地；大力促进中部地区崛起；积极支持东部地区率先发展。在经济发展步入新常态的背景下，由于过去惯用的"四大板块"仅是以地理位置并考虑行政区划对我国区域进行的划分，一定程度上割裂了区域之间的经济联系。2014 年，中央经济工作会议指出，在继续实施西部开发、东北振兴、中部崛起、东部率先的区域发展总体战略时，各地区要找准主体功能区定位和自身优势，确定工作着力点；要重点实施"一带一路"、京津冀协同发展、长江经济带三大战略。"京津冀"、长江经济带与"一带一路"均有空间上的交叠，前者地处政治文化中心，面积约为 12 万平方千米，覆盖人口约 1 亿；后者则横跨东部、中部、西部三大区域，人口和生产总值超过全国的 40%，具有独特优势和巨大发展潜力。这三大战略的联动实施，有望盘活中国全境与周边，乃至"一带一路"沿线国家经济协同发展。

目前，国家实施的区域协调发展战略可简称为"4+4+4"战略。第一个"4"指西部、东北、中部、东部四大地域板块，战略重点是西部大开发、东北振兴、中部崛起和东部率先发展；第二个"4"指"老少边穷地区"，即"革命老区""民族地区""边疆地区""贫困地区"四类国家重点援助的问题区域；第三个"4"指"优化开发的城市化地区""重点开发的城市化地区""限制开发的农产品主产区和重点生态功能区"和"禁止开发的重点生态功能区"四类国家主体功能区。①

区域协调发展战略体现了"公平优先，兼顾效率"的目标导向，既追求各个区域之间均衡发展的公平目标，又兼顾促进经济社会发展的效率目标。基本上形成了全国全方位覆盖、全方位开放的新格局，中西部地区主要经济指标增速已连续多年高于东部地区，中国区域经济呈现出相对均衡的增长态势，地区差距呈现逐步缩小的趋势。

三、教育领域综合改革成为新特征

1985 年，《中共中央关于教育体制改革的决定》明确了我国教育改革的基本框架，教育领域综合改革经历了从小综合到大综合、从城乡二元到城乡一体的发展历程，教育改革的内涵不断丰富，教育活力得到极大的释放，不断把中国教育推向新的发展阶段。

（一）教育改革从小综合到大综合

教育小综合改革包括肇始于 20 世纪 80 年代后期的农村教育综合改革和城市教育综合改革。早期的农村教育综合改革，主要任务是调整和优化农村教育结构，坚持"三教（基础教育、职业技术教育、成人教育）统筹"和"农科教结合"，促进"燎原计划"与"星火计划"、"丰收计划"的有机结合，使农村教育与农村经济、社会协调发展，使农村劳动者素质有较大提高，为当地建设培养所需要的初级、中级专业人才，逐步形成适应现代化建设需要的农村教育体系。1987 年，国家教育委员会启动农村教育改革实验工作，在河北阳原县、顺平县和青龙县建立农村教育综合改革实验区。1989 年，国家教育委员会建立了 116 个农村教育综合改革实验县，为实施"燎原计划"提供经验和示范。1991 年，国家教育委员会又在全国农村中小学开展科技"小星火计划"活动，培养学生农业科技技能，从小立志为家乡农业生产服务的思想。

---

① 吴传清. 中国区域发展战略的三次调整[EB/OL]. http://www.chinacity.org.cn/csfz/fzzl/134110.html [2014-02-17].

城市教育综合改革与农村教育综合改革同步开展，其主要内容是改革教育管理体制，调整改善教育结构，办好中等及中等以下教育等问题。1987 年，国家教育委员会在沈阳、无锡等城市开展城市教育综合改革实验，1992 年，改革实验范围扩展到 102 个城市。2000 年，教育部在苏州市召开全国城市教育综合改革会议，提出要在教育规模上有新突破，率先普及高中阶段教育并使高等教育有较快发展；在发展社区教育上有新突破，率先构建终身教育体系；在办学体制上有新突破，率先形成公办学校和民办学校共同发展的格局；在教育资源的优化配置上有新突破，率先建立科学合理的教育结构和布局。这"四个突破"和"四个率先"的要求，概括了城市教育综合改革的目标和重点任务。

中国教育经过 30 多年的改革，各项事业取得了重大进展，并逐步进入到改革的"深水区"，教育的小综合改革难以深入推进等，同时公众对于优质教育的渴求、教育质量与公平问题的凸显，都把教育领域综合改革的命题摆上议事日程。2010年，党的十八大提出深化教育领域综合改革的总体要求，2013 年，党的十八届三中全会又对深化教育领域综合改革提了明确的攻坚方向和重点举措。教育领域大综合改革正式启动。教育领域大综合改革的最大特点在于其改革内容的综合性，它不是对某种或某个单一教育改革对象进行教育改革，而是对教育系统所包含的各类教育改革对象所进行的全面把握与协同处理。它体现了两个层面的综合性：第一，教育系统内部改革的综合性。这次改革包括了教育活动主体、教育活动客体、教育媒介、教育资源等各项要素在内的整体设计与协同创新，人才培养、招生考试、现代学校制度、办学体制机制、教育保障机制等各种体制机制在内的整体设计与协同创新，学前教育、义务教育、高中教育、大学教育、职业教育、继续教育、特殊教育、民族教育等在内的不同类型、不同层次教育的整体设计与协同创新。第二，教育系统改革与社会大系统改革的综合性。教育与经济社会的联系日益密切，孤立的、就教育论教育式的教育改革已经无法解决教育的问题，教育改革需要同其他领域的社会改革统筹兼顾、协调互动。

（二）从城乡教育二元改革到城乡教育一体改革

早期的农村教育综合改革和城市教育综合改革彼此之间自成格局，提倡各自为所在区域经济发展服务，这在一定程度上促进了教育与经济的良性互动，但也形成了城乡两个封闭的教育循环圈，再生了城乡二元社会结构。农村教育综合改革起步于探索如何使农村教育从升学教育转到主要为当地经济服务兼顾升学的轨道上来。《国家教委关于农村教育改革实验情况的报告》[1]（1989 年 3 月 25 日）

① 何东昌. 中华人民共和国重要教育文献[M]. 海口：海南出版社，1998：2852.

对农村学校照搬城市模式，缺少地方特色提出了批评，提出农村教育改革要围绕为当地培养合格劳动者这一主要任务。城市教育综合改革的目标则是探索符合城市特点的教育改革与发展的路子，使教育同经济、社会发展的实际更紧密地结合起来，为城市输送大批素质优良的劳动者和专门人才，促进当地社会主义物质文明和精神文明建设。城乡教育二元改革的隐患在于城乡教育的差距进一步拉大。

2002年，党的十六大报告提出"统筹城乡经济社会发展"的战略部署，推动教育综合改革进入城乡统筹的新阶段。在此背景下，各地陆续开展了城乡统筹教育改革试验，如苏州、昆山统筹城乡发展试验，成渝统筹城乡发展试验等。2007年6月，国家正式批准重庆市和成都市设立全国统筹城乡综合配套改革试验区，为开展统筹城乡教育综合改革提供了良好的外部政策支持。2008年9月，重庆市政府通过《重庆市统筹城乡教育综合改革试验实施方案》，该方案成为我国第一个地方性的"统筹城乡教育综合改革"试验方案，标志着统筹城乡教育综合改革的序幕正式拉开。

现代教育具有全局性、复杂性、艰巨性、长期性、先导性和发展性等特点，迫切需要开展全面深入的综合改革，加强改革的整体性、系统性、协同性。深化教育领域综合改革的主要目标重在体系、体制、机制的健全与完善，体系要上下贯通、左右衔接、相互协调、科学合理，体制要使主要环节相互配套、协调一致，机制要多方参与、合作共赢[①]；主要方法是统筹兼顾，综合配套。地方政府教育改革必须牢牢把握这一主要目标和主要任务，齐心协力攻坚克难，把教育改革推向新的历史阶段。

第二节　地方政府教育改革的前提和基础

综合前面的分析，在地方教育改革涉及的关系结构中，主要的问题是，中央政府和地方政府之间的教育公共职能界限划分不规范，主观性较强；政府与社会之间的边界模糊，政府对应该做什么、不应该做什么时常混淆。

一、中央政府与地方政府之间教育关系的重塑

1949年以来，中央与地方关系经历多次重大变化，中央集权与地方分权这对

---

① 曾天山. 教育综合改革的现实意义和实践路径[J]. 教育研究，2014，（2）：4.

矛盾始终处于钟摆过程中，不是过于集中，就是过于分散。如何处理好中央与地方的关系，是我国政治和经济体制改革中一个重大课题。

中央政府与地方政府的关系主要涉及三个要素：事权、财权和财力。其中，事权是各级政府管理事务的权力和职能。事权在某种程度上也代表支出责任，但事权的内涵更丰富。财权是指在法律允许下各级政府负责筹集和支配收入的权力，主要包括税权、收费权及发债权。财力，是指各级政府在一定时期内拥有的以货币表示的财政资源，主要来源于本级政府税收、上级政府转移支付、非税收入及各种政府债务等。财权和财力是政府履行特定事权的保障手段。最佳的运作机制是事权与财权、财力大致相匹配，有多少钱办多少事。"事大财小"会出现"小马拉大车"的问题，财力不足，只能是降低公共产品供给；"事小财大"则会出现"大马拉小车"的问题，财力过剩，造成稀缺财政资源的浪费。

（一）中央政府与地方政府之间教育关系的应然划分

各级政府间的事权和财权如何划分才合理？笔者认为必须基于一定的原则或标准。不妨从相关理论着手，先梳理出事权和财政划分的一般性原则，再讨论教育事权和财权的应然划分标准。

1. 事权和财政划分的理论举要

中央与地方间特定的宪政关系不同，所采用的事权和财权划分理论也有差别，但是这不排斥理论的基本原理对于不同国家、不同地区间事权和财权划分具有指导意义和借鉴价值。目前，关于事权和财权划分的理论多种多样，概括来讲，有以下两大类。

（1）公共产品层次性理论

根据公共经济学理论，社会产品可以分为公共产品和私人产品。公共产品具有非排他性和非竞争性特征，无法由私人提供，因此在市场经济条件下，向社会提供公共产品是各级政府的基本职能。但是，多数公共产品和服务都具有特定的受益区域，而没有绝对无限的受益区域。比如，城市 A 的公共安全系统，对于城市 B 的居民来说受益就不大。公共产品的层次，便是按照公共产品受益范围的不同而大致划分的。不同层次的公共产品，应当由与其层次相对应的政府提供。全国性的公共产品，只能由中央政府来提供，这样才能在全国范围内实现均衡化配置。地方政府对本区域内居民的公共产品需求的偏好程度及数量、质量等相关信息的了解要远远超过中央政府，因而由地方政府提供地方性公共产品，效率更高，也有利于将提供公共产品的成本分摊与受益直接挂钩。还有一类公共产品，受益范围不局限于某个区域，具有较大的利益外溢性，需要协调区域之间的利益和分工合作，因此应由上一级政府提供；或者由某一地方政府提供，但上一级政府直至中央政府对其提供某种补贴。

公共产品的层次性决定了各级政府提供产品时的不同分工，也决定了各级政府产生相应的公共服务所应当具有的事权和财权。可见，公共产品层次性理论对于中央与地方事权的划分是按照"公共产品层次性—中央与地方事权的配置—中央与地方财权的配置"模式来建立和运行的。

（2）财政分权理论

西方国家的财政分权理论流派众多，包括马斯格雷夫（Richard Abel Musgrave）的分权思想、施蒂格勒（George J. Stigler）的最优分权理论、奥茨（Wallace E. Oates）的财政分权理论、特里西（Ricard W. Tresch）的"偏好误识"理论、布坎南（James M. Buchanan）的"俱乐部"理论、夏葡（Ansel M. Sharp）的"依政府职权分权"理论、埃克斯坦（Peter Echesten）的"按收益原则分权"理论、蒂布特的"以足投票"理论等。

从总体来讲，这些理论在中央与地方政府的税权划分上更多的是强调分权。他们认为，过度的中央集权会导致政府提供公共产品的低效率，而一个适度分权的政府结构可以降低公共产品提供的成本并提高公共服务的质量，从而更好地满足居民多样化的需求偏好。在一定条件下，某些公共物品由地方政府提供比由中央政府提供要来得优越，这是市场经济条件下绝大多数国家划分中央与地方事权的理论依据，也是分税制财政体制的理论渊源。

综合上述各种理论，我国学者总结了各级政府公共服务划分的七项原则。[①]

一是受益原则，根据公共服务的受益范围来确定政府之间的事权划分。

二是效率原则，根据效率来确定公共服务由哪一级政府来提供。

三是溢出原则，根据公共服务是否有溢出效应来确定是否需要中央政府干预。

四是区域均衡化原则，要求在一国范围内使不同地区都能得到大致相同的基本公共服务。

五是分权原则，大多数公共服务应由最能取得收益、最贴近公众的地方政府来提供。

六是中央控制原则，中央政府应对地方公共服务施加必要的调控和规范。

七是法制原则，政府间事权的划分应有法律依据。

2. 中央政府与地方政府之间教育关系的划分

根据谁受益谁负责的原则，如果一项教育产品和服务的受益范围是全国性的，

---

① 沈荣华. 各级政府公共服务职责划分的指导原则和改革方向[J]. 中国行政管理，2007，（1）：9-14.

惠及全国公众，应由中央政府提供；如果受益范围主要在一定区域，则属于地方性公共服务，应由地方政府提供。

从理论上来讲，基础教育是具有外溢效应的地方性公共产品，应该由中央政府和地方政府共同提供，同时本着"就近入学"的规定应由地方政府负主要责任。但义务教育和高中教育略有区分。

对于义务教育来说，受到义务教育法"就近入学"规定的限制，外溢效应较小，其事权和支出责任也应由地方政府承担。但由于义务教育是我国公民的一项基本权利和义务，中央政府需要进行适当的一般性转移支付和专项转移支付，以保障地方政府对于教育产品和服务的供给。特别是对于进城务工人员子女的教育产品和服务的提供，由于外溢效应较大，应由中央政府负责提供。

与义务教育相比，普通高中教育的溢出效应相对较大，因此，承担普通高中事权和支出责任的地方政府层级应当高于承担义务教育事权和支出责任的地方政府。同时，随着异地高考制度的实施，普通高中教育的外溢效应可能进一步加大，这就需要中央政府也承担一部分教育事权和支出责任。

根据事权与财权相结合的原则，地方政府也承担了相应的教育事权，因此，可以将税种划分为中央税、地方税和中央地方共享税三个部分，并建立中央税收与地方税收体系，分设中央与地方两套税务机构分别征管，实行规范的中央财政对地方税收返还和转移支付制。税收立法权，大致可分为集权型、分权型和相对集权型三种模式。集权型的特点是税收立法权高度集中于中央，地方政府无税收立法权，如法国、英国、意大利、瑞典、韩国。分权型的特点是税收立法权在中央与地方政府间适当分解，联邦、州、地方各级政府都有独立的税收立法权，如美国、加拿大。相对集权型的特点是主要税收立法权集中于中央，地方政府享有一定的税收立法权，中央政府拥有中央税和一些影响大的地方税的立法权，州政府享有一些地方性税种的立法权，如德国和日本。不管是何种模式，基本上都是中央政府居于主导地位，大部分国家中央政府的财力要远高于其支出需要，而地方政府则存在较大的收支缺口。通过转移支付来解决上述问题是比较通行的做法。

（二）中央政府与地方政府之间教育关系的实然划分及主要问题

1. 各级政府教育事权和财权划分的基本特点

根据我国现行法律法规的有关要求，我国各级政府的教育事权与财权划分有以下几个特点[1]。

---

① 郭晟豪. 中央政府和地方政府的教育事权与支出责任[J]. 甘肃行政学院学报，2014，（3）：99.

一是各级各类教育的教育投入保障均以财政拨款为主，其他多种渠道筹措教育经费为辅，并在财政预算中单独列项。

二是对于义务教育而言，中央政府制定国家统一的生均公用经费基本标准，省级政府制定的标准不得低于国家标准。

三是地方政府负责筹措义务教育学校的事业费和基本建设投资，城镇由县级政府负责，农村由乡级政府负责，县级政府对有困难的乡、村予以补助。

四是中央政府和省级政府规范财政转移支付制度，加大一般性转移支付规模和规范义务教育专项转移支付，县级政府的职责是确保将中央政府和省级政府的义务教育转移支付资金按照规定用于义务教育。

五是中央政府和省级政府设立教育专项资金，对边远农村地区、少数民族地区的义务教育给予适当补助。对于中西部地区来说，中央政府承担大部分责任；对于东部地区来说，一般由省级政府承担全部责任。

六是省级政府可以开征用于发展义务教育的教育费附加，农村地区的教育费附加由乡级政府收取，由县级政府或乡级政府管理，其具体标准由省级政府制定。

2. 中央政府与地方政府之间教育关系的问题分析[①]

（1）中央政府与地方政府之间教育事权的错位

1994 年的财税改革并没有明确中央与地方两级政府之间的事权划分，导致中央与地方政府之间事权范围的配置存在随意性。在垂直体制下，一些上级的法定事权往往成为下级的当然事权，收缩性较大。含糊不清的支出大多被分配给下级政府，明确归属中央或省级地方政府的事权，在实际执行中却发生了错位。例如，中央政府本也应承担义务教育的支出责任，但实际责任却由县乡政府及村委会承担。

（2）中央政府与地方政府之间财力的上移

现行财政体制下，财力越来越多地集中于上级政府财政部门尤其是中央财政，导致基层政府自主调节预算内收入的能力减弱。中央财政收入主要由一些金额比较大、征收成本较低的税种组成；而县乡税源非常有限，税收种类少且数额低，并且部分税种征收成本过高，导致县乡财政收入大幅度下降。中央财政下拨资金又难以弥补县乡财政缺口，使得县以下政府财力入不敷出，在农村公共服务供给方面有心无力。1999—2007 年，中央财政收入占全部财政收入的比重均在 50%以上，而县乡财政却十分困难。农村税费改革措施推行之后，使得乡镇的部分财权上移，基层政府的财权进一步削弱。

---

① 任广浩，解建立. 论中央与地方事权财权配置——以城乡基本公共服务均等化为视角[J]. 河北师范大学学报（哲学社会科学版），2009，（2）：52-58.

（3）公共服务中财权、财力与事权配置失衡

事权的实现需要财权和财力作为保障，财权和财力配置以事权为基础。财权、财力与事权相匹配，才能确保政府执行事权的效能。我国实行分税制改革以来，财政收入不断增长，占 GDP 的比重也越来越高。但是财权和财力过于集中于中央，事权过于下放到县乡政府，导致中央政府与地方政府财权与事权的严重失衡。虽然之后进行了多次微调，但始终没有解决基层政府收入来源和支出责任不匹配的问题。基层政府特别是县乡两级，承担着许多全国性公共教育服务，背负着沉重的支出责任，却没有相应的收入来源。各级政府责权不对称，造成了公共服务水平的巨大差异。据国务院发展研究中心的报告，1994—2002 年，中央财权平均为 52%、地方财权平均为 48%，中央事权平均为 30%、地方事权平均为 70%。可见，中央和地方财权与事权划分中存在着严重的系统性缺陷，地方政府财权、财力过小，从而使地方政府提供公共服务的能力减弱。在农村义务教育资金的投资比例中，中央政府负担的部分占 2%，省和地区负担的占 11%，县和县级市负担的占 8.8%，乡镇负担了全部的 78.2%，即县乡级财政负担合计为 87%。在公共财政框架下，政府是提供公共服务的主体，财政困难的县乡政府在公共服务供给中只好在少作为或不作为中进行选择。20 世纪 90 年代，我国一些地区出现拖欠农村教师工资的现象，就是源于县乡财源贫乏，部分县乡实际上已经不具备独立的财政能力，由县乡财政管理并发放农村教师工资基本上难以确保，这就使得农村教师工资按时足额发放成了大问题（表 6-2）。

表 6-2   中央政府和地方政府公共教育财政支出占全国公共教育财政支出的比重[①]

（单位：%）

比重		2008 年	2009 年	2010 年	2011 年	2012 年
将中央对地方的转移支付作为地方政府对公共教育的财政支出	中央政府	5.46	5.44	5.74	6.06	5.19
	地方政府	94.54	94.56	94.26	93.94	94.81
将中央对地方的转移支付作为中央政府对公共教育的财政支出	中央政府	17.74	18.98	20.30	19.81	17.80
	地方政府	82.26	81.02	79.70	80.19	82.20

在多层级政府体制下，需要将教育事权、财权、财力按照不同层级政权机构的比较优势进行因"级"制宜的配置，处理事权与支出责任的对称关系，防止发生"上级请客，下级买单"的权责分离现象。进城务工人员随迁子女教育"两为主"的政策之所以在很多地方无法落实，就是"中央请客，地方买单，而地方又买不起单"导致的。另外，地方财力不足，公共服务的数量和质量得不到保障，地方就有了"广开财源"的借口，也导致了地方政府债务尤其是隐性的债务风险加大。不少地方的财政收入过度依赖土地出让收入，日积月累，逐渐发展成为难以根治的"土地财政"问题。

---

① 郭晟豪. 中央政府和地方政府的教育事权与支出责任[J]. 甘肃行政学院学报，2014，(3)：100.

（三）改革中央政府与地方政府之间的教育关系

1978 年以来，我国教育改革的历程，其实也是公共教育权力下移，确立基础教育"地方为主"的过程。这次教育分权改革，激发了地方政府主导地方教育改革的热情和智慧，促进了我国教育的极大繁荣和发展。但不可否认的是，这种行政性放权往往多是中央政府根本政策需要而采取的一种权宜措施，并没有从制度上有效地解决中央政府与地方政府职责、权限的合理分工问题。从现实来看，这已经造成各级政府在教育支出方面的"缺位"或"越位"问题。目前，我国中央政府和地方政府本级财政权和支出责任明显不对称，在中央政府收入和地方本级政府收入占国家财政收入的比重几乎持平的情况下，地方政府承担了绝大部分的支出责任。与此同时，部分地方政府也由于事权空间的伸缩性，借口发展经济而逃避公共教育责任。在现行的政治考核体制下，经济增长、基础设施等硬性指标是最主要的"指挥棒"，这使得地方政府更多地扮演企业家的角色，而不是公共物品提供者的角色。2013 年，党的十八届三中全会通过《中共中央关于全面深化改革若干重大问题的决定》，提出适度加强中央事权和支出责任，把部分社会保障、跨区域重大项目建设维护等作为中央和地方共同事权，逐步理顺事权关系，中央和地方按照事权划分相应承担和分担支出责任。中央可通过安排转移支付将部分事权支出责任委托地方承担。这条规定比较明确地指出了当前中央政府与地方政府之间存在的事权关系问题，也折射了我国当前各级政府的事权、支出责任和财权不对称的问题。

中央政府和地方政府在公共教育权力上的分配主要是一种层次性的纵向划分，不可避免地会存在一个集权与分权的矛盾。这在西方国家教育分权改革中也是一个普遍面临的难题。强有力的中央权威能够保证地方发展的治理空间，而地方活动对中央权威的维持也是一个有效的支持条件。我们认为，解决的思路，还是从制度建设的角度入手，按照事权和财权匹配的原则，对中央与地方权力架构设置进行制度调整，既要保证中央权威，又要激发地方活力。建构中央政府与地方政府之间教育关系的制度框架。

1. 建立和完善各级政府教育事权和支出责任的制度框架

从长远来看，合理划分中央政府与地方政府的事权，是恰当处理财权、财力与事权之间关系的前提。在各级政府之间划分事权，实际上就是政府职能在各级政府之间的划分，其实质也是各级政府支出责任的划分。在合理划分事权的基础上，建立财权、财力与事权相匹配的财政体制，从而有效配置中央与地方政府财权，使中央政府能够集中财权、财力，地方政府则拥有有限的财权，并建立规范的财政转移支付制度，以实现财力与事权的匹配。

在不少国家，政府间事权的配置主要是通过立法而非行政干预来确立的，相应的财力也是通过立法来保障的，政府间责权关系都是建立在宪法或相关法律基础之上的。我国中央和地方的财政安排和事权调整则是中央和地方谈判妥协的结果，上级政府能够随时调整财力和事权的分配，从而财力层层上收、事权层层下移，缺乏有约束力的、可操作的条例和细则，缺乏法律保障。笔者建议根据《中华人民共和国义务教育法》中关于义务教育经费的原则性规定，制定义务教育经费投入方面的法律，从法律上明确规定各级政府在义务教育中的责任和负担比例，建立义务教育阶段经费投入的标准和依据。

从近期来看，要解决当前的财权、财力与事权不匹配问题，还可以从以下两个方面着手。

一是将教育事权或支出责任上移。也就是说，将一部分义务教育事权由县级政府转移至较高层级政府，或者由两者共同承担。1994年分税制改革的重点是在中央与地方间划分收入，实现了财力上移，但并没有合理界定中央与地方政府的事权与支出责任。提供均等的义务教育有利于收入分配公平目标的实现，是中央政府应该承担的责任，因此接下来要逐步提高中央和省级政府的支出比例。从实践来看，大多数市场经济国家的义务教育的较大比例，都是由中央政府承担或者由中央政府与层级较高的地方政府共同承担。

二是教育财力下移。这是指通过建立规范的财政转移支付制度，将一部分中央政府集中的教育财力转移给地方政府。由于财权的配置涉及行政层级改革，短期内较难实现，将财力下移是一个比较可行的选择。财力下移应从以下几点着手：①加大转移支付力度。②优化转移支付结构，清理专项转移支付，提高一般性转移支付比重。③尽快设计一套科学的公式以确定转移支付金额，即用"因素法"取代"基数法"来确定转移支付的金额，从而保证转移支付过程的客观公平。④健全财政转移支付监督机制。重点是完善并严格实施《中华人民共和国预算法》，将所有转移支付资金纳入地方预算，提高专项转移支付的透明度，使地方人大能够对全部的转移支付资金进行监督。⑤尽快出台财政转移支付方面的法律，将财政转移支付制度的目标、转移支付形式、具体用途、计算公式、监督形式、处罚规则等，以法律的形式明确规定。①

2. 扩大中央政府监管能力和省级政府教育统筹责任

（1）加强中央政府教育监管能力

发展基础教育要充分调动中央和地方两个方面的积极性，中央在减少对地方微观教育事务干预的同时，也要增强宏观管理，对地方严格监管。2014年8月，我国成立由国务委员担任主任，教育部部长和国务院副秘书长担任副主任的国务

---

① 史兴旺，焦建国. 进一步调整财权、财力与事权的关系[N]. 光明日报，2013-8-16，（11）.

院教育督导委员会，主要负责研究制定国家教育督导的重大方针、政策；审议国家教育督导总体规划和重大事项；统筹指导全国教育督导工作；聘任国家督学；发布国家教育督导报告。教育督导和评估制度的健全和完善能够为中央政府提供关于地方政策执行和效果的及时而准确的信息，在需要调整政策时发出预警，并要求地方政府对结果负责。全国义务教育均衡发展督导评估是中央政府对地方政府进行监管的一项重要举措。

全国义务教育均衡发展督导评估①

截至 2012 年 9 月，教育部与 31 个省（直辖市、自治区）及新疆生产建设兵团签署义务教育均衡发展备忘录，提出各省基本实现县域义务教育均衡发展的时间表、路线图和督导评估办法。截至 2015 年底，全国 1302 个县（市、区）通过督导评估认定，完成 2015 年目标的 68%，完成 2020 年目标的 47%。在这次督导评估中，国务院教育督导委员会办公室根据义务教育发展的新形势，进一步完善均衡发展督导评估机制。一是进一步规范实地督导检查制度，全面完善均衡督导评估数据库，修订细化督导评估和实地督导检查规程，加大对农村薄弱校、教学点督查力度，强化问题导向，逐县通报有数据支撑的薄弱环节。二是进一步加大督导问责力度。在实地督查过程中，增加了实地督导检查中县政府领导关于各项指标达标情况和工作推进情况的陈述答辩环节，对问题较严重或监测不达标的县，对其所在的各级地方政府及教育行政部门进行约谈，印发整改通知并发内部通报。三是进一步督促各地加快推进督导评估工作。四是进一步加强督导部门的自我纪律约束。

地方政府考核机制和地方官员晋升标准对地方政府提供公共服务具有风向标的作用。传统的以经济 GDP 增速为主要指标的政府考核机制和地方官员晋升机制，一方面显著地激发了地方政府对发展经济的热情，提高了其对经济建设各种投入的比重；另一方面却大大降低了对教育、医疗、文化等公共服务投入的比重。因此，我国应逐步改革完善行政考核管理制度，实现政府考核和官员晋升由重经济建设向重社会民生的标准转变。

（2）扩大省级政府教育统筹能力

中央政府与地方政府间的关系，其实主要是中央政府与省级政府间的关系。这是因为中央政府一般与省级政府发生直接关系，而市级及以下政府要与中央政府发生联系，也需要通过省级政府才能完成。在我国行政管理体制中，省是相对

---

① 国务院教育督导委员会办公室. 2015 年全国义务教育均衡发展督导评估工作报告[EB/OL]. http://www.moe.edu.cn/jyb_xwfb/xw_fbh/moe_2069/xwfbh_2016n/xwfb_160223_sfcl/201602/t20160223_230102.html[2016-02-23].

独立的区域经济社会发展的规划单位，省域内教育体系相对完整，省级政府统筹教育具有独特的地位和优势，有利于教育与经济社会的协调发展。党的十八届三中全会通过的《中共中央关于全面深化改革若干重大问题的决定》，明确提出要扩大省级政府教育统筹权。

首先，相对于中央政府来说，省级政府具有贴近基层、就近管理的优势。我国是世界上教育规模最大的国家，面对如此庞大的教育体系，必须形成统筹有力、权责明确的教育管理体制，充分发挥中央和地方两个方面的积极性。但就目前来看，还存在着省级政府教育统筹权责不够明确、一些教育决策层级偏高、有关部门管得过多过细等问题，制约了省级政府教育管理优势的发挥。未来要以简政放权支持统筹，扩大省级政府在教育布局结构调整、教师队伍建设、教育对外交流合作、教育经费使用等方面的统筹权。

其次，相对于市、县来说，省级政府具有较强的经济实力、资源调配能力和管理能力。从教育改革本身来看，教育领域的改革与社会其他领域（如人事政策、人口政策、财政政策等）紧密相连、互相制约，市、县政府对于统筹教育领域综合改革的力度已显得不够，需要较高的管理层级统筹谋划，才有可能在重点领域和关键环节上实现突破。比如，现行考试招生制度弊端及农村义务教育资源均衡配置等问题，均非市、县所能解决，只有省级层面统筹推进，增强行政调控能力，才能积极稳妥地解决教育老大难问题。从区域间发展水平来看，鉴于省域内市、县之间的经济发展和财政收入差异较大，加强省级政府教育统筹管理，有利于保障财政薄弱市、县的基本教育经费需求。同时，不同地区之间的人力需求结构、教育发展目标、办学条件标准和经费支撑能力存在较大差异，需要省级政府从本地区实际出发，提出适应自身特点的教育体制改革目标、具体模式和相关政策举措。

在基础教育领域内，扩大省级统筹主要包括以下几个方面：一是统筹省域内义务教育发展规划，统筹安排财力，完善对省以下财政转移支付体制，加大对经济欠发达市、县的支持力度。二是统筹省域内义务教育标准。根据国家标准，结合本地区实际，合理确定各级各类学校办学条件、教师编制、生均公用经费等实施标准。三是统筹省域内教育领域综合改革。指导教育改革试点和实验项目，促进教育区域协作，提升教育服务经济社会发展的水平。四是统筹省域内教育、发展改革、财政、人力资源和社会保障等各部门的教育职能分工，支持和督促市、县政府履行职责，共同推进教育科学发展。

二、地方政府与社会之间教育关系的重塑

在中华人民共和国成立初期，为了尽快恢复生产、摆脱贫穷落后的状态，加

快实现工业化，我国实行了高度集权的计划经济体制。这种体制将整个国家、社会组织和个人都纳入一体化的权力结构模式之下。与计划经济模式相适应，我国的教育系统也采取国家与教育完全一体的教育运行机制和管理模式，国家对教育无所不包、无所不管，社会组织和个人都是国家教育权力的附属物。改革开放以来，社会利益关系和权责关系开始出现分化，但各种社会利益团体的发育还不成熟，各种利益表达的渠道不多，老百姓的利益只能通过当地地方政府来表达。在这种情况下，中央政府与地方政府之间权责关系的调整就演变为地方政府权力的扩大。地方政府权力扩大之后，缺少本地居民和社会组织的监督，就可能导致下放给地方的权力偏离了公共利益的轨道，地方保护主义大行其道。因此，中央政府和地方政府在进行分权改革的同时，必须厘清政府与市场、社会之间的权责关系。只有市场、社会富有活力，中央政府和地方政府之间的分权才能彻底跳出"一放就乱，一收就死"的循环往复。

（一）政府与社会之间关系的应然状况

1. 相关理论举要

政府与社会的教育关系问题，实际上是政府与社会的教育职能边界问题，理论界的争论较多。从自由主义到干预主义，到介于两者之间的公共选择理论、制度经济学等，都对政府的教育职能范围和作用方式有不同的主张和看法。自由主义崇尚最小职能的政府，主张通过"看不见的手"来引导自然运行的社会经济秩序，在教育方面反对政府的直接投资和干预，要求通过其他形式，如发放教育券、资助或贷款的方式，使教育在自由市场状态下运行，从而让学生获得更公平和更优质的教育服务。干预主义崇尚全能政府观，认为市场机制无法解决有效需求不足的矛盾，政府应该由社会秩序的消极保护人变为社会秩序与经济生活的积极干预者，只有对社会实施全面干预，才能推进经济社会的繁荣与稳定。作为社会公共事务唯一管理主体的政府，独占了社会公共权力，基本包揽了社会公共事务方方面面的管制权，民众和非政府公共组织所参与的管理几乎完全缺位。公共选择理论、制度经济学等则主张有限度的教育干预，弱化强制性的教育行政行为，增强教育立法和司法，其核心不是去界定应该干什么，而是确定政府为什么不该干什么、为什么要减少干预、为什么应该采用更多的市场调节和社会参与。

对当代政府教育职能范围和行为方式界定影响较大的理论有以下几种。

（1）有限政府理论

西方有限政府理论具有较长的历史渊源。传统的有限政府理论认为，政府是一种"必要的恶"，如果没有了政府这一制度安排，人类社会可能面临政治秩序崩溃、市场机制失灵和公共事业衰败等一系列风险，但同时我们又必须对"恶"保持一种警惕，即对政府权力进行必要的限制。约翰·洛克明确提出"有限政府"的概念，强调以基本人权，即生命权、财产权和自由权来为政府行为设置"底线"，以法治和人民的"革命"权来抗击政府强权。当代的公共选择学派基于"理性经济人"假设，分析得出政府及其官员的行为特征并非总是代表公共利益，从由此造成的"政府失灵"也推导出"有限政府"具有合理性与必要性。制度经济学中著名的"诺斯悖论"也指出，国家的存在是经济增长的关键，然而国家又是人为经济衰退的根源。因此，必须要用法律和制度对政府予以必要的限制。

"有限政府"与"全能政府"是一组相对应的概念。"全能政府"事无巨细、事事包揽。"有限政府"则是指政府职能、政治权力、政府规模和行为方式都受到宪法和法律明文限制并接受社会监督和制约的政府。它包括如下要点：一是政府职能有限。政府的职能严格限定在政治性公共领域，其主要职能在于维护公共利益。二是政府权力有限。由于社会资源的有限性、行政能力的有限性及各种政治力量的相互牵制等，任何政府的行政范围都是有限的。三是政府规模有限。它应该是一个办事机构精简、人员精干、办事高效的"小政府"。四是政府行为方式有限。政府须依法行政，其行为不得凌驾于宪法和法律之上。"有限政府"理论关于政府教育职能的界定有以下几个方面的内容。

第一，教育属于公共事务，政府对教育发展负有重大责任。

第二，政府对教育发展负有重大责任，但这种责任不是无限的，而是有其边界划分。在教育领域内，存在着学校、教师、家长、中介组织、社会团体等不同的教育行为主体，这些教育行为主体具有相对独立的地位和权责，也有着不同的行为目标和利益追求，其行为领域不应有政府干预。

第三，政府履行教育职能的方式是"掌舵"，而不是"划桨"。政府应从宏观上加强教育调控能力，承担教育发展的基本责任。政府行使教育职能的过程、范围、手段、内容等都必须符合相关的法律规定和操作程序。凡是法律授予的职权，教育行政部门必须行使；凡是法律未授予的职权，教育行政部门不得行使；只有在法律授权的事项上，教育行政部门才能够行使自由裁量权。

第四，公民个人和社会组织在主张和实现自己教育的权益同时，也应履行相应义务。

（2）教育产品属性理论/公共产品理论

经济学最初的研究认为，产品的属性可以分为公共产品和私人产品两类，公共产品由于收费困难和"搭便车"现象存在而主要由政府负责提供，私人产品由于消费竞争性和排他性而由市场提供。在传统上，人们一般认为教育消费具有典型的非排他性和非竞争性，因而是一种典型的公共产品，其组织和供给都必须由政府来完成，由此推演出政府对教育的"无限责任"。与此相适应，教育被当作不得有任何营利的一项公益事业，不得有丝毫的市场介入。

但是，新的公共产品理论认为，产品属性的两分法实际上并不完整，也不确切。现实世界中，大量存在的是介于公共产品和私人产品之间的一种产品，即俱乐部产品或准公共产品。准公共产品的消费特征，一是拥挤性，在一定的容量范围内，使用者之间没有竞争，但到达某一临界点（拥挤点）时，容纳或供应一个追加的消费者的成本将大于零。二是局部的排他性，此时通常存在某种技术，可以排除某人的使用。据此分析，从消费的角度来说，教育具有一定的竞争性和排他性。当一所学校的学额还不满时，增加一个学生的边际成本为零，一个学生对教育的消费不影响另一个学生消费；当一所学校的学额已满时，增加一个学生的边际成本为正，这时，对教育的消费就具有竞争性。关于教育的排他性，在技术上是完全可以做到的，如通过考试筛选和收取学费，就可以将一部分人排除在教育之外。但是这种排除由于成本过高（教育具有巨大的正外部效应）而未被采用。从这个角度出发，布坎南得出了教育是准公共产品的结论[①]。

换言之，从技术的角度分析，教育被定义公共产品并不是基于教育本身的产品属性，而是基于公共教育所产生的巨大外部收益。教育在事实上成为公共产品是一种人为的制度安排，如各个国家关于义务教育的一些强制性法律措施。从历史的角度看，教育在很长时间内是作为私人产品被提供的，并且这段时间长于其被当作公共产品的时间。

2. 政府与社会之间关系的应然划分

根据上述理论，我们可以梳理出政府与社会之间职能边界的基本原则。

一是凡属于政府应当履行的职能，必须由政府履行。通常，提供公共产品的职能应由政府完成，公共产品的组织和供给是政府为维持国家机器正常运转和社会经济稳定发展之必需，主要包括基础科学研究、基础设施、公共交通系统、环境保护、城市规划、社会福利、消防救灾、信息服务等。上述职能具有不可替代性，因而只能由政府来完成，而且必须提升政府能力，使其强有力地履行这些职能。

二是凡属于社会和市场可自行履行的职能，则必须交由社会和市场完成[②]。

就我国的现状而言，目前更多的是强政府与弱社会的地方教育治理模式。教育是一项公共服务，属于政府应当履行的职能。但问题是，教育这项公共服务在某些方面的实施中却是介于政府与社会边界之间，需要两者分工合作。这一方面是出于对有限政府的必须之举，另一方面是公民个人和社会组织在主张和实现自

---

① 詹姆斯·M. 布坎南. 公共财政[M]. 赵锡军，等，译. 北京：中国财政经济出版社，1991：22.

② 徐宇珊. 政府与社会的职能边界及其在实践中的困难[J]. 中国行政管理，2010，(4)：36.

己教育权益的同时应履行的相应义务。西方各国政府大都是在不同理论的指导下，根据实际的政治经济状况，进行适度的职能调整。

（二）政府与社会之间教育关系的实然状况

目前政府与社会的教育边界混乱，主要体现在以下几个方面。

首先，原本必须政府履行的职能，因政府执行不力或能力不足没有尽到责任，甚至社会成为行使这些职能的主体。例如，在 2010 年颁布《国务院关于当前发展学前教育的若干意见》①之前，不少地方都存在幼儿园"入园难""入园贵"问题，学前教育成为各级各类教育中的最薄弱环节，很大原因在于地方政府对学前教育投入不足，学前教育资源短缺。根据全国教育事业发展统计公报，2009 年，我国在园幼儿（包括学前班）2657.81 万名，全国学前教育毛入学率仅为 50.86%，不仅远低于发达国家水平，而且没有完成《国家教育事业发展"十一五"规划纲要》中提出的到 2010 年实现学前三年儿童受教育率达到 55% 的目标。统计表明，2009 年我国学前教育经费总投入为 244.79 亿元，仅占教育经费总投入的 1.3%，而且主要用于教育行政部门主管的幼儿园，农村及城镇普通幼儿园长期享受不到政府的经费资助。

其次，混淆了政府与社会履行职能的方式，政府将监管责任和落实责任一肩挑。一般认为，社会组织的职责在于提供具体的管理或服务，直接面向管理或服务对象。而政府履行社会管理和公共服务的职能是通过这些社会组织间接实现的，政府不直接提供服务。以特殊教育为例，很多城市的特殊教育机构从质量和数量上都无法满足社会需求，重要原因就在于政府"办教育、管教育、评教育"的惯性思维未变，本身心有余而力不足，忽视培育、规范社会特殊教育机构。

最后，政府教育职能无限延伸，侵蚀学校办学自主权。在许多地方，学校的课程自主权、教材选择权、人事权统统由教育行政部门控制，学校没有丝毫办学自主空间，更没有创造性开展工作的热情。

从这个角度来讲，未来地方教育治理的方向，主要是厘清政社不分的问题，向社会放权和释放更多的公共空间，充分调动社会的主动精神、激发社会活力。通过发展社会治理能力，形成强政府与强社会协同共治的地方教育治理模式。

（三）政府与社会之间教育关系变革走向

政府与社会的教育关系变革，更多地体现为放权与分权。在放权方面，政府

---

① 关于当前发展学前教育的若干意见[EB/OL]. http://www.gov.cn/zwgk/2010-11/24/content_1752377.htm [2015-03-15].

应该把本属于市场和社会的权力交出来，并把这种分权的成果制度化，实现政治体系权力法治化。分权是政府要真正履行政治权力行使主体的职能，政府所扮演的角色是公共物品的提供者。例如，教育"管办评"分离的改革就很好地体现了这一思路。如何解决好政府与社会之间的教育边界？提高政府边界内的履职能力和执行水平，加强政府宏观层面的监管能力可以说是前提条件，但更为重要的是，应发展社会治理能力，重塑政府与社会履行职能的方式。

1. 建立政府与社会之间新型的教育合作关系

强调政社分开不是要削弱政府的公共管理职能，而是突出政府与社会、政府与公民的合作治理、共赢善治。从政府的角度而言，随着市场经济的发育成熟，政府再也无法独自承担对社会的管理职能，无法满足日趋复杂的社会公共事务的需要。因为在市场经济条件下，单一的政府供给行为，通常也是一种低效行为。地方政府必须扩大公众的教育参与，主动向社会组织、公民分权，并与它们形成制度化的、以政府为中心的分工协作关系。

这种分工协作关系不同于科层制管理模式或者市场治理模式，其前提假设是为了解决某些问题，政府各部门、各层级及社会组织之间的整合运作是必要的，地方政府不是地方公共服务的唯一提供者，它可以通过职能转移，将部分教育公共服务职能让渡给社会组织或企业，从而建立起新型的地方教育公共服务的多元供给体系，在此基础上，满足社会公众多元化和个性化的教育需要。地方政府还可以通过购买服务，确定教育公共服务的优先发展领域和优先扶持项目，起到政策引导和宏观调控的作用。政府以项目资助的方式引导受托方自愿主动遵循相关要求，从而形成与社会组织之间新型的契约式合作伙伴关系。同时，在这种新型合作关系中，仍然强调政府的主导作用，地方政府不仅要提供社会组织和公众参与的空间，确认公共服务的供给机构，还要进行过程管理和结果监控，确保公共服务提供的质量和效率。深圳的大部门制改革就很好地体现了这一点。

深圳的大部门制改革①

深圳大部门制改革后，全市 17 个委局的 100 多项职能和事项开始向社会转移或委托，社会组织将成为这些职能的承担者。目前深圳已通过了《深圳市社会组织发展规范实施方案（2010—2012 年）》和《推进政府职能和工作事项转移委托工作实施方案》，并正在酝酿出台《深圳市财政扶持社会组织发展的实施方案（试行）》。这些方案明确了政府向社会组织转移职能的目

---

① 徐宇珊. 以政府转移职能为契机推动社会组织规范发展——解读深圳出台的关于社会组织发展的若干实施方案[J]. 社团管理研究，2010，（2）：37-39.

标、原则、分类和步骤，同时，探索福利彩票公益金与财政预算相衔接的资金保障方式，将向社会组织购买服务的资金纳入部门预算，形成制度。

近年来，在地方政府教育改革政策的酝酿、出台过程中，社会组织发挥了一定作用，但是从广度和深度上来看，参与的程度还不是特别明显，民众的参与愿望与利益需求还没有得到相应的满足。地方政府还要在政策上为教育社会组织参与公共决策提供更通畅的社会渠道。

由于教育社会组织力量还较为单薄，我国在发展这类社会组织方面，采取的主要还是政府单向培育的模式。但是这种模式的实践效果不明显，单靠政府力量的推动还不足以壮大社会组织的力量和数量。而且究竟是政府培育还是社会组织自我发展，将体现出一定的发展理念差别。政府培育社会组织，这还是一种政府主宰的思维；而让社会组织自我发展，这实际上回答了社会组织与市场经济的内在关系，也是一个规律性的原则。从我国的现实国情来看，社会组织发展应该走自主发展与政府培育相结合的道路，从而达到提升社会组织素质的目的。从中国的现实来看，社会组织可以从四个方面出发，不断提升自身素质。一是提升社会责任感和自律意识。社会组织首先要把公益性作为自身发展的出发点，将发展社会公益事业的责任真正内化为自身行为。同时，社会组织要从组织结构制度化、规章制度健全及人员选用标准等方面，不断提升约束自身行为、履行公共服务的自觉性。二是提升自身的专业素养和能力。社会组织要积极培育具备专业知识和专业经验的专业人员，努力使自己具备积极的应变能力、快速的反应能力、灵活的应对能力，适应和融入社会环境。三是市场化的运作机制。社会组织要拒绝行政化，拒绝集权化，有自力更生的能力和动力，通过市场机制展示自身活力，运用市场化思维做好社会事业，适度获取经费来源却不以营利为目的。四是主动接受社会监督，信息公开、透明。社会组织要具有接受社会监督的心理准备，具有接受社会监督的制度安排，并提供社会监督的制度便利与操作平台。

2. 加强地方政府边界内的职能履行能力

从履职的角度来说，政府所扮演的角色，应该既是公共产品的制度供给者，也是公共产品的监督管理者，地方政府的重要职能是制定并监督制度的执行，而不是事事亲力亲为。

作为公共产品的制度供给者，地方政府的基本教育责任不是干预教育机构的内部事务，而是要做到以下两个方面。

第一，为教育发展提供一个良好的制度环境。①制定依法治教的相关制度。一方面是使学校及其他教育机构、个人免受暴力或侵害，在安全的环境中开展教育工作；另一方面确保教育活动不受政府随意性行为的侵害，避免权力寻租和腐败行为。②提供明确的市场准入和约束制度。私人企业、社会组织等都可以参与到公共产品的生产中，成为公共产品的提供主体，但是应从法律上保证各种经济成分对公共产品投资经营的合法性，为公共产品的生产提供明晰的产权保护，明确公共产品的开放领域和经营方式，接受私人资本获得合理利润的要求。③提供公共产品生产的激励制度。教育作为基础性的公共行业，投资大、见效慢、周期长，一般私人企业、社会组织不愿涉足，在部分地区或部分领域可能会出现供给不足的问题。一方面地方政府应该承担起相应的投资责任，另一方面也要资助私人企业或社会组织进行投资开发。例如，对于那些选择了私人教育机构的义务教育阶段儿童，应该把这些学生应当享受的国家义务教育支出补贴给私人教育机构。这既是地方政府应尽的义务，又可以提高社会办学的积极性和条件。

深圳市宝安区社会组织举办学前教育机构的条件①

第六条　举办学前教育机构的社会组织应当具有法人资格，举办学前教育机构的个人应当具有政治权利和完全民事行为能力。举办者应有稳定、可靠、合法的经费来源，办学注册资金不得少于人民币 120 万元，举办期间不得抽逃办学资金。社会组织或个人有下列情形之一的，不得申办学前教育机构：

（一）财务状况不良或负有较大数额的债务到期未还的；

（二）有违法办学记录的；

（三）有刑事犯罪记录的；

（四）有精神类疾病的；

（五）法律、法规禁止的其他情形的。

第七条　民办学前教育机构的办学条件如校舍、规模、设备、工作人员、经费等必须达到《深圳市民办教育机构设置标准（试行）》的要求。

第八条　民办学前教育机构设立的审批按照以下程序进行：

（一）申请筹设

举办者提出筹设申请并提交本办法第九条规定的材料，由区教育局政务服务科受理筹设申请。

1. 征求街道教育办意见

2. 区教育局审查批复

（二）申请正式设立

筹设到位后,举办者提出正式设立申请并提交本办法第十条规定的材料。符合正式设立条件的，可以直接申请正式设立，并提交本办法第十条规定的

---

① 宝安区民办学前教育机构设立、变更和终止管理暂行办法（2011 年 1 月 1 日修订）［EB/OL］. http://www.baoan. gov.cn/zt_jyly/mbjyspba/tzgg/201305/t20130506_533495.html［2015-03-15］.

材料。区教育局政务服务科受理正式设立申请后按照以下程序进行：

1. 征求街道教育办意见
2. 安全专项评审
3. 专家组实地检查
4. 学前教育科审核
5. 区教育局批复
6. 颁发办学许可证
7. 公告

对于地方政府而言，中央政府制定政策和规章通常具有原则性和抽象性，如果不能把中央政府的政策和规章具体化为可执行的制度，就容易流于空泛。尤其是我国教育发展存在较大的区域差异、城乡差异、校际差异，更需要各地方政府在执行国家教育政策和规章的过程中，结合自身情况，制定具体制度，灵活地解决实际问题。

第二，维护教育公平的底线。地方政府作为地方公共产品供给体系中最基础、最核心的主体，不仅承担着提高教育服务供给水平的责任，也承担着维护社会公平的责任。在近现代以前，教育是一件私事，教育费用由私人供给，大部分家庭的孩子被排斥在教育之外。随着时代进步和民主化进程的推进，地方政府开始在地方教育上承担起一定的责任。地方政府维护教育公平的责任并不是无限的，而应当表现在维护公平的底线，即为社会成员提供普遍的、基本的教育供给保障。地方政府在财力增强的基础上，还可以逐步扩大基本教育供给的数额和范围，使教育公平的程度不断提高。例如，一些经济发达地区的地方政府，将九年义务教育扩大到十二年义务教育。在义务教育的投入上，地方政府过去存在着投入结构非均衡的状况，如财力过于集中于优质学校、城市地区，对于最困难的农村地区、薄弱学校投入少之又少，这是非常不公平的。因此，地方政府在地方公共产品中的责任，不仅是加大投入，更要改变投入的结构，让大多数公众受益，满足公众最普遍、最基本的需要，实现最大限度的社会公平。

作为公共产品的监督管理者，政府需要加大政策与法律的执行力度。在我国教育实践中，一直存在比较突出的"有法不依，执法不严"现象，导致了"好政策""好法律"却不能收到预期的"好效果"，这严重地阻碍了教育事业的健康发展。

第一，监督和管理公共资金的使用情况。只要是公共产品的生产，都会产生一定数额的公共资金。这些资金是公共支出的重要组成部分，需要凭借健全的财政监督体系和机制，对教育投资的全过程进行监督和管理，从而保证教育资金的使用效率。教育部、国家统计局、财政部发布的 2012 年全国教育经费统计公告显示，在全国公共财政支出中，财政教育支出所占比重超过 16%，是公共财政的第一大支出，其中地方政府支出又超过 80%。高达 2.2 万亿元的巨额教育经费如何使用、如何监管，关键在于制度建设，在于信息公开、透明。例如，教育部推动直属高校公开预算、决算信息，学生营养改善计划建立膳食委员会，实行校长陪餐制，等等，都是加强监管的重要举措。

第二，监督和管理公共产品的供给质量。公共产品的生产关系到民生福祉，因此，产品质量必须有保障，而教育产品的供给质量尤为重要。正如美国思想家加尔布雷思所指出的，一个国家的繁荣，不取决于它的国库之殷实，不取决于它的城堡之坚固，也不取决于它的公共设施之华丽，而在于它的公民的文明素养，即在于人们所受的教育、人们的远见卓识和品格的高下。随着办学体制改革的深入推进，我国的民办教育机构数量呈现迅猛增长的态势。2002 年 12 月，《中华人民共和国民办教育促进法》的颁布，从法律上保证了民办学校与公办学校的同等地位。到 2015 年，我国各级各类民办学校已达到 16.27 万所，各类教育在校生达 4570.42 万名。民办教育在满足老百姓多元化的教育需求、促进教育事业改革和发展、弥补财政性教育经费不足等方面发挥了重要作用。但是，地方政府在民办教育的监督和管理方面也存在明显不足，一些地方的民办学校缺乏稳定的制度保障和政策环境，甚至对于民办学校的监督管理也表现出较大的随意性，导致民办教育未从根本上摆脱盲目发展、自生自灭的状态。地方政府应根据相关法律和行业标准，对民办学校进行经常性的监督和管理，审查办学资格，检查收费状况，把不合标准的学校清除出市场。

第三，自身要树立依法行政的意识。依法、执法是立法意志的实现，比立法的意义更为重大。各级政府和教育职能部门应该在自己的职责范围内，认真履行职责，成为公民和其他社会组织守法、执法的表率。建立畅通的利益表达渠道，让更多的社会主体，如学生及其家长、各级人大和政协、社会组织、新闻媒体等，能够参与教育执法的监督与评价工作。

第三节 地方政府教育改革的方法论

按照美国学者戴维·伊斯顿（David Easton）的观点，公共政策是对全社会价值的权威性分配。陈庆云指出，人们对价值一词有比较宽泛的理解，不如把价值改为利益。政策分析中的事实分析、价值分析、规范分析、可行性分析都必须与利益研究结合起来才更有解释力和说服力。[①]

一、利益是政策分析的基本范畴

利益概念是一个非常复杂而难以确定的概念。对于什么是利益，学者们的解释各有不同，综合起来有三种主张：①主观论。主观论从需要定义利益，认为利益和需要之间有本质性的联系，利益是主体对客观事物的内心感受和主观需要。②客观论。它认为利益是主体所追求的客观事物。例如，陈庆云认为，利益是人们为了生存、享受和发展所需要的资源和条件。[①]③关系论。它认为利益是主体与客体之间的一种特殊关系，即主体能动地对待能满足自己需要的客体，并运用它来满足自己需要的一种关系。这个定义对利益的判断是动态的、弹性的，现在的利益不代表过去的利益，反之亦然。

基于上述分析，我们认为，利益具有如下特征：①利益可以分为主观利益和客观利益。主观利益是主体本身所感受到的或认为存在的利益；客观利益是主体本身可能没有感受到或认为不存在，但实际上存在并对主体有意义的利益。②利益是主体需求和满足需求的客体之间在主体行为下的有机统一。这种主客体之间的相互作用构成了人类社会最基本的生产活动。如果说人的活动是以主体需求为动机和目的，那么利益便是最主要、最直接的动机了。

因此，利益对政策分析来说，是一个极为重要的解释框架。不了解利益与政策之间的关系，就无法理解政策产生、执行的内在机理；不进行利益分析，就很难发现政策制定、政策执行、政策评估中的问题和症结。从根本上来说，政策就是利益冲突、利益博弈的最终结果。

政策既是一定利益的确认形式，也是利益的调整工具和分配方案，政策所体现的意志的背后乃是各种利益，而且人们从事政策执行活动的动力也是利益推动的[②]。利益之所以会成为教育政策分析的基本范畴，基于以下几点原因。

第一，教育政策与利益的关系密不可分。国家的教育制度为教育利益分配提供了一个基本框架，但大量的、经常性的利益分配却是通过利益杠杆来调节的。许多教育政策执行出现问题，便是公共利益与私人利益、整体利益与局部利益、长远利益和短期利益之间出现矛盾冲突导致的。

第二，教育政策主体的行为与利益关系密不可分。利益具有普遍性，只要是

① 陈庆云. 公共政策分析[M]. 2版. 北京：北京大学出版社，2011：248.

② 丁煌. 利益分析：研究政策执行问题的基本方法论原则[J]. 广东行政学院学报，2004，(6)：28.

人，只要有生存与发展需要，就有利益要求；而只要是由人构成的组织，为了组织的生存与发展需要，同样有利益追求。教育政策主体一样是理性的，追求自身利益。在政治环境中，教育政策主体也会追求利益最大化。

二、公共利益是教育改革行为的核心目标

何为公共利益？西方学者普遍认为，公共利益是一个含糊的术语，难以对它进行明确的界定。罗斯科·庞德（Roscoe Pound）认为，"公共利益是一匹非常难以驾驭的马，你一旦跨上它就不知道它将把你带到哪儿"[①]。黛博拉·斯通（Deborah Stone）提出"空盒论"，认为对于什么是公共利益永远不能达成一个广泛的共识。公共利益犹如一个空盒，每个人都可以往里注入自己的理解。[②]

但不管如何，公共利益是一个真实的存在，它与社会的个体与群体都密切相关。人们努力从各个层面多角度地对公共利益进行解读。公共利益有两个关键词："公共"和"利益"，"公共"是利益的受益对象，而"利益"则是真正的内容。正如前文所指出的"利益"具有不确定性，公共利益的不确定性还表现为"公共"界定的不确定性。何为"公共"？目前学者大概有三种划分标准：一是地域标准。洛厚德（C. E. Leuthold）在《公共利益与行政法的公共诉讼》一文中提出，公共利益是一个相关空间内关系人数的大多数人的利益。[③]意指一个地区内的大多数人的利益就是公共利益，少数人的利益就是私人利益。洛厚德的定义有合理之处，不足在于排除了其他区域的人享受此区域的公共利益的可能。但有些公共利益，像教育、交通完全有可能是跨区域的公共利益。二是人数标准。纽曼（F. J. Neumann）指出，公共利益是一个不确定多数人的利益，这个不确定的多数人就是公共的含义。[④]他的定义有同义反复的意味。三是综合标准。首先，公共利益具有非排他性，对任何人皆开放，任何人都可以自由进入某一范围（不限于地域，还可能包括职业的、身份的、宗教信仰的等）；其次，数量上必须达到一定程度的多数。[⑤]从这个界定来看，公共利益是处于变化之中的，在特定的范围内，相对于这个范围内的少数人，其多数人就是"公共"的，但相对于一个更大的范围而言，这个特定范围的人可能只是少数人。

① 罗斯科·庞德. 法理学（3 卷）[M]. 廖德宇，译. 北京：法律出版社，2007：205-206.

② 陈庆云，鄞益奋，曾军荣. 论公共管理中的公共利益[J]. 中国行政管理，2005，（7）：17.

③ 陈新民. 德国公法学基础理论（上）[M]. 济南：山东人民出版社，2001：184.

④ 陈新民. 德国公法学基础理论（上）[M]. 济南：山东人民出版社，2001：186.

⑤ 胡锦光，王锴. 论公共利益概念的界定[J]. 法学论坛，2005，（1）：11.

上述关于公共利益的界定有一个共同点，就是多数人的利益才是公共利益。也有学者认为，数量是衡量公共利益的标准之一，但绝非唯一标准。用沃尔夫的说法，公共利益可以分为普通和特别两类。[①]其中，普通公共利益是大多数人的利益，特别公共利益针对某些特别性质和功能的团体，如工会、残疾人组织、未成年人保护组织，等等，这些团体是由较小范围的人群构成的，他们的利益是特别公共利益。在教育领域内，对弱势群体的教育都是特别公共利益。

综上，我们可以归纳一些关于公共利益的基本共识：①在大多数情况下，公共利益享有的主体是不特定的多数人，公共利益享有的主体是开放的，这与一般意义上的多数人利益不一样。②公共利益是一种整体性利益。这意味着公共利益是不可能分割但可以分享的利益。③公共利益是一种有层次性的利益。从地域上来讲，有国家的公共利益，也有一个地区的公共利益。④公共利益是一种发展性利益。随着时代和社会的变迁，公共利益会发生相应的变化。⑤公共利益是一种重大的利益。

公共利益超越个人利益或组织利益，在主体上体现的是整体利益而不是局部利益，在内容上体现的是普遍利益而不是特殊利益，它是教育改革行为最重要的目标。

三、教育利益分析的基本框架

利益分析的逻辑思路是，谁在追求什么利益，怎么分配，分配的结果如何。"谁"涉及某项利益的相关者，即利益主体及主体间的关系；"什么利益"涉及的是利益主体的需求和意图；"怎么分配"涉及的是利益实现方式和途径；"分配的结果如何"涉及的是对利益分配的效果评估。据此，陈庆云认为，利益分析的基本要素包括利益主体分析、利益需求分析、利益实现方式分析、利益结果分析四个方面。[②]参考陈庆云的利益分析法，我们提出了教育利益分析的基本框架。

（一）教育利益主体分析

利益与主体密切相关，离开利益主体，利益也就无从谈起。教育利益主体由哪些个人或组织构成，这些主体间的关系结构如何，是利益分析的首要前提。弗里曼（R. E. Freeman）在其代表性的著作《战略管理：利益相关者管理的分析方

---

① 陈新民. 德国公法学基础理论（上）[M]. 济南：山东人民出版社，2001：200.

② 陈庆云. 公共政策分析[M]. 2版. 北京：北京大学出版社，252-254.

法》一书中提出，任何一个企业的发展都离不开各利益相关者的投入或参与，企业追求的是利益相关者的整体利益，而不仅仅是某些主体（企业股东）的利益。企业的利益相关者不仅包括股东、债权人、雇员、消费者、供应商等交易伙伴，也包括政府部门、本地居民、本地社区、媒体、环保主义等，甚至包括自然环境、人类后代等受到企业经营活动直接或间接影响的客体。这些利益相关者与企业的生存和发展密切相关，他们有的分担了企业的经营风险，有的为企业的经营活动付出了代价，有的对企业进行监督和制约，企业的经营决策必须要考虑他们的利益或接受他们的约束。"利益相关者"理论提出之后便受到广泛关注，尤其是其"共同治理"的理念不仅在工商企业界得到认可，也在公共治理领域普遍应用。

米切尔（Mitchell）从合法性、权力性、紧急性三个属性出发，对利益相关者进行评分，据此确定其是否为利益相关者，以及为哪一类型的相关者。合法性，即某一群体是否被赋予法律上的、道义上的或者特定的对于企业的索取权；权力性，即某一群体是否拥有影响企业决策的地位、能力和相应的手段；紧急性，即某一群体的要求能否立即引起企业管理层的关注。至少要符合其中一种属性，才能称为利益相关者。

参考米切尔的评分法，我们将基础教育的利益相关者分为三大类：①直接利益主体，他们是有教育权利（受教育权或教育权）的、合法的、最直接的教育利益受益者，包括学生及其家长、学校及其教师；②间接利益主体，他们是有教育权利（决策权或参与权或投资权）的、合法的、相对间接的教育利益受益者，包括政府机关及其工作人员、民间教育投资者、教育社会组织、公司企业；③潜在利益主体，他们是合法的、相对间接的教育利益受益者，如社区、个体公民、政党等。

从组织的角度来看，三类群体之间构成一个互动的、冲突的和相容的利益结构，并且呈现不同的关系状态。利益主体的分析包括谁获得多少利益，谁获得利益多，谁获得利益少，谁可以得到利益补偿，等等。这个层面的分析，更多的是对事实进行分析。

（二）教育利益需求分析

利益与需求密切相关，需求是直接的利益，利益是间接的需求。关于人的需求理论，影响较大的是美国行为科学家亚伯拉罕·马斯洛（Abraham Harold Maslow）的需求层次理论。他于 1943 年在《人类激励理论》论文中提出，人类有生理需求、安全需求、社交需求、尊重需求和自我实现需求等五种需求，五种需求依次由较低层次向较高层次排列（图 6-1）。

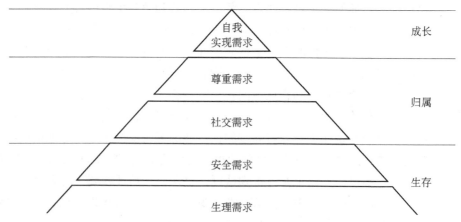

图 6-1　马斯洛需求层次理论模型

从需求有不同层次这个角度来分析，人的教育利益需求大致可以分为两个层次：第一个层次是基本的利益需求，即获得接受教育的最基本的资源和条件，掌握生活所必需的听、说、读、写、算能力。简单地说，就是"上学"的需求。第二个层次是发展的利益需求，即获得接受教育的优质的、多样化的资源和条件，较好地实现自我发展与完善。简单地说，就是"上好学"的需求。这仅仅是一个简单的教育利益需求分析模型，实践层面的教育利益需求更为丰富、复杂，但大多都是从这两个层次进行拓展、延伸的。在不同的经济社会发展阶段、不同的国家（地区），人的教育需求层次也不尽相同。一个国家中多数人的教育需求层次结构，同这个国家的经济发展水平、科技发展水平、文化水平直接相关。

在需求分层的基础上，马斯洛还进一步指出，人的动机是行为的原因，而需求是最基本的动机。因此，对利益主体的需求分析实际上是一种行为动机分析。理解了人的需求，就可以分析、解释和预知人的行为。按照西方经济学家关于"经济人"的人性假设，人们的行为都是在追求自身利益的最大化，当一个人在一项活动中面临着若干不同的选择机会时，他总是倾向于选择能给自己带来更大利益的那种机会。因此，自利是人类所有行为的出发点。然而人的行为动机是复杂的，一个人所做出的选择，与他的现实存在、他与社会环境的关系密切相关，人的行为并不完全受自我的摆布和控制。同时，批评者也指出，"经济人"假设的成立受限于一系列相关假设，包括资源供给不受限制、市场信息对称、人的知识水平足够、市场机制充分有效等，但实际上这样的条件本身在现实中不存在。在资源相互依赖、信息不对称的环境中，利益主体会把自我需求与他人的利益结合起来，在利己与利他之间寻求合适的平衡点。

从博弈论的角度来看，教育改革也是对社会教育资源的有限分配，也充斥着不同利益主体的需求，是提供均衡的教育还是优质的教育，是满足个人的发展还是社会的发展，都是一个利益博弈的过程，最终目的是达到共赢。

（三）教育利益实现方式分析

从宏观角度分析，教育利益的实现方式主要有两种：一是政府的威权分配，二是市场的自由交换。崇尚市场的经济学家认为，市场"自生自发的秩序"就可以较好推动利益的实现，而且效率更高。①亚当·斯密（Adam Smith）在《国民财富的性质和原因的研究》中指出："由于每个人都努力把他的资本尽可能地用来支持国内产业，都努力管理国内产业，其生产物的价值能达到最高的程度，他就必须竭力使社会的年收入尽量增大起来。确实，他通常既不打算促进公共的利益，也不知道他自己是在什么程度上促进那种利益……在这种场合，像在其他许多场合一样，他受着一只"看不见的手"去指导，去尽力达到一个并非他本意想要达到的目的。也并不因为事非出于本意，就对社会有害。他追求自己的利益，往往能使他能比真正出于本意的情况下更有效地促进社会的利益。"

这种观点看到了市场的作用，那就是市场中的每个人都是理性的、经济的计算者，对于能带给个人好处的利益是乐于主张的，甚至是"据理力争"的。因此，私人利益可以通过市场进行自由选择、自主决定而得以实现。但市场论者也忽视了很重要的一点，个人对于个人之外的多数人的利益，基于成本核算，不仅不会主张，甚至可能会采取反对的态度。而且多数人的利益，由于其复杂性、多样性和整体性，如果没有一个专门的组织来进行主张，那么大多数人的利益就可能受损或得不到保障。这种专门的组织最常见的就是政府机关、社会公益组织等。其中，政府是最大的、有组织的利益供给主体。马克思指出："正是由于私人利益和公共利益之间的这种矛盾，公共利益才以国家的姿态而采取一种和实际利益（不论是单个的还是共同的）脱离的独立形式，也就是说采取一种虚幻的共同体的形式。"②

教育作为一项公共事业，而且是特殊的公共事业，政府理当在利益分配中承担主导角色，并负责弥补市场分配的不足和缺陷，而市场分配则是政府分配的一种有益补充。

政府关于教育利益的分配原则，应当不是谋求利益、获得利润，而是改善人的生存状况、促进人的全面发展。"上学权"即受教育权，是人的最基本的教育利益，必须由政府提供，并且还要利用各种政策工具，对教育利益受损者，如弱势群体、进城务工人员子女、特殊群体等提供合理性的补偿。而市场配置一方面是满足人的多元化的教育需求，通过自由交换为某些群体提供特殊的教育服务；另一方面也可

---

① 亚当·斯密. 国民财富的性质和原因的研究（下）[M]. 郭大力，王亚南，译. 北京：商务印书馆，1997：27.
② 马克思恩格斯选集（1卷）[M]. 北京：人民出版社，1972：38.

以提高教育资源的使用效益，降低教育成本。政府的有限能力也决定了它不可能提供所有的教育公共产品。建立政府部门与私营部门、第三方组织之间的合作性伙伴关系是一种理性选择，也是通过多种途径实现教育利益的组织基础。

政府在教育利益供给方面具有不可替代的主导优势。但是，如果地方政府在实践中过于强调部门利益或地方利益，也会导致教育的公共利益受损。比如，一些地方政府为追求教育政绩和效益，将大部分的教育资源都提供给一两所重点学校，而其他学校，甚至是薄弱学校得不到应有的支持，导致大多数孩子的教育利益受损。更有甚者，将学校推向市场，导致马太效应出现，重点学校越来越好，而一般学校越来越差。

解决这个问题的办法，是立法机构通过制定法律将一些普遍性的公共利益确定下来，作为对利益的主张者（政府）的一种"戒条"，从而保证政府的主张不会走偏，甚至不主张。例如，针对一些地方政府教育市场化的乱象，我国在 2006年重新修订《中华人民共和国义务教育法》，其中特别规定，县级以上人民政府及其教育行政部门不得以任何名义改变或变相改变公办学校的性质，以法律的形式终止了转制学校的改革。

由法律来确认和形成客观的教育公共利益，是当代法治社会的普遍做法。一方面，法律的程序性保证了教育公共利益得以合法地表现；另一方面，法律的明确性也可以使主张者借此来积极主张公共利益，促进公共利益的实现。

（四）教育利益分配结果分析

结果分析是对利益主体、利益需求和利益实现方式的一个综合判断，其判断标准是以公共利益为核心的社会利益最大化能否最终实现。公共利益为何如此重要？顾塞尔（Charles T. Goodsell）认为，公共利益有四个重要功能：①凝聚功能。公共利益是团结的象征，可以整合歧义，形成同盟。②合法化功能。公共利益向公民确保公共政策所达成的利益平衡是值得期待的，也是值得支持的。③授权功能。政府机关受托于民，运用公权力解决因私利而侵犯公共利益的问题，从而解决公民个人无法解决的社会问题。④代表功能。公共利益提醒公共管理者不可忽视弱势群体的利益。[①]

教育作为一项公共事业，其公共利益最大化分配应该体现在以下几个方面。

1. 绝大多数的受教育者普遍受益

一项教育改革政策的实际效果，取决于该政策是否符合绝大多数人的利益。

---

① 张成福，李丹婷. 公共利益与公共治理[J]. 中国人民大学学报，2012，(2)：96.

因为在政策实施过程中，利益得到满足的各种利益相关体会自觉不自觉地拥护和执行政策，促进政策的实际效果与预期目标一致。所以，在一般情况下，政策的利益人越多，发生改革偏离的可能性越小。要让绝大多数受教育者获益，必须坚持政府在教育资源投入中的主体地位，必须建立科学有力的教育投入保障机制。中央政府和省级政府要在基础教育投入方面承担更多的责任，特别是要加强教育投入的省级统筹。如果教育完全由地方财政投入，就有可能导致教育的非均衡发展，以及教育与经济发展的恶性循环，从而出现一部分人受益而另一部分人受损的现象。

2. 弱势群体的利益得到优先考虑和补偿

弱势群体的教育问题是体现教育公益性的关键性问题，要解决弱势群体的教育问题，首先要建立和完善弱势群体教育的有效补偿机制。地方教育立法可以将农村留守儿童、进城务工人员子女、边远落后地区儿童作为重点补偿对象，建立合理的补偿标准，丰富补偿方式，实现教育公平。同时，可以探索在中西部地区、农村地区建立"教育优先发展区"，对其实行特殊的教育补偿政策，并帮助其进行教育发展制度设计，加快教育发展步伐。

3. 教育发展的根本方向得到坚持和保障

教育改革政策的好与坏、正确与错误，首先看它是否体现了教育发展的根本方向。教育发展的根本方向，就是改革有损教育公平的各种教育制度，改变"以分数论英雄"的应试教育评价模式，坚持以学生的全面发展和共同发展为根本目标，实施人人平等的素质教育评价模式。

公共利益与私人利益是一对相反的概念。在教育改革中，公共利益应该优于私人利益，是教育改革政策的根本目标，但不是唯一目标。在追求公共利益优先的同时，教育改革也应体现对私人利益的关怀。如果脱离了组织利益和个人私益，事实上，公共利益也就无从谈起，政府或他人不能以任何名义干涉或侵犯个人或组织的合法利益。公共利益不是脱离了私人利益的公共利益，公共利益的本质在于政府以超越私人利益范围的行动所追求的利益，它的实现重在促进公共利益和私人利益的平衡。

四、利益分析框架的应用：关于地方择校问题的分析

各地择校问题是 30 多年来基础教育界的一个热点问题。择校不是一个简单的教育现象，它涉及更深层次的经济和社会原因。从根本上来说，它是基础教育阶

段优质教育资源供需矛盾造成的。关于择校现象的成因，归纳起来大致有如下观点：①择校是人民群众对优质教育的迫切需求与社会供给不足的矛盾表现；②择校有其一部分的历史原因，即 20 世纪 80 年代初实行的重点学校制度导致义务教育阶段学校的非均衡发展，校际办学水平差距较大；③教育行政部门对"就近入学"政策执行不力在一定程度上助长了择校行为的产生；④择校本身并不是坏事，它是对供求矛盾的直接反映，也是世界各国教育改革的一种趋势，关键在于如何引导和规范解决。

择校在中国是家长的一种自发行为，作为一种特殊的社会现象，虽受到政策层面的种种限制，但仍以各种形式或多或少地存在。从利益分析的角度来看，只要参与择校的各种利益主体之间存在着不均衡，择校行为就很难根除。这也表明了择校作为一种客观存在，事实上并无是非之分，关键在于择校背后的大量不公平及腐败行为。从利益分析的角度对择校行为进行阐释，并通过利益均衡解决其带来的公平与效率等社会性问题，是化解择校矛盾的有效途径。

（一）择校中利益相关体的利益需求分析

1. 学生及其家长对优质教育资源的追求

根据人力资本理论的分析，对于个体而言，受教育状况在一定程度上可以决定其未来的工作薪酬和社会地位。从现实的角度来说，个体拥有的社会地位、所获得的薪酬与其受教育程度也存在很高的相关性。因此，接受良好的义务教育，就在一定程度上获得了一个较高的起点，意味着未来有可能进入一个好大学、获得一份好工作。但是，在不同地区、不同地域，义务教育阶段的学校之间实际上存在着较大的教育质量差异，如果依据《中华人民共和国义务教育法》的规定"就近入学"，就会形成一个利益差距。在这种背景下，因"就近入学"被分配到教育质量较差学校的学生及其家长就必然不满，从而想方设法进入教育质量较好的学校，择校行为由此产生。当然，能够择校的也只是部分学生及其家长，对于那些没有能力择校的学生及其家长，则是一种利益损害。

2. 学校对经济利益的追求

学生及其家长要择校，学校能够接纳也是一个必要条件。学校之所以敢接纳，主要是因为这里面有巨大的经济利益。据统计，义务教育经费主要由当地财政支持，在一些财政困难的地方，义务教育阶段学校的办学经费非常紧张，举债办学的情况在 20 世纪 90 年代较为普遍，招收择校生、收取择校费无疑是学校走出办学困境的选择之一。但是，并非所有的学校都能够招收到择校生，那些教育质量较差的学校显然在择校问题上毫无竞争力。因此，择校实际上以损害、牺牲薄弱学校的利益为代价来促进优质学校发展。

3. 地方政府对自身利益的追求

学生及其家长要择校，还需地方政府的默许。地方政府之所以对择校行为不严加治理，主要还是基于对自身利益的考量。首先，出于多出成绩、快出成绩的考虑，地方政府更愿意将更多的政策和资金投入到优质学校而非薄弱学校，这就为择校创造了更多的空间。其次，在现有的分级管理教育体制下，无法为学校提供足够教育经费的地方政府必然会寻求从其他途径获取教育经费。在上级考核压力下，无力承担教育发展任务的地方政府不得不对择校行为"睁一只眼，闭一只眼"，采取纵容默许的态度。

从以上分析可以看出，择校行为产生的总根源还是在于教育利益的分配不均。义务教育阶段学校之间之所以会有如此大的差距，在很大程度上与过去我们实行的重点学校制度有关。重点学校在生源、师资、管理、资金方面享受了特殊待遇，因而获得快速的发展。即使在政府已经取消重点学校之名的情况下，其优势地位依然存在。在重点学校和一般学校这种利益分配不均的情况下，各利益相关主体势必会追求教育利益最大化，争取更多的教育利益，这就为择校提供了土壤。

（二）择校与"就近入学"制度的冲突分析

"就近入学"是一项基本的义务教育供给制度。对义务教育的认识，应该说各国都大同小异，近乎一致，即义务教育是根据宪法规定，适龄儿童和青少年都必须接受，国家、社会、家庭必须予以保证的国民教育，其实质是国家依照法律规定对适龄儿童和青少年实施的一定年限的强迫教育的制度。免费、就近入学、强迫入学是其三大主要特征。儿童不仅属于家庭，也属于国家，国家按照教学的技术标准免费提供义务教育机会，儿童必须接受义务教育。为方便儿童入学，各国政府普遍采取就近提供教育机会的原则。这是义务教育公益性的重要体现。

如果说"就近入学"带有一定强制性的话，那么择校则代表了一种个人的基本权利，择校体现了学生家长对自身利益的追求。西方新自由主义经济学家弗里德曼在 1955 年就主张通过发放教育券，鼓励家长选择学校。20 世纪 80 年代以后，随着西方政治、经济转向，新自由主义成为主流价值观，家长择校成为一项重要的公立学校改革方案，并在各国教育实践中推行。与西方择校不同的是，中国家长的择校更多的是一种自发行为，而非政府行为。但是其本质都是强调对个人选择权利的尊重和对教育多样化的要求。有学者就认为，"就近入学"政策虽然是我国义务教育的基本政策，但它只是对政府行为做出的必要规范，并非是学生家长必须履行的责任，或必须做出的行为。就近入学和自主选择教育应该是一个整体，都是为了保证未成年人平等地接受教育，因此，择校是学生家长维护平等地受教育权利的正当要求。①

因此，当我们站在制度分析的角度来看时，择校实际上使个人的利益与义务教育的公共利益之间发生冲突。因此，简单地鼓励择校或反对择校，实际上都是草率的。有研究者认为，今后义务教育体制的改革，在强调义务教育的同一、划一性理念之外，开始尊重个人选择的自由，为选择自由留有空间；在继续强调平等教育权的同时，开始强调学校应该满足个体多样化的需求，强调以体制和供给者的多样化实现教育服务供给的多样化。②

（三）择校的治理选择

择校作为一种多方利益博弈，通过行政禁令压制，既不合理也很难完全做到。在此，我们需要考虑两个问题：如何让绝大多数受教育者受益？如何让有需求者获得补偿？

从长远来看，推动各方利益均衡是化解择校矛盾的根本途径。对家长而言，择校的动机无非是各校教育质量差距所带来的利益不均衡。如果从政策上打破重点学校制度，扶持薄弱学校发展，建立自由、多元的义务教育系统，家长择校就失去了原动力。这项政策应该是中央与省级部门制定择校治理机制的首要选择项。对学校而言，择校的动机主要源于对办学质量和额外经济收益的追求。这就需要从政策层面减少学校发展对额外经济收入的依赖，实施标准化办学。目前，不少地方制定了办学条件、师资力量、评价标准等学校标准，就是一种推动学校利益均衡化的努力。对地方政府而言，默许择校的主要动机是对效率的追求。这就需要减少地方政府在公平与效率博弈中的成本，特别是政策波动的成本，达到政府在公平与效率之间的纳什均衡，即保持教育公平与效率间的一定张力。

为直接解决问题，有以下两种可供选择的办法。

1. 增加教育服务供给方式

除了传统的就近入学提供方式以外，可以通过一系列制度安排，提供更丰富的教育服务供给方式，方便有需求的学生及其家长进行选择。在西方国家，影响较大的改革方案有三类：第一类是教育券计划。由政府发给学生家长一种有价的

---

① 朱家存. 就近入学：权利还是义务[J]. 中国教育学刊，2001，（6）：9.

② 曾晓东. "择校"对义务教育制度的挑战及发达国家实践中的"变革"[J]. 比较教育研究，2010，（12）：34.

证券，家长可以持券选择任意一所公立学校或私立学校，而完全不受"就近入学"制度的限制。第二类是设立特许学校或"磁石"学校。此类学校是通过特色化的课程吸引学生的一种公立学校。第三类是开放入学计划。要求公立学校在自身条件容许的情况下尽可能多地吸引学生，而不是限制入学人数，以保障家长能够充分自由地选择学校。第一类方案是完全自由的选择，第二、第三类方案是在公立学校范围的配给选择。

参考国外的改革经验及我国的具体国情，我们可以从以下几个方面增强教育服务供给，具体如表 6-3 所示。

表 6-3　教育服务供给制度一览表

制度安排	各种教育服务
政府服务	传统的义务教育阶段学校
特许经营	政府将薄弱学校委托给教育第三方或教育管理公司管理和改造，学生及其家长获得相应的教育服务
政府间协议	按照"两为主"原则，流出地政府向流入地政府提供经费，流入地政府接收流出地政府的学生
政府购买服务	政府向私立学校购买服务，学生及其家长在私立学校就学
市场服务	私立学校、补习机构
自我服务	家庭教育

2. 改革不合理的教育供给方式

一般而言，一所学校的教育资源包括学校区位、设施、师资、管理、生源等要素，这些要素也是影响择校的主要因素。对大部分家长而言，在这些要素中，影响其择校的决定性因素是师资水平，师资水平是学校发展的关键。对家长来说，实现校际师资均衡是最直接的择校治理机制。对学校而言，生源是影响学校排名的决定性因素。对学校来说，实现生源均衡是最关键的择校治理机制。对学校管理者而言，在学校硬件投入基本均衡的基础上，决定学校排名的决定性因素是学校管理，学校管理是学校良性发展的关键变量。对学校管理者来说，实现校际管理的均衡是可持续的治理机制。根据对利益相关者的态度分析，地方政府可以从实际情况出发选择具有更高支持度、更小阻力的择校治理机制。

其一，关于师资均衡，不少地方采取师资轮换、教师支教的做法。但是由于其可能带来交通生活不便、学校管理成本增加等问题，往往招致教师的抵制，乃至学校的不配合。这项治理机制可能更适合在区域差距不大且交通发达的地区施行，同时也应该建立系统、完善的保障措施，解除教师和学校的后顾之忧。

其二，关于管理团队均衡，优质学校管理团队支持薄弱学校发展涉及的利益群体较少，且有大多数利益群体受益，因此，实施阻力相对较小。地方政府可以通过完善选拔、激励、评价机制等，使这一成本较低的治理机制改革系统化、制度化。

其三，关于生源均衡，不少地方采取的是坚持执行"就近入学"或者"生源摇号""招考配额"的做法，这一做法本来也是治理择校最关键的机制，但是家长往往抱有怀疑和抵制的态度。因此，严格执行"就近入学"，公开、公正招生，严格的监督与处罚制度必须配套推进。

五、利益视角下的地方政府教育改革取向

晚清以降，中国社会面临"三千年未有之大变局"，改革成为一个多世纪以来中国社会发展的主旋律。以 1862 年京师同文馆的设立为标志，中国传统教育逐步开始了从形式到体制、从内容到方法无所不包的改革进程，历时百年，并持续至今。尤其是 20 世纪 80 年代以来，地方政府教育改革成为中国进入社会主义现代化建设新时期的最鲜明特征。30 多年来的地方教育改革，使我国教育观念、制度、内容、方法等都发生了巨大变化，教育改革已经取得了显著成效，一些形而上的、学院派的教育话语在实践阶层乃至一般民众中都广为传播。然而，由于功利主义、激进主义的不断升温，"教育改革""教育创新""教育现代化"等类似词语似乎逐渐丧失了其严肃性和理性，而沦为一种流行和时髦的宏大表述，一种理当如此、不容置疑的意识形态，使人们失去了对其进行认真反省和提问的能力。同时，以改革的名义引进和借鉴的国外教育理论，并未如期许的那样解决中国的现实问题，反而出现了水土不服的情况。

在这种情况下，对教育改革进行理性分析和反省就显得尤其重要。事实上，理性分析和看待教育改革，有三大问题是无法回避的：第一，怎么样看待改革，解决为什么要改革的问题；第二，改革究竟要改什么，解决改革是满足何种需求的问题；第三，怎么样改革，解决改革的实施路径问题。从整体来看，我们的地方教育改革多为悬垂式的改革，由地方政府自上而下推进，这三大问题的回答也主要是由地方政府及其技术精英来完成的。这种改革模式是目前我国教育管理体制下的现实选择，基本上也是教育改革的首选模式。从利益分析框架来看，在这种模式里，地方政府及其技术精英必须是作为多方利益整合的代言人身份出现，这样的改革才更符合大多数人的利益。但是，地方政府也有趋利行为，政府利益与公共利益不一定就会完全重合，甚至在某种情况下还会产生严重分离。弗里德曼曾经分析指出："教师、管理人员和联邦政府官员同别人并没有什么两样。他们可能也是家长，衷心地希望有一个好的教育体制。然而，作为教师、学校管理人

员和联邦政府官员，他们的利益与他们作为家长的利益、他们所教孩子的家长的利益是不同的。他们的利益是靠更大的集权化和官僚化来增进的。尽管这与家长的利益并不一致，然而，他们的利益确实是通过削弱家长的权力来增进的。"①

在利益分离而不是重叠的情况下，自上而下的模式确实存在着很大缺陷，无法调动多方面的改革主体力量参与或投身改革。随着我国地方政府治理能力改革的推进，有必要通过重新梳理上述三个问题来寻求教育改革共识。

（一）在尊重传统、坚守本土的基础上达成价值共识

教育改革面临的第一个冲突就是"为什么要改"和"为什么不改"之间的博弈。改革即是一种政治正确，只要改革就可以使一切问题迎刃而解，显然是一种美好的期许。所谓的改革，就是把事物中旧的不合理的部分改成新的，使之适应客观情况。②也就是说，事物中旧的合理部分应该积极保留下来，而不是在倒洗澡水的同时把孩子也倒掉。这个合理的部分即我们的历史与传统。传统作为千百年来的人类积淀，不仅包括经受过时间检验的物质形态和社会制度，更包括为人们所熟悉并能产生安全感和归宿感的一切习俗、社会实践。维持社会秩序的基础是传统而不是改革。教育作为社会的一个功能性子系统，作为培养人的一种社会活动，自诞生之日起就被赋予了这样的任务：坚定地保守住人类文明成果，通过文化传承的方式把经验一代代地保留下来，从而实现对现存社会的复制和再生产。这是社会系统为其自身存续而对教育子系统提出的基本要求。按照《学会生存——教育世界的今天和明天》一书的观点，"教育的基本功能之一就是重复，重复地把上一代从祖先那里继承下来的知识传给下一代。因此，和过去一样，教育体系负有传递传统价值的职责，这是正常的事情。这就说明为什么教育体系倾向于构成一种时间上和空间上的密封的体系，为什么它们主要关心它们的生存和成功"③。这说明，教育的主要工作就是帮助人们掌握浩瀚文化海洋中最基本的知识、态度、价值观和行为范式，以及选取、使用、整理和创造这些文化的基本手段和方法。实际上，由于文化的极大丰富和发展，社会存续越来越依赖于系统的教育。尊重传统、敬畏传统，才能赢得改革的价值共识。

同时，改革不能脱离本土的时空。这两点涉及教育改革的背景认知问题。换言之，中国的教育改革必须植根于中国的社会、历史和文化条件，才有发展的土

① 米尔顿·弗里德曼，罗斯·弗里德曼. 自由选择：个人声明[M]. 胡骑，席学媛，安强，译. 北京：商务印书馆，1982：161.
② 黄河清，姚德怀. 近现代辞源[M]. 上海：上海辞书出版社，2010：241.
③ 联合国教科文组织国际教育发展委员会. 学会生存——教育世界的今天和明天[M]. 华东师范大学比较教育研究所，译. 北京：教育科学出版社，1996：85.

壤和根基，这也是改革的价值前提。中国作为一个后发国家，决定了中国在现代化进程中不得不参考和借鉴先发国家教育现代化的经验，但参考和借鉴决不意味着直接的照抄和模仿，它必须考虑到中西方传统中的内源性差异。萨德勒（M. E. Sadler）在一次演讲中就谈到，比较教育的研究必须考察到各国不同的教育制度背后所隐藏的"无形的、难以捉摸的精神力量"，不能盲目地就把别国的教育制度移植到本国的教育制度中来。他认为："在研究外国教育制度时，我们不应当忘记，学校之外的事情比学校内部的事情更重要，它们制约并说明校内的事情。我们不能随意漫步在世界教育制度之林，就像小孩逛花园一样，从一堆灌木丛中摘一朵花，再从另一堆中摘一些叶子，然后指望将这些采集的东西移植到家里的土壤中便会拥有一棵有生命的植物。一个民族的教育制度是一种活生生的东西，它是被遗忘了的斗争和艰难的结果，是'久远以前的战斗'的产物。其中隐含着民族生活中的一些隐秘的作用……以一种正确的精神和严谨的治学态度研究国外教育制度的作用，其实际价值就在于，它将促使我们能够更好地研究和理解我们自己的教育制度。"[①]

比较教育的一代宗师艾萨克·康德尔（I. L. Kandel）更是进一步指出，研究外国的学校制度，如果仅仅涉及的是学校组织和学校类型、行政措施和课程安排、教师工资和教师地位、课程表和教学方法等，虽然也可能为比较研究提供一些基本材料，但它本身无非是些描述性的材料而已，没有达到研究所应具有的广度和深度。他提出，除了上述描述性研究，更为重要的是要考察某种学校制度所反映并为之服务的那个民族的精神气质。[②]在他看来，所谓民族的精神气质，就是各个民族国家的政治、经济和文化传统。

1. 尊重传统

马克思一针见血地指出："人们自己创造自己的历史，但是他们并不是随心所欲地创造，并不是在他们自己选定的条件下创造，而是在直接碰到的、既定的、从过去继承下来的条件下创造。一切已死的先辈们的传统，像梦魇一样纠缠着活人的头脑。"[③]所以，我们在审时度势地进行教育改革的同时，对于传统的经验和智慧要有尊重和敬畏心理，而不是把历史当作改革的对象和内容。

（1）尊重世界范围内教育发展的传统

作为一种社会现象，教育存在已有数千年的历史，有影响力的教育家也不计其数。不同历史时期、不同国家的教育家，或者在自身教育实践的基础上，或者

---

① 艾萨克·康德尔. 教育的新时代——比较研究[M]. 王承诸，等译. 人民教育出版社，2001：7.

② 艾萨克·康德尔. 教育的新时代——比较研究[M]. 王承诸，等译. 人民教育出版社，2001：3-8.

③ 马克思恩格斯选集（1卷）[M]. 北京：人民出版社，1972：603.

在总结前人经验的前提下，提出了诸多的教育理论、教学模式、教学方法。例如，捷克教育家夸美纽斯在1632年出版的《大教学论》中提出，"把一切事物教给一切人的普遍的艺术"，指出了教学的艺术，并论证了一系列教学原则和教学规则，奠定了近代教育教学理论的基础。之后，英国哲学家洛克在1693年出版的《教育漫话》中、法国哲学家卢梭在1762年出版的《爱弥尔》中，都提出了影响深远、影响至今的教育理念和教育主张。18世纪，瑞士教育家裴斯泰洛齐提出了"教育心理学化""教育性教学"等主张，创立了爱的教育理论和要素教育理论。同时代的德国教育家赫尔巴特，其代表作《普通教育学》被公认为是世界上第一部具有科学体系的教育学著作，他的教育思想对当时乃至之后百年来的教育理论与实践都产生了非常广泛而深远的影响。他在教学论方面的许多观点，如将教学分为明了、联想、系统、方法等四个阶段，在我国中小学课堂教学实践中被广泛采用。以上这些教育家的主张基本上代表了文艺复兴与工业革命以来的近代教育思想，他们也被称为欧洲大陆派、传统教育派。20世纪初，在美国出现了一个与以赫尔巴特为代表的传统教育学派完全不同的教育新理念——实用主义教育学，其创建人杜威对传统教育的理论与实践发起了批判，提出儿童中心、教育即生长、教育即生活、学校即社会和做中学等一系列教育主张，成为20世纪以来影响最大的教育流派。该流派对我国民国时期的教育改革和当下的基础教育新课程改革都产生了重大影响。对近现代以来的各种教育理论精髓进行系统关注和研究，在继承的基础上进行教育改革与创新，就可能少一点吕型伟所说的"浮肿病与多动症"。

（2）尊重我国的教育传统

中国也有丰富的传统教育遗产。例如，孔子强调的"因材施教""不愤不启，不悱不发""温故知新"等教育主张；《学记》里强调的"导而弗牵""强而弗抑""开而弗达"等教学要求。这些教育教学思想对我国教育改革都具有一定的指导意义。历史除了提供改革的准备，也提供了可以反思的失败教训。20世纪初，中国社会改革如火如荼，许多西方学说蜂拥而来，其中不少学说曾被广泛宣传乃至付诸试验，试验者最初都怀有一颗赤诚救国之心，但试验要么水土不服，要么不合时宜，要么遭到一般民众反对，满腔热忱最终都被浇灭。失败的教训，值得今天的改革决策者反思。教育家刘佛年在其自述里也提到了他亲历的一段教育改革："楚怡小学是所很好的小学，有着革新的精神。它受当时美国教育家杜威来华讲学的影响，试行道尔顿制，片面强调学生自学，放松了打好知识基础的工作。在这所小学里，我可以自由地学习，得到不少进步。年长以后，才感到在小学阶段未能把读、写、算的基本技能的基础打扎实，这与道尔顿制有关。这也使我对美国的进步教育持保留的态度，甚至加以批判。"①当前基础教育改革倡导的探究教学、活动教学，与刘佛年经历的教育改革有某种类似之处，如何避免当初改革中暴露的问题，需要我们有一种尊重历史、反思历史的态度。

从教育自身的演变来看，它遵循的是一种"成长原则"，即教育不是由某人或某些人理性设计出来的，而是历史发展的结果，是成长的结果。正因为是成长，所以它一定要受环境的影响，并在这个成长过程中形成自己独特的精神和传统。尊重这个历史条件，教育改革才能顺利推进，因为它影响着未来的发展方向。

2. 坚守本土实际

坚守本土实际包括两个方面的内容；一是坚守中国国情，这是从中西教育比较的角度而言。坚持中国国情，体现对中华民族文化主体性的尊重；二是坚守区域实际，这是从区域教育比较的角度而言。中国领土辽阔，区域间教育千差万别，坚守区域实际，体现了因地制宜发展教育的思路。

（1）坚守中国国情

中国是一个地域辽阔、人口众多，区域经济发展不平衡，国民整体素质还不高，历史文化传统根深蒂固的国家，这是我们考虑问题和制定所有政策的出发点，离开这些现实条件而进行教育改革，就好比炫丽的海市蜃楼，缺少稳固的土壤根基，也就很难成为国民的实然选择。当前我们正在推进的第八次基础教育课程改革，之所以困难重重，一方面是改革本身的艰巨性；另一方面也是因为其理论根基，如建构主义、后现代化主义、多元智能论等，源于国外，源于西方土壤的，移植到中国时，缺少一种与中国国情整合的有效机制，难以适应中国本土的现实需求，因而出现了国外先进的教育理念与中国传统教育文化分庭抗争、各自诉求的冲突局面。②回顾百余年来的教育史，我们不难发现，教育每历经一次改革，每向现代化迈进一步，在某种程度上都是远离中国文化，怀疑并抛弃传统教育教学内容、教育形式乃至教育精神的过程，其实也是一味模仿他国教育，中华民族文化精神自我流失的过程。从师法国、日本、德国，尔后美国，然后苏联，至今天的学习西方，在这一过程中，我们至今也没有形成具有中华民族特色的现代教育基本理论框架和符合我国实际的教育教学模式。在发展过程中，学习和模仿或许是不可避免的，但这并不意味着否定自我。长期的反传统和文化破坏性格，对教育传统的诸多误解和曲解，使我们失去了对教育传统及教育传统中的大师的敬畏和应有的尊重。

文化传统之于一个民族的意义和价值，在于它有一种神圣的克里斯玛

---

① 黄济. 关于教育改革的几点思考[J]. 教育学报，2005，（2）：13.

② 蔡宝来，晋银峰. 我国基础教育改革的现实境遇与未来抉择[J]. 上海师范大学学报，2010，（1）：92-102.

（charisma）特质，对于它所属的那个民族具有强大的规范作用和道德感召力。对文化传统和教育传统的坚持，有助于在当代的教育改革与发展中增强中华民族的文化主体性，以自信和理性的态度更好地吸收他国的教育经验。长期以来，人们看待中国教育或多或少都有一种弱者的自卑心态，往往以西方教育为标准来论衡中国教育，从而把中国教育不同于西方教育的民族特质均看成缺失，结果亦步亦趋地模仿他人，最终陷入"邯郸学步，失其故步"的尴尬境地。由于教条主义的影响，中国现代思想史曾长期陷入二元对立的形而上学思维模式，在保守与创新、传统与现代非此即彼的二元选择中自觉不自觉地忽视保守、传统的价值与意义。而教育中的保守态度，恰恰是以教育的民族传统为立足点，专注于对中国教育传统中的独特性做出肯定与阐扬，对教育改革中的西化派和激进派进行适度纠偏。

（2）坚守区域实际

在单一制国家，教育改革一般具有全国性和全局性，但在遵循中央统合主义的原则下，仍应鼓励结合联系地方经济社会发展实际推进改革，这也是改革的一个重要特征，即不能脱离地方实际就教育改革谈教育改革，而需要与当地的政治环境保持一致。以 20 世纪 80 年代以来的教育市场化改革为例，同样是西方国家，但英国与美国却有较大不同。英国倾向于削弱地方教育当局的权力，允许在评估中获得"优秀"等级的公立学校不受地方教育当局的控制，并从地方教育当局那里获得更多的教育人事权和决策权。而美国倾向于学校管理私营化，允许私营组织以委托代理形式直接管理公立学校，发放教育券，鼓励家长自由择校等。从公共政策分析的角度来说，教育政策的制定的确要受当地政治、经济、文化环境的影响和制约。

以深圳教育为例，从改革开放以来的深圳教育发展历程来看，深圳的教育有着显著的区域特征。

深圳教育的"拿来主义，兼容并包"[1]

深圳与北京、上海、广州同为国内一线城市，经济发展实力大致相当，城市人口规模都超过千万，但其教育发展理念、模式、路径却与其他三座城市有明显不同，具有非常鲜明的地域特色。深圳教育的发展模式，可以简单地概括为"拿来主义，兼容并包"发展模式。

"拿来主义"，是指深圳作为一个教育后发地区，其教育发展理念、模式、师资、课程无不是从"拿来"起步的。深圳教育建立在原宝安县教育基础之上。宝安教育原是典型的边防农村教育。1979 年，宝安共有学校 314 所，其中中学 24 所、小学 238 所、幼儿园 52 所、教师进修学校 1 所，在校生 6.5

---

① 深圳市教育局. 教育的追求与跨越：深圳教育 30 年（1980—2010）[M]. 深圳：海天出版社，2010：343-350.

万名。小学普及率为 80%。高教、成教、职教都是空白。1979 年 1 月,广东省正式决定成立深圳市,宝安县改为深圳市,先由广东省和惠阳地区双重领导,11 月直接由广东省领导。1981 年 3 月,中央批准深圳与广州一样享有副省级待遇。1980 年 8 月 26 日,全国人大常委会批准在深圳设立经济特区,深圳经济特区诞生。

为实现教育的快速发展,深圳教育从"拿来"起步,在引进基础上逐步走向自主发展。从"拿来"的层次看,走过了从低往高的发展历程;从"拿来"的内容看,首先从"拿来"思想观念、校长和教师开始,进而"拿来"课程、教材、专业、人才培养模式等,"拿来"内容和范围不断扩大;从"拿来"方式看,人才引进从单一的入编入户的刚性引进发展到多样化的引进方式,特别重视"不求所有,但求所用"的弹性引进;从"拿来"模式看,人才引进从单个分散引进为主发展到整体性的团队引进;从"拿来"区域上看,从引进国内的各类教育资源逐步扩大到引进国外的各类优质教育资源。教育"拿来"的根本在于加快教育的自主发展。"拿来"是一种发展方式,"拿来"是一个发展阶段,"拿来"本身并不是目的,"拿来"目的在于提升自主发展能力。经过 30 多年的改革与发展,深圳逐步实现了"拿来"基础之上的自主发展,初步完成了从农村教育向城市教育转型,从传统教育向现代教育转型。

"兼容并包",是指全国各地的教育文化都或多或少被带到深圳来,都作为这个城市教育发展的精神养料被吸收。从深圳的人口特点来看,2010 年以来,深圳常住人口超过千万,其中非深户籍人口占七成以上[1],是一个非常完全、非常彻底、非常典型的移民城市,多元文化兼容并包是深圳这座城市所特有的文化特质。更为关键的是,深圳是国内市场经济较为发达的地区,其经济外向度很高。市场是开放、多元的,在市场经济基础上成长起来的深圳教育,同样富有开放、多元的精神气质。这在深圳教育教学改革中表现得十分鲜明。深圳中小学,有探索高效能学校的,有试验生活教育的,有探讨生态教育的,有聚焦生命教育的。可以说,兼容并包的多元性已经成为深圳教育的最重要特征之一。

(二)在坚持社会尺度和教育尺度比较整合的基础上达成需求共识

需求是推动教育改革的根本动力。如何判断教育的需求,达成需求共识,应该做到教育的尺度和社会的尺度相结合。人们在讨论教育问题时,常常运用"政治尺度""经济尺度""文化尺度"等来判断和研究,但唯独缺少教育自身的尺度。

---

[1] 深圳市统计局. 深圳市统计年鉴 2013[EB/OL]. http://www.sztj.gov.cn/nj2013/indexce.htm[2014-04-21].

由此在教育改革中也产生诸如"应答式""被动式""单向式"等思维方式，教育的价值与角色缩减为只是为社会转型与发展服务，在对时代挑战和社会需求的应答中，成为社会变迁的附庸和"应声虫"。①

1. 坚持教育尺度源于教育自身演化和发展过程的内在独立性

教育在受特定社会和时代的政治、经济、文化等外在因素影响和决定的同时，也有其自身演化和发展的内在独立逻辑。因此，作为社会改革的一部分，教育改革既应有适应经济社会发展的一面，也应符合自身发展的规律和特征。作为社会意识的教育一旦由一定的社会条件产生出来，便具有相对的独立性，具有它本身的继承性和运动、发展的特殊规律。例如，中国最早的学校没有高、中、低层次之分，教育对象、教育内容也未完全分化，但随着人类知识经验的积累和增多，教育制度、教育内容、教育方法等都逐渐发展完备起来，到封建社会便形成了较为完善的教育体系。恩格斯就曾指出："历史思想家（历史在这里只是政治的、法律的、哲学的、神学的——总之，一切属于社会而不仅属于自然界的领域的集合名词）在每一科学部门中都有一定的材料，这些材料是从以前的各代人的思维中独立形成的，并且在这些世代相继的人们的头脑中经过了自己的独立的发展道路。"②

坚持教育的尺度，首先要坚持教育的主体性。这种主体性是针对教育与政治、经济、文化等领域的关系而言的，是指教育在看待与评价自身及其发展时基于的是教育的立场和视野。教育活动坚持教育自身的主体性，将使人的发展不成为手段而是目的。基础教育改革和发展有自身的逻辑，其指导思想、理论基础，改革所取得的成果有自己的历史延续性，所以尊重历史并从历史中吸取经验教训是改革能够持续推进的基础。

其次是尊重教育的规律性。历史唯物主义把历史看作人类的发展过程，其任务是发现这个过程的运动规律。教育活动也不例外。教育活动的规律性，其一，指教育中存在某些类似于科学特征的规律和原则，或者经人类不断和反复尝试、反思和实践，长期演进而获得的经验性的认识和做法。比如，教育的规模和速度，从根本上说要受社会生产力发展的制约；儿童的身心发展特点是教育教学的依据，而教育教学又能促进儿童的身心发展；儿童学习知识以间接经验为主，直接经验为辅；掌握知识与发展智力能力相互依存、相互促进，等等。其二，指教育学科或教育活动的发展主线。在教育史上，有形式教育和实质教育、主智主义与行动主义、科学主义与人本主义等三大对立论争，不管何种立场的教育观念、教育主

① 李政涛. 中国社会发展的"教育尺度"与教育基础教育研究[J]. 教育研究，2012，（3）：4-12.
② 马克思恩格斯选集（4卷）. 北京：人民出版社，1972：485.

张，都有产生的历史依据和社会基础，对现代教育学、课程与教学论的发展具有不可磨灭的贡献，对于丰富和完善现代教育教学体系都有它的积极意义。但是从人类教育活动的主线来看，这几百年来还是以夸美纽斯、赫尔巴特、凯洛夫等为代表的主智主义为主要方向。20世纪中叶以来，随着科学技术和信息技术发展，多次出现了试图借助技术形式取代传统课堂教学的实践尝试，如电化教学、慕课等，但都不是主流的实践活动。

2. 坚持社会的尺度源于教育改革的社会制约性

任何教育改革都是时代变迁使然。农业时代流行的是贵胄教育，工业时代流行的是普及教育；保守的社会张扬传统价值观教育，变革的社会倡导创新教育。以我国封建社会的教育为例，这一时期的教育系统的主要特点可以概括为"封建性"，主要表现在三个方面：①教育目的以维护封建秩序为本；②教育结构具有封建等级性；③教育内容具有封建文化的专制特点。这一时期的教育虽然也有调整和完善，但都以不改变封建教育的整体特质为前提。从因果关系而言，任何新的教育事物的出现都是社会变迁的结果，任何教育的变革都反映着社会变迁的状况。

就教育与社会的关系而言，后者是推动前者的决定性因素，但两者也并非单纯的决定和制约的线性关系，后者自身的发展逻辑也将决定其对前者影响的接受程度。例如，中国的自然科学在古代也有相当的发展，一些成果甚至达到世界领先水平，但受封建社会统治者独尊儒术政策的影响，自然科学的内容在学校教育中并未受到相应的重视。不过这并不意味着教育对自然科学毫无反应，其实在古代官学中就有医学、算学之类的自然科学专门学校。因此，理性化的教育改革，必然要在认真度量和权衡社会需求、教育自身需求的基础上才能做出判断，而不是偏执一方。

（三）在坚持共同治理的基础上达成社会共识

教育作为一个公共的社会领域，其改革一方面与教育场域内的主体密切相关，另一方面也与社会场域的其他主体有一定联系。因此，达成教育改革的社会共识，就可以巩固改革的社会基础。这些社会基础，都可以称为教育利益相关者。

如何达成社会共识，与教育利益相关者在教育治理结构中的地位，即在教育改革中是否具备相应的话语权与决策权有关。教育改革30多年来，地方政府以外的教育利益相关者和教育改革的关系经历了从无关到产生影响，从产生影响到能够参与这样一个历程。本书开篇中的F学校，20世纪八九十年代为一所村办集体小学，2000年后改制为国有民办学校，2014年又变更为公办学校。第一次办学性质的改变，是与地方政府以外的教育利益相关者（在这个案例中主要是学生家长和社区代表）无关的，教育利益相关者没有任何权利。第二次办学性质的改变，则源于教育利益相关者通过多种渠道向地方政府施加影响，迫使地方政府做出了在 F 学校设立公办学校分校区的决策，然而这样并没有化解矛盾。地方政府进而主动邀请家长和社区代表坐下来，一起参与讨论，协商让双方都满意的解决方案。这实际上是地方政府赋予了利益相关者参与决策的权利，将他们纳入组织决策程序，从而把冲突转化为合作，事件最终得到解决。

F 学校办学性质变化的过程，其实就是从否认教育利益相关者的任何权利到赋予基本权利，再赋予参与权利的过程，每一次的赋权都是地方政府教育治理结构的重大变革，也是对赋权层次的不断提升。但是，从"参与"这个词的内涵来看，参与也代表了某种程度的限制，如参与主体的资格限制、参与事务的范围限制、参与过程的程序限制等。在管理实践中，参与既可以作为要求某种权利的途径和手段，也可以作为推卸责任的借口和托词——因为参与者既可能被赋予一定的甚至是平等的建议权和决定权，也可能仅仅是正式获得知情权的听众。[①]显然，只是参与远远不能适应利益相关者的需求。当今的世界与以往的世界已经极其不同，在此背景下，利益相关者共同治理的观念应运而生，并逐渐由一种理论范式演变为一种实践模式，广泛应用在教育实践领域中。治理意味着利益相关者从被管理对象转变为治理主体，与地方政府一起分享包括决策权和控制权在内的组织权力。

1. 共同治理的目标

共同治理的目标是合理平衡教育利益相关者之间的利益，实现教育利益相关者的利益最大化，并以此来安排利益相关者在教育治理中的权力。对于直接的教育利益相关者，我们大致可以分为三类：地方政府利益、学校及其教师利益、学生及其家长利益。共同治理就意味着在利益不重叠的情况下，如何分配与平衡这三类利益相关者的利益，从而达到各自利益的最大化。我们可以用韦恩图的形式来直观呈现上述利益结构：

在图 6-2 中，Ⅰ学校及其教师利益、Ⅱ地方政府利益、Ⅲ学生及其家长利益，三种利益排列组合，可能出现七种情况。其中 E、F、G 区是利益单独存在的区域，为最不容易让利益相关者认可的利益选择，只有一方能够从政府行为中获益；B、C、D 区重叠了部分利益相关的利益，为较易让一部分利益相关认可的利益选择，有两方能够从政府行为中获益；A 区重叠了所有利益相关者的利益，为最容易让

---

① 王身余. 从"影响"、"参与"到"共同治理"——利益相关者理论发展的历史跨越及其启示[J]. 湘潭大学学报（哲学社会科学版），2008，（11）：33.

大部分利益者认可的利益选择，三方都能够从政府行为中受益。在共同治理的结构下，地方政府的行为逻辑不能仅仅只做出符合自身利益的选择，而是优先考虑对三方都有利的决策。

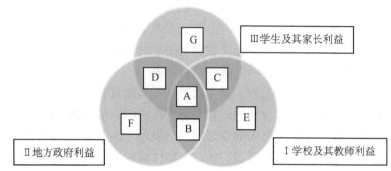

图 6-2　教育利益直接相关者利益结构图

2. 共同治理的机制

共同治理在很大程度上是地方政府与其他利益相关者在教育治理上的分权制衡和监督制约问题。共同治理的机制主要是科层制与协作制。科层制是指一种权力依职能和职位进行分工和分层、以规则为主线的组织体系和管理方式。其特征：一是科层化，组织机构与成员均按权力大小依次排列，内部层级结构明晰，部属必须接受上级的命令与监督；二是专业化，组织中的部门与岗位是根据任务类型和目的进行分工设置的；三是规则化，组织成员都要按严格的法令和规章进行工作；四是非人格化，成员在组织内的流动不是主要由上司决定，而是由一套客观的标准来确定；五是技术化，每个成员都必须专精于自身岗位的工作；六是公私分化，公务活动领域与私人生活领域是截然分开的。科层制代表了传统的自上而下的公共教育行政模式。共同治理机制要求将科层制与协作制结合起来运用。关于协作制的模式，比较有代表性的有以下三种。

一是地方法团主义模式。地方法团主义比较注重地方政府在地方经济社会发展中的积极作用，强调通过政府干预将各社会团体整合起来，并制度化、正式化地吸纳到国家决策结构中，从而在社会团体和国家之间建立制度化的联系通道和常规性互动体系。在这种模式里，社会团体不仅是一种利益代表团体，代表着自下而上的利益，而且兼具公共机构的角色，承担自上而下的公共责任。简单地说，是在国家与社会之间建立有序、稳定、制度化的合作关系，通过合作与协商代替竞争与排斥，解决社会冲突和失序。随着社会组织管理体制改革的推进，参与教育事务合作的社会组织将越来越多，它们和地方政府形成了一种相对独立和平等的合作关系。

二是委托代理模式。它是指地方政府通过委托或购买等契约方式将公共服务外包给其他政府、私营组织或非营利组织的模式，目的在于减少政府成本、提高效率。委托代理模式是新公共管理运动的直接产物，被认为是替代传统的官僚公共服务供给模式的最佳选择。当代西方教育改革中的学校管理私营化就是委托代理模式的具体实践。西方学校管理私营化包括两个方面：其一，私营组织自己创办并管理经过政府特别授权的公立学校，接受政府生均经费，但在相当程度上独立于学区教育委员会的管辖。例如，20世纪90年代在美国兴起的特许学校，就是由政府授权于私营组织管理。其二，私营组织与地方学区教育委员会签订合同，承包管理传统的公立学校。位于美国明尼苏达州伊岗市的四维公司（原来称为教育选择公司 Education Alternative Inc., EAI）首开美国公立学校私营管理先河。1990年，四维公司与佛罗里达州达德县学校委员会签约，管理该县的南点小学。1994年，其又与康涅狄格州的哈特福特（Hartford）教育委员会签订合同，负责管理该学区32所学校、26 000名学生及每年两亿美元的预算。这是全美首个学区第一次完全交由私营公司管理。[1]

三是合作治理模式。它是将包括地方政府在内的多个利益相关者聚集在一个公共舆论空间，通过协商达成共识形成决策。安塞尔（Ansell）和加什（Gash）等学者认为，合作治理包括六个方面的内容：①针对公共政策或公共管理问题；②合作由政府等公共机构发起；③治理主体包括利益相关的公共和私人部门、利益无关者；④治理主体直接参与决策过程而不仅仅是公共机构的顾问；⑤协商的公共舆论空间组织化运作并要求共同参与；⑥协商目的在于达成共识，采取共同决策。[2]上海市普陀区桃浦镇在这方面进行了实践探索与尝试。桃浦基础教育协同发展联合体以镇政府搭建平台为依托，协同政府、社会组织、市场、公民等多方力量，通过定位、认同、参与、协商、互动等集体选择行动，形成多元主体共同参与的组织网络，并以章程制、议事制、共享制、督导制等系列化工作制度，推动共同参与教育公共事务管理，共同生产、提供教育公共产品与公共服务，共同承担相应责任等，使得地方政府自上而下的单向度运行转变为上下互动、彼此合作、相互协调、共同发展的多元关系。[3]

应该说，治理机制各有利弊，任何一种机制都不能解决所有的治理问题。科层制可以实行统一的集中控制，但自上而下的信息传递机制难以有效激励学校及其教师、学生及其家长参与变革的积极性、主动性；协作机制发展了多元的合作关系，可以促进更多的教育创新活动，但是缺少严格的契约约束和权力保证，存在被套牢和信息溢出的风险。因此，不同的教育治理机制之间存在互补性，可以采用不同治理机制的组合来有效减少治理成本。

---

① 罗伯特·G. 欧文斯. 教育组织行为学[M]. 窦卫霖，温建平，王越，译. 上海：华东师范大学出版社，2001：498-501.
② 王名，蔡志鸿，王春婷. 社会共治：多元主体共同治理的实践探索与制度创新[J]. 中国行政管理，2014，（12）：18.
③ 范以纲. 从"桃浦模式"看区域教育治理体系的构建[J]. 人民教育，2015，（7）：40-42.